课程实施与学校革新丛书
总主编◎崔允漷

课堂观察
LICC模式
课例集

吴江林 林荣凑 俞小平◎主编

华东师范大学出版社
·上海·

图书在版编目（CIP）数据

课堂观察 LICC 模式：课例集/吴江林,林荣凑,俞小平主编.—上海：华东师范大学出版社,2013.1
（课程实施与学校革新丛书）
ISBN 978－7－5675－0332－8

Ⅰ.①课… Ⅱ.①吴… ②林… ③俞… Ⅲ.①课堂教学—教案（教育）—中小学 Ⅳ.①G632.421

中国版本图书馆 CIP 数据核字（2013）第 029336 号

课程实施与学校革新丛书

课堂观察 LICC 模式： 课例集

主　　编	吴江林　林荣凑　俞小平
策划编辑	彭呈军
审读编辑	何丹凤
责任校对	赖芳斌
装帧设计	卢晓红

出版发行	华东师范大学出版社
社　　址	上海市中山北路 3663 号　邮编 200062
网　　址	www.ecnupress.com.cn
电　　话	021－60821666　行政传真 021－62572105
客服电话	021－62865537　门市（邮购）电话 021－62869887
地　　址	上海市中山北路 3663 号华东师范大学校内先锋路口
网　　店	http://hdsdcbs.tmall.com

印 刷 者	常熟高专印刷有限公司
开　　本	787 毫米×1092 毫米　1/16
印　　张	15
字　　数	233 千字
版　　次	2013 年 4 月第 1 版
印　　次	2025 年 2 月第 19 次
书　　号	ISBN 978－7－5675－0332－8/G·6199
定　　价	48.00 元

出版人　王　焰

（如发现本版图书有印订质量问题，请寄回本社客服中心调换或电话 021－62865537 联系）

教育部哲学社会科学研究重大课题攻关项目
"素质教育课程评价体系研究"研究成果之一

教育部人文社会科学重点研究基地重大项目
"基于理论与实践对话的教学创新研究"研究成果之一

华东师范大学"985工程"三期哲学社会科学
"教师教育者研修课程资源库建设"创新基地建设成果之一

课程实施与学校革新丛书编委会

主任
钟启泉
总主编
崔允漷
编委
胡惠闵　吴刚平　张　华　赵中建　周　勇　王少非　傅建明　夏雪梅
余进利　骆玲芳　卞松泉　沈　毅　沈　瑾　洪春幸

课堂观察项目组

组长
沈　毅　崔允漷
主要成员
林荣凑　吴江林　李建松　俞小平　徐晓芸　毛红燕　许义中　郭　威
马少红　吴寅静　查文华　郑　超　彭小妹　喻　融　姜　平　钟　慧
路雅琴　屠飞燕　曹晓卫　王忠华　倪丰云　盛连芬　高志远　刘桂清
褚玉良　徐卫平　洪　娟　刘　辉　徐　健　李锦亮　陈跟图　吴天国
周玉婷　严建强　冯晓娴　唐立强　郑　萍　张海燕　方冬梅　田玉霞
陈　艳　仰　虹　俞小萍　李　瑾　徐　凡　徐一珠　陈　彤　吴亚东
葛佳行　祝明富　郑　怡　刘亚萍　陈耀清　潘观根　章小平　张　禹

合作研究者
王少非　胡惠闵　周文叶　郑东辉　洪志忠　夏雪梅　何珊云　邵朝友
汪贤泽　朱伟强　秦冬梅　杨　璐　郭成英　刘　辉

基于伙伴关系的学校变革（代总序）

崔允漷

一

近年来,变革一直是教育领域的核心主题。在教育变革的过程中,一个观念正在变得越来越清晰:没有学校层面的变革,就不可能有真正的教育变革。

在我国,世纪之交的教育正面临着急剧的变革,特别在政策层面。从素质教育到课程改革,学校一直处在教育变革的风口浪尖,经历着变革更新的挑战。而在新一轮课程改革的背景下,学校获得了前所未有的自主权,已不能坐等变革,也不能借口不变革;与此同时,在教育的持续改革中有了自身独立利益的学校也开始产生了内发性的变革动因——变革正成为许多学校主动的追求。

变还是不变,这已不是一个问题。然而,如何实现变革？回答这个问题对于许多学校也许不是一件难事,提出一个美好的愿景,描绘一幅完美的蓝图,都不是太难的事,因此,我们看到提供现成答案的文献连篇累牍,其中就包含许多由学校填写的答卷。但是,写出来的答案并不等于"做"出来的现实,对这一问题作出实践回答绝非一件易事——实践是高度复杂的,实践的变革更有其自身的逻辑。

实际上,没有一所学校会视变革如反掌。对于变革的困难,没有人会比学校更了解且有更深切的体验。但许多学校依然知难而上。在挑战变革所遭遇的困境的过程中,许多学校正以其高度的责任感展现出巨大的创造力,探索着属于他们自己的创新之路。这既是学校主体意识觉醒的结果,更是学校校长、教师公民意识和创新勇气的体现。

但处于教育变革之风口浪尖的学校绝不能被当作变革路上的独行侠,一如骑着瘦马、拿着长矛与风车搏斗的唐·吉诃德,孤独地走在变革之路上的学校也必然遭遇失败。对于变革,良好的政策环境非常重要,但更重要的是要让变革成为一种共同体的事业,在这一轮课程改革中的政策拟订、方案设计等方面"无役不与"的学者们尤其不能置身于学校的实践变革之外。

二

在我国的教育史上,大学学者从未像在第八轮基础教育课程改革中那样发挥着如此重要的作用,作出如此重要的贡献。

大学学者在知识的生产和分配中扮演着重要的角色。而专业教育研究人员则是课程知识生产的主体,在课程知识的传播上肩负历史使命,能够在课程改革中发挥重要作用。新一轮课程改革从开始酝酿走到今天的历程充分地证明了这一点,从《基础教育课程改革纲要(试行)》的出台、课程标准的编写、教材的编制,到教师的培训、新课程的实施,大学学者在课程领导上发挥着很大的影响力。可以说,在课程改革中,大学学者"从政策的拟定,理论的阐发,到课程的设计、发展、实施和评鉴,无役不与"。[①] 正因如此,"专业引领"才是大学学者在课程改革中的多元化贡献的核心。

但是,课程改革推进到今天,大学学者的作用恐怕不能局限于坐而论道,激扬文字,满足于发展知识和影响政策。生产知识和支持决策依然重要,因为课程改革的知识基础还比较薄弱,课程政策也需要臻于完善。但对于大学学者而言,开辟"第二战场"——以专业知识服务于推进课程改革实践——也许与支持知识发展和决策同样重要,特别是在当前课程改革的推进已进入"森林之旅"的腹地之时。

如何服务于课程改革实践?大学学者已经做了不少工作,比如,参与国家课程改革实验区的调研和评估,深入实验区开展合作研究;开展面向教育管理人员、教研员和教师的新课程培训活动;建立课程改革的实验基地;日常的课程改革指导和咨询;课程资源的开发与建设;教材编写评审等。但

---

① 欧用生:"大学与课程改革:台湾经验",华东师范大学课程与教学研究所编:《大学在基础教育课程改革中的作用研讨会文集》,浙江杭州,2004年10月。

是，学校是课程发展之所，是理想课程的方案与学校、学生的现实进行对话、协商的地方。真正的课程就是在学校中得以发展的，课程改革的成功推进必然要求新课程在学校层面的再概念化。一种课程只有在到达学生层面时依然理想，才是一种真正理想的课程。没有学校的变革，这种理想的课程就不可能得到真正的实现。因此，在课程实施中，要在基础教育课程改革中进一步发挥作用，就必须将行动指向中小学，指向中小学的教育实践。参与学校的变革就是大学学者的一项极为重要的社会职责。

也许，从表面上看，大学学者好像一直在参与中小学教育实践，特别是改革开放以后，各种合作名义下的大学—中小学项目开始出现，并产生了较大的影响。但是，很显然这些在合作名义下开展的项目并非真正意义上的合作，因为，首先，这种关系往往是大学人员发起的，中小学并没有表现出强烈的合作愿望。其次，这种关系的目的是指向大学，为大学教育科研服务的。典型的合作方式是大学研究人员秉持着传统的研究取向，以"指导者"的身份，以"实验"的方式与中小学合作，即将预先设计好的理论框架，甚至是操作指南分发给中小学，由中小学忠实地加以实施、记录。

及至近十年，大学与中小学渐行渐近，许多大学学者开始抛弃"指导者"的角色，以平等的态度进入中小学，在中小学教育教学的实地情境中与中小学教师开展了真正意义上的合作。合作关系的目的指向产生了极大的转变，即从服务于大学转向服务于中小学，指向中小学教育教学实践的改善。

特别是在新一轮基础教育课程改革中，大学学者逐渐走向前台，在课程改革中发挥的巨大作用得到了广泛的认可。在课程改革中获得了自身独立利益、主体意识得到觉醒的学校开始主动寻求大学学者的专业支持。基于对过去种种"带着方案来，带着结果走"的"假合作"的充分认识，学校对于"合作"的需求变得更为理性、更为务实，对合作对象和合作活动的要求变得更高。在这种情形下，传统的"指导—被指导"关系已经不能满足学校的需求了，因为课程在学校层面的再概念化绝不是靠专家的身份霸权和话语霸权，或被"殖民化"的中小学教师所能实现的。大学与学校的关系需要一种全新的模式，走向有机的伙伴关系就是一种必然的选择。

三

大学—中小学伙伴关系最初在美国霍尔姆斯小组（Holmes Group）报告中作为教师教育改革的一项策略呈现,而今已在教学改革、学校发展、学业成绩提高等方面显示出强大的潜力。伙伴关系具有多种含义,从狭义理解,伙伴关系是指不同组织之间基于平等合作的正式关系,其核心特征在于伙伴之间的平等、合作和关系的持续性。从更宽泛的意义来理解,凡是出于共同的愿景,为满足伙伴各方的利益而进行互动的关系都可称为伙伴关系。

塞勒等人（W. Seller & L. Hannay）在对加拿大安大略教育研究所与多伦多大学联合实施的长达 30 年的大学—中小学伙伴关系地区中心模式的考察中,列举了伙伴关系的丰富内涵:关系的持续性;多侧面的项目;合作议程的建立;独特的解决方案;知识的可迁移性;平等合作等。① 戈麦兹（M. N. Gómez）列举了伙伴关系的一些根本特征:有共同的利益和目标、相互信任和尊重、共同决策、清晰的焦点、易控制的议程、上级领导的支持、经费资助、长期的责任、动态的性质和信息共享。②

伙伴关系不是一方帮助另一方,更不是建立在"指导—被指导"基础上的不平等关系,走过场式的培训,短期的服务协议不是伙伴关系,不可能对课程实践产生持久的影响的。伙伴关系跨越了大学和中小学两种不同的文化,能发展不同的可能性,能生产知识和理解,具有持久的潜力。伙伴关系就是"联合起来做事",双方有共同的目标和愿景,但又不失去各自的利益,保持适当的张力,发挥各自的优点,努力达成共同目标。

大学—中小学伙伴关系是课程改革这一共同目标指引下的策略联盟。尽管大学与中小学同处在教育体系之中,本质上存在着千丝万缕的联系,但又是如此的不同:犹如两个世界,双方的文化、实践模式、工作方式等存在着明显的差异。伙伴关系创造了一个大学、学校之外的"第三世界":有共

---

① Wayne Seller & Lynne Hannay (2000), Inside-Outside Change Facilitation, in: Structural and Culture Consideration, in: *The Sharp Edge of Educational Change*, edited by Nina Bascia & Andy Hargreaves, London; New York Routledge.

② Manuel N. Gómez, On the Path to Democracy: The Role of Partnership in American Education, On Common Ground: Number 8, Winter 1998, http://www.yale.edu/ynhti/pubs/A21/gomez.html.

同一致的目标,并为这一共同目标分享智识,共担责任,相互协作,同时保持各自的利益,保持适当的弹性。在一个共同的大观念的统领下,双方的差异导致的内部张力和多样性会产生建设性的成效,成为伙伴关系最重要的资源,它保证双方都能发挥自己的优势,能为共同目标的实现作出独特的贡献。

伙伴关系需要大学—中小学双方的相互尊重、相互信任。中小学教师需要在充分地发出自己的声音的同时,改变拒斥理论的心态;大学学者更必须有意识地避免以知识精英自居,避免"课程改革引领者"的自我定义,避免用话语霸权将教师研究和实践知识边缘化。

伙伴关系应当镶嵌于学校教育实践的脉络之中。课程改革的成功要求新课程在学校层面的再概念化,这意味着课程改革必须以学校为课程发展的基地,教师为课程发展的主体。因此,伙伴关系必须指向于学校的教育实践,在实践中发现问题,解决问题;在合作行动中共同创造知识;必须避免将学校作为试验场或资料提供者,避免种种使得真正的合作连带蒙羞的"假合作"。

伙伴关系是一个长期的、持续的关系,是动态发展的,也需要精心培育。伙伴关系的核心不是一纸协议,某个项目,而是一种关系,一种伙伴之间互信的、对合作具有拥有感的关系。为满足学校的某种需求而履行一个协议或完成一个项目总是容易的,但伙伴关系指向于长期的持续的合作,合作的议程是在广泛的深入的互动中生成的,合作的规范是在合作实践中形成的,合作的过程是动态地演变的。

当新课程成为教师日常生活的一部分时,当中小学教师形成了课程意识和反思意识时,课程改革必将成为持续的草根式的活动,中小学教师也就必将成为创造新的课程知识、推进课程改革的主体力量;当我们的教育结构随着课程改革逐渐变得开放时,课程意识觉醒了的教师必将发出更强的声音,不仅影响课程改革的"实际",也将对课程改革的"政策"产生影响。也就是说,中小学必将成为自我引领者、自我服务者。正因如此,如果说在课程改革初期,大学学者对课程改革的引领与服务是一种必然也是一种事实的话,那么随着课程改革的推进,大学学者就必须超越对课程改革的引领与服务,最终走向与中小学的有机的伙伴关系,共同努力协作,达致共同理想。

四

　　我们与多所学校的合作基本上都是借助于项目这样一个载体来开展的。在合作中，我们头脑中并没有预设的研究问题领域，学校最初在合作任务上也只有一个笼统的设想。合作研究的项目是我们与学校经由双方共同的旨趣和需求的聚焦，在双方的理智碰撞中生成的，是嵌入学校的组织情境之中的。双方在进行充分持续的沟通的基础上，充分考虑了学校原有的传统、特色与需求，以及我们自己的专长与优势，共同确立了一个项目作为合作的事务。

　　在合作过程中，合作研究真正镶嵌到学校的情境脉络之中，几乎所有学校成员都深度卷入我们的项目，充分体现了学校在合作中的主体地位。学校成员作为研究的主体积极地介入研究之中，以自己独特的视角、经历和体验对研究作出了贡献，并且在与大学人员的反复碰撞中，逐渐学会超越自身经验的局限，从局外人的视角来审视、反思自己的实践，并努力地改进着自己的实践。在这一过程中，教师实现了自我提升，学校也不断变革，得到进一步的发展。

　　在合作过程中，我们的团队始终未以"指导者"的姿态出现，而是将自己定位为"专业合作者"和"求知者"，秉持"基于学校、在学校中、为了学校"的研究理念，与学校教师平等地进行协作。我们所做的是：传递知识，理解经验，分享观点，积极鼓励，引起思考，提供机会，帮助教师形成他们自己的专业灵魂，产生自己的教育智识，或者说，我们以自己的专业智识为课程实施中的学校变革提供了支持。同时，我们自己也在这一过程中得到了发展：

　　我们发展了我们的专业智识。实践出真知，我们在对实践的参与中形成了自己的实践智慧，生产了新的知识。而我们合作伙伴的实践知识也正是我们智识的永不枯竭的源泉，正是在与我们的伙伴的交流碰撞中，我们的专业智识得以扩展，得以提升。

　　我们发展了参与实践变革的能力。学校变革更多是一种实践变革，实践变革有着它独特的实践逻辑，这一方面的知识基础正是长期身处象牙塔中的我们所欠缺的。所幸的是，这种关于变革的实践逻辑能够在参与实践变革中得以生长,我们就在与学校合作的实践中获得越来越多的关于实践变革的知识基础,发展了自己参与实践变革的能力。

我们悟到了伙伴关系的"合作之道"。我们的合作伙伴有不同的类型、不同的层次、不同的传统和文化,也有不同的需求,正是与这些不同的伙伴"致力于建立兼容双边不同需求和抱负、跨越中小学和大学两个世界的有机伙伴关系"[①]的过程中,我们学会了合作,悟到了一些终身享用的"合作之道"。

五

改革开放以来,我国的教育研究如何对待异域经验大概经历了两个阶段:一是20世纪80年代主要介绍国外的教育制度和个别教育家系统的理论学说,经常在追问:"国外哪一个教育家最著名?"二是90年代起比较侧重关注的专题研究,如教学目标、双语教学、教师发展学校、研究性学习、校本课程开发等,问题已转变成:"国外哪一个话题最前沿、时尚?"现在,我们不应该停留在内容(制度与学说简介或个人研究结论)层面了,我们是否可以将这些内容置于异域情景来琢磨他们的"问题解决的旨趣或思考方式",来解决我们教育中的理论与实践问题?21世纪初已经到了建构本土化知识的时候了,中国的教育学者需要生产属于我们自己的教育学知识,尽管需要一段艰难而漫长的过程,但我们必须"心向往之"。

大学—中小学伙伴关系与其说是一种话题,还不如说它是一种问题解决的方式。学校变革是教育研究的出发点,也是归宿。如何基于专业的知识和研究变革我国中小学的实践是当代每一位教育学者的历史使命。本人与一批同道近年来致力于上述伙伴关系的平等合作,致力于学校脉络中的课程实践,致力于变革实践的能力提升,综合各种学校课程实施中的革新信息,汇集成这套丛书。

本套丛书努力体现三大特色:(一)以问题解决为宗旨。从当前我国课程改革的背景中发现学校层面具有普遍性的现实问题,并寻求问题解决

---

① 杭州市安吉路实验学校"学校课程规划"项目组,课程成就学生,未公开发行,2004年9月,第11页。

的策略和条件。(二)以合作研究为途径。大学—中小学的伙伴关系是学校推进课程改革过程中真实问题解决的主要依靠,也是重要途径。(三)以知识创新为核心。反映当前学校在变革面前所遇到的新问题,反映合作共同体共同解决问题的过程和最新研究成果,传播学校变革的新信息。

感谢我们的合作伙伴——校长与教师们特别是项目组的教师们,假如没有你们的努力和智慧,没有你们付出如此之多的额外休息时间,我们的伙伴关系也会成为"假合作"!感谢华东师范大学出版社王焰副社长、沈兰博士,假如没有你们的支持,我们的合作研究中的种种努力都将难以传播与分享!感谢丛书编委会的每一个人,大家都愿意将自己的强项(自留地)贡献出来,犹如"拳头"般联合出击,极大地提高了本套丛书的影响力!

目录

前言 / 001

1　语文：今生今世的证据　沈建妹 / 001

2　数学：等差数列　吴寅静　杜　慧 / 022

3　英语：The Hospital Window　徐一珠 / 044

4　物理：向心力　董国彬 / 067

5　化学：非金属氧化物　徐卫平 / 088

6　生物：图表信息专题复习　吴江林 / 108

7　政治：物价风云　方冬梅　郭　威 / 136

8　历史：百家争鸣　刘亚萍 / 152

9　地理：地球的公转运动　尹新建 / 170

10　体育：8字形花样跳长绳　章小萍 / 185

11　信息技术：VB应用设计应用程序界面　章　玲 / 202

前言

掐指算来,这是我们第四次编辑课堂观察 LICC 模式的课例集了。

第一次是 2007 年 11 月,为"全国首届课堂观察研究与展示活动"提供研究成果,我们遴选了三个课例,涉及生物、化学两个学科,与其他材料一起发表在《当代教育科学》2007 年第 24 期上。

第二次是 2008 年 6 月,为《课堂观察:走向专业的听评课》一书整理的。该书于当年 10 月出版,书中收入四个课例,涉及生物、化学、政治三个学科。

第三次是 2010 年 2 月,为参加教育部组织的基础教育课程改革教学研究成果评比,作为申报成果的附件,组织了语文、地理、生物、化学、体育、技术六个学科的七个课例,最后成果获得二等奖,七个课例"功不可没"。

这是第四次,我们收录了语文、数学、英语、物理、化学、生物、政治、历史、地理、体艺、技术共 11 个观察课例。如果说前三次选编的课例是试点阶段和推广阶段的成果,那么这一次,可就是我们全面铺开课堂观察的"证据"了。

课例这一研究样式,产生于 20 世纪 50 年代的日本,80 年代末飞越大洋传至美国,进入新世纪后成为全球关注的教学研究方式,自然地也为开放的中国所借鉴,且在实践中发展出多种课例的呈现形式。

课堂观察是一种基于现场的课堂研究形式,真实而专业地再现其研究过程与结果,对研究者和读者来说都具有重要意义,因此我们把目光投向了课例。为了让读者更好地了解和研究我们的研究,我们为课堂观察 LICC 范式设计和实践了一种特别架构的课例,它汲取了有关课例的研究成果,也体

现了 LICC 范式的特别要求,简要说明如下:

第一部分:背景。交代任教教师、教学主题、观察教师、观察主题和活动背景。

第二部分:课前会议。交代时间、地点和程序,其中"程序"一般包括:(1)上课教师介绍本课的基本情况;(2)观察教师与上课老师交流,寻找研究的方向;(3)观察教师确立观察点。

第三部分:课中观察。交代时间、地点(教室)、观察位置的选择、观察前的准备活动。

第四部分:课后会议。交代时间、地点和程序,其中"程序"一般包括:(1)上课教师谈课后反思;(2)观察教师分别简要报告自己的观察结果;(3)课堂观察合作体明确几点结论和行为改进的具体建议。

第五部分:附件。收入教学设计(教案/学案)、教学反思报告和观察报告,其中"观察报告"包括:(1)观察点选点说明;(2)观察表及观察结果说明;(3)观察结果分析及教学建议。

课例中的前四部分尽可能完整地再现一次课堂观察活动的全貌,最后的附件则呈现了观察教师与上课教师活动后的持续的深入的反思与研究。

这一架构,历经 6 年多的实践完善,为专业同侪的对话提供了切近的载体和通道,有增进教师对教学的理解、促进教学行为的改进、锻炼教学科研的能力等价值。

此非虚言,读者阅读本集中的课例后,当可识之证之。

课堂观察的课例是团队合而作之的成果。当此课例集成书之际,我们应该感谢许许多多参与、支持课堂观察的人们。

书中 11 个课例,字里行间浸润着 13 位执笔人、10 位上课教师的汗水和智慧,没有他们的辛勤付出,就没有这些课例的理想呈现。收录的课例,是从全校 11 个教研组提供的大量课例中选出来的,课例集的选编,离不开全校教师特别是教研组长的大力支持。尽管这些课例可能还有这样或那样的问题,但它们的确代表了余高人的努力求索!

自课堂观察 LICC 模式创生和实践以来,崔允漷教授及其领衔的专家团队、各级教育行政部门及其教研室的领导和专家、各教育媒体的编辑和记者,始终以舐犊之情呵护着我们。此外,来自浙江、北京、上海、宁夏、山东、江苏、安徽、广东、福建、江西、湖南、河北、新疆等 20 余省市的众多同行，与我们一起行走于课堂观察之路，且始终以手足之谊鼓励着我们。

这一切，都是我们课例得以成集、课堂观察得以持续开展的不竭动力和重要保证。在此，一并表示衷心的感谢和真诚的祝福！

课堂观察快乐而艰难地前行，我们的足迹深深嵌印于课例中。真诚地祝愿我们的课堂观察走得更好、更广、更远，因为我们的基础教育关涉国家和民族的未来，因为我们的教育人生需要一种诗意的栖居！

编　者
2012 年秋

① 语文:今生今世的证据

沈建妹①

【背景】

● 任教教师:沈建妹,女,教龄8年,中教一级,擅长对教学流程有序性的处理,重视对知识点的落实,踏实严谨。
● 教学主题:今生今世的证据[普通高中语文课程·必修一(苏教版)]
● 观察教师:陈根法、王樱、祝明富、姜桂芳、蒋继福、潘素
● 活动背景:2011年9月下旬,北京丰台区教师来余杭高级中学交流,指名要观摩语文的课堂观察,所以,本次课堂观察活动大家作了充分的准备,以期展现出语文组应有的水平。

【课前会议】2011年9月24日下午第4节

(一)沈老师说课

1. 内容主题

《今生今世的证据》是苏教版高中《语文》(必修一)"月是故乡明"专题中的一篇现代散文。本文是一篇感情深藏不露,显得克制、理智的作品。如果说许多乡思作品是在反复吟咏人与故乡的依恋之情的话,那么《今生今世的证据》则基于此去进一步追问这种感情何以会产生,人与故乡的关系到底是什么,故乡对一个人来说又意味着什么。这些带有生命哲理的探讨,

---

① 此课例由沈建妹主笔,附件部分为上课教师和各观察教师所写。

是有相当大的难度的。本文选材与众不同,作者笔下的事物来自一个远离城市的偏远乡村,不仅如此,他所写的乡村里的故事又大多是他青少年时的往事。这样就给今天的青年学生的阅读带来了一定的难度,特别是高一学生就更难体验。由于作者致力于深刻的思索,所以文章整体语言比较抽象,哲思性比较强,这都给学生增加了很大的阅读难度,这些问题在教学过程中都必将成为难点。

2. 学生情况

本次授课的班级为高一(2)班,是本届学习成绩最好的班级,整体学习能力较强,学习氛围较好,课堂气氛活跃。该班学生有较强的表现欲,思维发散得开,有思维深度的问题能有效地激发他们的学习欲望。因此,该班比较适合以探究的方式展开学习。

本篇是"月是故乡明"专题的最后一篇文章,学生在前阶段已经学习了《想北平》《我心归去》《乡土情结》等文章,对于"故乡"这一话题比较熟悉,也有了一定的认识。特别是通过该专题中《前方》一文的学习,学生对"家"——那个可遮蔽风雨的、精神和心灵的港湾有了较深的感悟,这为本文的学习打下了很好的基础。

3. 目标定位

基于以上分析,本堂课的教学目标确立如下:

(1) 通过阅读和思考,把握作者寻找"今生今世的证据"的目的与结果。

(2) 通过讨论,品味文中重点句子的深刻含义,探究"物质的存在不一定能证明内心的存在"的原因,理解文中"家园"的双重内涵。

其中目标(2)是本堂课的教学重点与难点。

4. 教学设计

根据教学内容特点、学生情况和目标定位,我确立了本节课的设计思想——阅读探究式教学,即通过问题来引导学生进入文本,由探究浅层次的物质证据的作用来进入深层次的精神家园的思考,同时以难句"即使有它们,一个人内心的生存谁又能见证?"为突破口,旨在引导学生从物质的证据和内心的存在的差异中找原因来慢慢体会"家园"的精神内涵。

根据这样的教学思想,我确立了本堂课的主要教学策略——基于精读基础上的小组合作学习。这种方式有利于激发学生的思维,期望同样缺少人生阅历的学生能在彼此的思维碰撞中,找出文章中的重要语句,逐步理解作者的思想感情,把握文章的主旨,激发其热爱家乡的情感。

根据以上分析,我对本堂课的阅读探究教学环节安排如下:

第一次阅读探究:泛读,了解文章大意。

抽一列学生简单谈谈初读感受,了解学生的阅读感受,找出困惑之处,从而对学情有基本了解,为后续教学提供参考。

第二次阅读探究:细读,理解家园的物质证据的作用。

步骤一:阅读课文,圈划出文中被作者曾经或可能作为今生今世的"证据"的事物或场景。这一方面,旨在让学生初步感知故乡的实体形象,并有意识地指导学生联想本专题的前几篇文章中关于故乡风物的情景,让学生加深印象,唤醒昨日的记忆;另一方面,旨在培养学生的速读能力。

步骤二:概括这些实物为"家园的事物",从感性认识上升到理性认识。

步骤三:阅读课文,思考作者找这些证据想要证明什么?引导学生从"今生今世的证据"入手,了解作者的写作意图——"证明以往的生活"。教学时,我将要求学生在原文中划出表示"证据"的句子,既能引导学生深入课文,又能培养学生动笔阅读的习惯。最后,从"即使有它们,一个人内心的生存谁又能见证?"这一关键语句过渡到下一环节的学习。

第三次阅读探究:精读,理解为何外在的事物不一定能证明内心的存在。

步骤一:理解"一个人内心的生存"这一概念的含义,让学生明白以往的生活既是指客观存在的物象,也包括主观世界的存在。

步骤二:集体朗读课文4—6段,找出作者这种怀疑的表现。

步骤三:教师设问——为什么"家园的事物"这些实体物质并不一定能证明一个人内心的存在?显然,学生要准确回答这个问题有很大的难度。因此,我采用了小组合作学习来解决这个问题,让学生在彼此讨论中逐步形成对"家园"的完整深入的认识。

第四次阅读探究:小组讨论探究"家园"的双重含义。

解读最后一段关键句——"当家园废失,我知道所有回家的脚步都已踏踏实实地迈上了虚无之途。"通过讨论探究让学生体会到"回家的脚步"指回归到心灵的家园,"踏踏实实"指必然性,"虚无之途"指找不到过往的生活,既指那个实实在在的家,也指那个精神心灵的归宿。

最后进行课堂小结、作者简介和评点交流。

5. 我的创新与困惑之处

（1）浅层阅读和深层阅读这两大环节的衔接比较自然。基于对学情的充分估计，学生在找出原文句子来解答"'家园的事物'是为了证明什么"时，是比较容易找到答案的，比如"这些都是我今生今世的证据啊""我走的时候，我还不知道曾经的生活，有一天会需要证明"这些关键句。但同时，他们也会找出"即使有它们，一个人内心的存在谁又能见证？"这一句，而这句恰恰是用反问来表明"家园的事物"不一定能证明过去的生活。这个难点也恰巧能引出下一环节（为什么物质的存在不一定能证明内心的存在？）的教学内容。我在设计教学环节时，预设了这一点，也就利用了这一点来作为两大环节的过渡，化有形于无形，显得自然、思路连贯。这是本节课的创新之处。

（2）这篇文章是富有哲理的，本课学习比较多的是从文本深入体会其哲理含义，那么对这种哲理，学生能否有自己切身的体会，也就是能否将这些感悟内化？毕竟他们的阅历有限，生活的环境空间也很有限，如何能让学生有深入的感触，如何作进一步的体悟延伸，这是我没有解决好的一个难题。这是本节课的困惑之处。

（二）沈老师与观察者的交流

姜桂芳：阅读是这堂课的主要学习方式，所以，我想重点观察这节课的课堂阅读。你认为第二和第三环节的衔接点，是学生寻找"即使有它们，一个人内心的生存谁又能见证？"这句关键的话。你说到根据对学情的了解和根据本课的特点，学生必然会找到这句话。请问你凭什么说他们必然会找到？如果他们没有找到，无法呈现，那你怎么来解决？

沈建妹：本文描写故园场景和回忆故园事物的文字是非常明显的，而作者穿插其中的议论性语言也是显而易见的。再者，"思考作者找这些证据想要证明什么？"中的关键词"证明"和文中的"见证"是比较一致的，很容易因为类似而找出来。学生在学习了前面几篇关于故乡的文章后，关于故乡事物对人的作用还是比较了解的，有一定的方法积累，所以也是不难找出的。并且这句话有一定的迷惑性，它以疑问的方式呈现，学生在粗略看时会误以为是"能证明过去"，利用学生的这种粗心，恰好可以作为第三环节的突破口。我也有他们万一找不到的预设,即在课件中呈现这句话,然后我就直接设疑。

潘素:理解"家园"的双重含义是本堂课的教学重点和难点,你采取了小组合作学习的方法来突破。我对这种方法比较感兴趣,能否说说你是怎么具体展开的?

沈建妹:我打算采取四人小组的合作学习方式。我先设置小组合作学习的任务,即为什么"家园的事物"这些实体物质并不一定能证明一个人内心的存在?然后,让学生阅读课文,在原文中寻找依据,并彼此交流思考结果,最后组织小组汇报,分享自己的观点。为了防止学生脱离课文空谈,我在小组活动前要求学生齐读4—6段,意在引领学生从这几段中寻找答案。活动中我会不断地巡视,收集学情。汇报分享时,让学生充分表达,及时反馈,产生尽可能多的思维碰撞。

祝明富:我听了你的说课,觉得整节课的容量还是挺大的,估计写点评并且交流的时间会不充裕,你如何克服?

沈建妹:这也是我比较担忧的。我的设想是,来得及,点评就在课堂完成,来不及,就在课后完成。由于小组合作学习环节的学习进程是否顺利,以及学生思维的活跃程度都无法准确估计,所以,我设置了这个学习环节,便于课堂教学灵活处理。

祝明富:哦,我觉得写点评是本节课的一个亮点,我本来打算观察学生写点评。现在看来,这个我要调整了。

陈根法:一堂课不可能做到面面俱到,只要突破一个点,把它讲深讲透,这也是好的。学生在阅读提示不够的情况下,可能对解读"内心的存在"这个层面的关键句不能很清楚地找到,那么解读这个深层阅读层次的载体就缺失了,你在课堂上如何解决这个难题?

沈建妹:我预计学生对这些句子找不全,但一句应该是找得到的,那么我就引导好这一句中的关键词,将内涵挖掘出来,然后引导学生去找类似的句子,以点带面,关键就在于第一个句子的解读要深入透彻。

潘素:是否可以在学生讨论的时候就去点拨,也许能较好地推进这一环节的进行。还有,我想观察学生的小组合作学习,需要以几个小组作为样本,我一个人可能还忙不过来,有谁愿意加入我这个观察点的?

祝明富:那我加入,我刚才还在思考新的观察点,看来你这里需要我的援助了,我就不另取他路了。我就把学生活动的有效性作为我的观察点。

王樱:多媒体辅助教学是本堂课的一个教学方法,我想观察多媒体辅助教学的有效性。这次多媒体有哪些方式?使用的目的是什么?

沈建妹:这次主要还是常规的 PPT,没有涉及视频、音频的内容。总共是 8 张,主要是起到钩连教学环节,呈现问题指向,明确活动方式,提供拓展资料等作用。

蒋继福:这节课设计了一些问题,通过问题引领学生学习,那么问题指向是否明确,对教学效果会产生一定的影响,我想本节课就观察这个方面,行吗?

沈建妹:问题指向是否清晰的确很重要,我设计本节课的问题时,着重揣摩了用词用句的准确性和明确性,在呈现方式上我借助多媒体辅助,让学生更直观地明确问题的含义。让我担心的是课堂中生成的问题指向是否会明确,希望蒋老师能帮我关注一下。

(三)沈老师与观察者讨论后确定的观察点

学生学习·自主·课堂阅读的有效性(陈根法、姜桂芳)

学生学习·互动·小组讨论的有效性(潘素、祝明富)

教师教学·对话·课堂提问的有效性(蒋继福)

课程性质·资源·多媒体辅助教学的有效性(王樱)

【课中观察】2011 年 9 月 26 日上午第 3 节课

(一)观察工具

观察表(见课后分析报告会),摄像机一台。

(二)观察位置的选择

陈根法、姜桂芳老师观察的是课堂阅读的有效性,蒋继福老师观察的是课堂提问的有效性,王樱老师观察的是多媒体辅助教学的有效性,这些大多通过记录教师、学生口头呈现的思考结果,可以通过听来完成,不需要在教室前面观察学生的状况。为了最大限度地减少对学生的干扰,他们选择坐在后排观察。

潘素、祝明富两位老师观察的是学生讨论活动的有效性,需要记录学生在讨论环节中的进展情况,就以两个四人小组来作为观察样本,因此选择了坐在靠近学生组的过道里。

各位观察者观察位置如下:

王樱、姜桂芳、蒋继福、陈根法									
			▲					▲	
▲	★	过道 潘素		▲		★	过道 祝明富		▲
									★
▲					★			▲	
★			★			▲		★	
	▲			▲					
			讲台						

注:★为学优生,▲为学困生。

(三)观察过程

陈根法和姜桂芳、潘素和祝明富两个观察小组合作观察,其他两组独立观察。

【课后会议】2011 年 9 月 26 日上午第 4 节课

课后,观察组的老师围坐在一起,北京丰台区的老师们坐在外围圈观摩。

(一)沈老师课后反思

沈老师从两方面进行了课后反思:

1. 目标达成

第一个目标:通过课文阅读和问题引导,使学生能把握本文的主要内容。学生通过寻找关键词,回答出了一系列的具体外在事物,找到了这些"证据",并明确这些证据的作用,完成浅层次阅读。

在第一环节和第二环节的过渡中,预设的是找出难句来进行过渡。课堂中,学生正如预想的一样,"这些都是我今生今世的证据""我走的时候,我还不知道曾经的生活有一天会需要证明"这两个句子学生都是比较容易找到的。同时,由于问题中的"证明"一词与"见证"一词语意接近,所以也回答到了"即使有它们,一个人内心的生存谁又能见证?"这句。而这句通过语意理解,引导学生明确此句是指刚才同学们找的这些具体外在事物并不一定能证明"曾经的生活"。这就如期引出了新的思考探究内容:为什么外在的具体事物并不一定能证明内心的存在。这样完成了第一和第二环节的过渡。总而言之,第一个教学目标是达成的。

第二个教学目标:通过讨论,品味文中重点句子的深刻含义,探究"物质的存在不一定能证明内心的存在"的原因,理解文中"家园"的双重内涵。从课堂上看,学生的讨论很活跃,学生能找到那些解读本文深层内涵的关键句,这说明学生对本教学目标有初步的理解。但是从学生的表现看,学生对这些句子的深度解读上有较大困难。所以,这环节我的引导就相对多些,学生最终都能理解"家园"的双重内涵。可喜的是,解读透这一句后,学生能迅速找到和准确解读其他类似的句子。从学生的表现看,本教学目标基本达成。

2. 教学行为

在提出问题时,借助 PPT,问题的指向比较明确。对问题的指导比较有效,学生在我的点拨下较好地解决了问题。但现在回忆起来,我的指导也存在语言不精练、逻辑性不够强的问题,使指导时间耗费较多,降低了教学效率。

在学习小组讨论时,我一直关注他们的讨论过程,倾听、参与、指导学生的学习小组的研讨活动,从而保障了课堂交流的有效进行。

(二)观察教师简要报告观察结果

姜桂芳:本堂课的阅读教学是按照课文的先后顺序展开的,通过问题引领学生进行自主阅读,问题指向明确。按"提出问题——划线找出关键词句——小组讨论"的线索指导学生展开深度阅读,使学生能较好理解原文的主旨,是一种有效的阅读指导方法,产生了较好的阅读效果。

陈根法:本堂课学生的阅读方式比较多,有速读、细读、精读和齐读,这些阅读方式,能让学生快速进入文本,探究本文的主旨和哲理性的思想内涵。在阅读中强调学习习惯的培养,比如让学生在书上圈划等细节,这点比较好。但在引导学生回答时有些语言还不够精准,阅读的深度还是有待加强的。这篇文章非常适合多元化解读,课堂呈现的这种理解是其中的一种,当然也可以有其他的解读,甚至可以对作者的观点持否定态度。但在阅读中,我感觉到是教师在引着学生往自己的路上走,虽目标达成没有问题,但对于开拓学生的思维、提高阅读能力还是有限制的。

潘素:这节课学生的讨论非常积极,纵观全班,每个组都能积极讨论。我重点观察了一个组的讨论全过程,这是一个渐进的过程,一开始,该小组同学围绕着老师提出的问题进行了一些漫谈式的讨论,每人都提出了一些可能性,随着讨论的深入,有两个同学发现了句子中的一些关键点,于是,小组同学立即围绕这些关键点展开了深入的探讨,问题很快得到了突破。比如,小组同学都提到了人本身的记忆对"证据"造成的影响,这说明学生此时已在讨论中融入了自身的生活体验,有了这种心理积淀,对文本的理解就容易把握了。我想这些重难点的突破,如果不依托这种小组合作的讨论,那么对"家园"内涵的深入理解就只有依赖老师的说解了,这样的教学效果当然会有区别。

祝明富:在讨论时,教师下到小组里去进行指导,关注学情,适时引导,但又点到即止,既为同学的文本阅读行程打开了一扇窗,又为他们的思维发展留下足够的发展空间。例如,我重点观察的小组在讨论的初期,一直都是处于迷茫期,即使找到了教师预设的那几句关键句,学生也因为没有发现一些关键词语而错过了深入理解的切入口。这时候教师适时介入,根据学生的情况加以点拨,就避免了产生学生绕圈子兜的瓶颈状态,使他们豁然开朗,这对讨论活动的顺利进行和深入阅读是有益的。

蒋继福:沈老师在课堂上提了共12个问题,分为两大类:一类是预设性提问,一类是生成性提问。主要起到三方面的作用:第一,检查预习,初步掌握学情;第二,推进课堂教学环节,深入进入文本,为学生思维提供方向;第三,适时引导学生关注文句中的关键字词,辅助学生深入思考和解决问题。这些大小主次各不同的问题穿插融合在一起,使得课堂有序开展,从完成教学目标、让学生理解教学内容这些方面来看是比较有效的。

王樱:沈老师这堂课使用了幻灯片来辅助教学,幻灯片总共8张,总量不大,但是线索清晰、表述明确,沈老师的这个课件,杜绝了滥用,抓住了实质,简洁而不简单。我认为非常值得我们学习。

(三) 本次观察形成的结论

1. 从观察结果看,本节课的优点主要体现在三个方面。首先,阅读教学比较有效,主要是设计了难易适度的四个阅读层次,并恰当运用了小组合作学习策略。其次,学生讨论活动比较有效,这一方面取决于教师设计的问题有一定的难度,能有效激发学生的探究欲,另一方面取决于问题源于文本,同时又需要揣度文本中的关键字词句,使学生在咀嚼文本深意中去获得结果。学生各抒己见,互相借鉴,取长补短,成为学习的主人,不再机械地接受教师预先整理包装好的知识,主动性得到了发挥。再次,在教师提问中,教师能针对教学目标去设计问题,并以清晰的方式(口头的语言和笔头的幻灯片展示)加以呈现,指向性比较明确,学生能较好地在结合文本的基础上理解本文的主要内容。在追问中,比较多的是生成性的,慢慢引导到课堂的主干设计思路上来,虽较琐碎,但能保证课堂阅读目标的有效达成。

2. 本节课需要改进的地方有三点:一是教师提问技巧中生成与预设的糅合上还显得生硬,有时为了将生成引导到预设上来,追问就相对多了一点,削弱了整堂课的主线条。二是在学生活动的安排上可以做更精细的设计,应该考虑到不同性格、不同学习能力、不同表达能力和表现欲的同学的各方面,以提高小组合作学习的效率。三是多媒体辅助教学,在多媒体设计与利用,多媒体与讲解等教学方法的配合上可以进一步改进。

3. 沈老师通过感性和理性相结合的方式,引导学生调控阅读过程,进而培养其阅读能力,强化阅读体验,感悟阅读方法,提高阅读水平。若今后在阅读教学上进行深入研究,可能会成为专业发展的突破口。此外,今后应加强教学语言的锤炼,使之更为科学合理并富有艺术性。

【附件】

(一) 教学设计

※ **教学目标**

(1) 通过阅读和思考,把握作者寻找今生今世的证据的目的与结果;

（2）通过讨论，品味文中重点句子的深刻含义，探究"物质的存在不一定能证明内心的存在"的原因，理解文中"家园"的双重内涵。

※ 教学过程

环节一：新课导入：了解学生的预习感受，尤其是他们的困惑。

环节二：泛读。

（1）了解文章大意。

要求：圈划出文中被作者认为曾经或可能作为今生今世的"证据"的事物或场景。

（2）分析概括。

要求：概括说出圈出的事物和场景背后的意涵——家园的事物。让学生从感性认识上升到理性认识。

环节三：细读，理解家园的物质证据的作用。

要求：思考作者找这些证据想要证明什么？从原文中划出相应的句子。

参考："这些都是我今生今世的证据啊""我走的时候，我还不知道曾经的生活，有一天会需要证明""即使有它们，一个人内心的生存谁又能见证"。

目的：让学生明确"以往的生活"的含义，明确作者寻找证据的目的和结果。

环节四：精读，探究：为什么物质的存在不一定能够见证内心的存在？

要求：精读课文 4—6 段，然后通过小组讨论来理解"家园"的双重内涵。

1. 思考"即使有它们，一个人内心的生存谁又能见证？"这句话中"内心的存在"的含义并通过讨论明确。

明确：内心的存在是指记忆中的、头脑中的存在物，是虚化的感情。

2. 通过集体朗读 4—6 段，明确作者的这种怀疑在文中哪些地方表露出来了？

第 4 段中，"我也会对以往的一切产生怀疑"后的排比句"我真的……？"表现出一种深深的怀疑。第 5 段中"谁还能……""谁会……"这些反问句表露出怀疑。第 6 段中"如果没有……"排比句和反问句构成的否定也表露出这种怀疑。

3. 小组讨论：为什么"它们"不一定能见证"内心的存在"？

关键句(1)："在那时候，那些东西不转身便正面背面都领受到月光，我不回头就看见了以往。"

关键句(2)："谁会看见一场一场的风吹倒旧墙、刮破院门，穿过一个人慢慢松开的骨缝，把所有的风声留在他的一生中？"

关键句(3)："这一切，难道不是一场一场的梦。"

4. 再次精读，理解"当家园废失，我知道所有回家的脚步都已踏踏实实地迈上了虚无之途"句中的"家园"的双重内涵。

分析："回家的脚步"指回归到心灵的家园，"踏踏实实"指必然性，"虚无之途"指找不到过往的生活，既指那个实实在在的家，也指那个精神心灵的归宿。

明确：以往的生活，曾经的内心（家园）。

环节五：课堂小结，作者简介。

"乡村哲学家"——刘亮程简介。

环节六：感悟延伸，评点交流。

古人云：不动笔墨不读书。相信同学们对这篇课文仍然意犹未尽，请写下来，一起交流分享。

评点示例(1)：镜子的碎片——镜子的每一个碎片都映照出故园的画面，一个瞬间，许多碎片围绕在我的周围，也就如同许多关于故园的记忆叠加、重合、交错、纠缠，它们萦绕着"我"，无论"我"往哪儿望去，处处皆是故土，处处皆是乡情。

评点示例(2)：月光也渗透到我的背面，而我的背面其实是隐秘深沉，不为人了解的心灵世界，这世界里有完整的"以往"。因此只要在月下，只要沉浸到自己的内心深处，不需回头，"以往"便跳出来。

（二）课后分析报告

报告1：沈老师的课后反思

1. 本节课教学，我仔细研读了文本和相关资料，对课文有了比较深入的解读，同时也能对学情有比较充分的估计。所以在教学中我采取了探究法和讨论法相结合的教学方法，既有设问引导的探究，也有学生间的合作探究。这两种教学方法我认为是比较好地体现了"以生为本"的教学理念的。

这篇文章理解难度很大,所以我用问题引导探究,将学生的思维带入到切合目标的轨道上来,取得了较好的效果。在教学环节的处理上,四个环节由易入难,再由难提升,步步深入,层层推进,比较合理。但对一些课堂生成问题,我准备不足没处理好。在引导学生探究时,感觉不够精准,没有找到好的切口,致使第三环节解决本课的重难点时有点不顺畅,这些都反映出我的教学机智的欠缺。

2. 在教学资源的开发上没有做到位,这篇哲理选材与众不同,他写的东西来自远离城市的一个边远的乡村,不仅如此,他所写的乡村里的故事又大多是他青少年时的往事。这样就给今天的青年学生阅读带来了一定的难度,特别是没有远离故乡生活经历的高一学生,更难体验。这就需要在课堂中借助多媒体展示一些图片、视频来创设情境,给学生营造一种身处异域的感受,同时也可以投影一些刘亮程的其他作品(如《一个人的村庄》)或其他作家关于"精神家园"的文段,来帮助理解文意和哲性。我认识到了这篇文章的理解难度,却没有想到在情境创设上加以辅助解决。

3. 今后的专业发展中,我应该多读一些哲理思想丰富的作品,提高阅读能力,这样才能游刃有余地处理教学中的问题,提高课堂驾驭能力。

报告2:课堂阅读的有效性(陈根法、姜桂芳)

1. 观察点选点说明

刘亮程的大量作品通过对西北农村的细腻抒写,体现了一种难得的对乡村、对底层民众的人文关怀,对乡村日常生活意义的发掘,以及对现代化进程中传统与现代两种文明之间冲突的反思。这些阅读角度对现在的中学生来讲是有相当大的难度的,需要在教师的引导下反复深入地阅读,才能领会文章的深层含义。

这篇文中的核心概念"一个人内心的生存"是抽象的,只有通过具体的物、具体的场景才能表现出来的,因此,本节课以阅读作为主要教学策略,来实现理解文章主旨,提高学生阅读与鉴赏、表达与交流水平的教学意图。所以从阅读切入,可以观察到学生在课文阅读能力中交融在内的其他能力。

2. 观察表及观察结果说明

影响阅读效率的主要因素是阅读策略,依据阅读方式不同,高中语文的阅读策略有错序阅读、比较阅读、错综组合阅读、SQ3R阅读、研究性阅读、整体阅读等。基于沈老师的说课及出于方便课堂上的观察记录的考虑,在设计观察量表时,我们回到了问题的原点来思考,为什么阅读?阅读什么?怎么阅读?阅读得怎么样?即从阅读的目的、内容、方式、指导、检测上来观察本节课的学生阅读行为,最后得出阅读的效率。

根据以上分析,我们设计的观察量表及观察结果如下:

阅读过程	阅读目的/阅读内容/阅读方式/阅读指导/阅读检测
第一次阅读: 泛读课文	目的:了解文章大意。 内容:全文 方式:整体阅读 指导:标上节码,默读,圈划文章中被作者曾经忘记的可能证明今生今世的证据的事物或场景。(注:学生预习过,教师给的时间较少。) 检测:叫一个学生找出(该男生念了很多原文,基本找出相应内容)。 教师叫其他学生补充(一共有4个学生分别补充了:黑狗、大公鸡……,土坑,土墙……)。
第二次阅读: 细读课文	目的:理解家园的物质证据的作用。 内容:全文 方式:整体阅读 指导:设疑——思考作者要用这些证据证明什么。要求在文中找出相应的句子。 检测:学生回答,教师引导。 生1:"证明曾经的生活。" 生2:"证明今生今世。" 生3:证明"内心的存在。" 教师追问"即使有它们,一个人内心的生存谁又能见证"这句话是指什么意思? 学生齐答:这些证据不能证明内心的生存。 教师引导:那不是矛盾了,为什么刚才我们找到的这些外在的事物不一定能证明内心的存在?
第三次阅读: 精读课文	目的:明确"内心的存在"的含义,理解为何外在的事物不一定能证明内心的存在。 内容:4—6段 方式:研究性阅读 指导:齐读教师指定的4—6段,以4人小组为单位讨论"即使有了他们,一个人内心的生存谁又能见证"的深刻含义? 检测:学生讨论交流。 女生1:随着时间的流逝,旧有环境的改变,记忆也渐渐消亡,即使事物还在,那时的感觉已经慢慢消失了。 男生1补充:第4自然段,内心从本质上是不相信的。 男生2:时间过得太久了,自己经历的事情,别人不能感同身受,是自己的事情,自己是独自的。 男生3:第5自然段,对故乡的思念别人是不能见证的。 女生2:对故乡的一切很熟悉,但是内心的思念不够深的话会忘掉的。 教师小结:矛盾、无奈。

(续表)

阅读过程	阅读目的/阅读内容/阅读方式/阅读指导/阅读检测
第四次阅读：精读课文	目的：理解"家园"的双重含义。 内容：最后一段 方式：研究性阅读 指导：齐读最后一段,探究作者为什么这样说？"家园"有什么深刻的含义？ 检测：学生回答 教师明确家园的双重含义：以往的生活＋曾经的内心

3. 观察结果分析及教学建议

（1）观察结果分析

阅读难易的层次设计。本堂课共设计了四次阅读活动,第一次是泛读,目的是了解文章大意,完成浅层阅读,锻炼学生筛选信息的能力,比较容易;第二次是细读,目的是理解家园物质证据的作用,教师对学生增加了概括的能力要求;第三次是精读,目的是明确"内心的存在"的含义,理解"为什么外在的事物不一定能证明内心的存在",完成深层阅读。这是对文本中抽象而又难解的情感的解读,难度要求提高,涉及文本研习探究、多元化解读等方面的能力;第四次阅读目的是理解"家园"的双重含义,这是主旨情感的理解,通过齐读来体会作者的情感。四次阅读有梯度,由易到难上坡,在最后又由难入易下坡,有起伏,根据文本阅读的规律,合理设计对应相应能力等级的阅读。

每一层次阅读的有效性。第一次的泛读,教师采取疑问带读的指导方式,给出了明确的操作方法——圈划词语,学生在预习的基础上,短短3分钟基本能够解决老师提出的问题,快速高效。第二次的细读,比第一次阅读的要求高一层次,不仅要找出问题的答案,还要概括。教师通过设问"作者用这些证据证明什么"一问来带读,并且将"证明"这个词有意强化,学生通过"见证""证明""证据"这些词语的把握找到了问题的答案,第二次的阅读效度也较高。至此,大致把握课文主要内容的教学目标达成了。第三次的精读,随着文本解读的深入,问题的难度加大了,因此教师明确指示阅读4—6段,并且让学生以4人小组为单位一起精读达成目标。但是不可否认,学生的思考还不够深入,没有上升到哲学层面的思考,这时教师较多地进行了生成性问题的引导才加以解决。这个进程的推进不如前面两个环节顺利。第四环节的齐读,用读来总结全文,用读来感悟作者情感,教师也设置了几个问题来加以引导,最后小结导出"家园"的双重含义,进行相对顺利。四个环节较好地完成了教学目标,效果较好。

(2) 教学建议

要创设帮助学生文本解读的情境。从第三次阅读难以顺利开展来看,学生的解读停留在文本本身,没有调动自己原有的经验来阅读。任何文本都不是孤立的,有它诞生的特殊情境,也有它被解读的现实情境,它又与其他文本处在相互关联的情境中。在文本研习时,既要善于"复活"文本诞生的情境,以便最大可能地接近文本的本义,同时又要将文本与现实建立联系,从而探讨其衍生新义的可能,沈老师这堂课的阅读有效性是做得比较到位的,但是由于学生对此文的陌生感比一般文本要强,情境创设的媒介是可以帮助学生尽快进入文本内核的,建议可以采用。

报告3:小组讨论的有效性(潘素、祝明富)

1. 观察点选点说明

小组讨论是课堂中合作学习的重要形式,小组讨论给了学生思维发展的空间与时间,课堂生成会大大增加,这就增加了课堂的不确定性,这种不确定性对教师的教学机智、专业能力、临场指导等专业素养提出了更高的要求。本节课的教学重点和难点的突破策略是小组讨论,我们认为以小组讨论为切入点开展这节课的研究,将能抓住这节课教学与学习质量的关键。

2. 观察表及观察结果说明

根据小组讨论的性质和本节课的设计,小组讨论可以具体化为讨论主题、讨论时间、讨论人数、讨论进程、主要观点、讨论氛围等,我们认为从这些点入手大致可以判断小组讨论的有效性。为了清晰观察记录到小组讨论的真实情况,我们以第一、二小组作为样本展开观察。之所以选择这两个小组,是因为他们处在过道边,容易让我们直接观察到,并且这两个小组都分布着学困生、学优生和普通生,比例合理。

为排版需要,我们将观察量表转换成普通文本格式呈现我们的观察结果,具体如下:

(1) 讨论主题:"即使有它们,一个人内心的生存谁又能见证?"为什么作者这样说?

(2) 讨论进程:

两小组讨论的焦点都集中在"'内心的存在'是什么?""为什么不能见证内心的存在?""为什么对以往的生活产生怀疑?"

两个小组都是开始花了1分钟左右的时间仔细默读了4—6节,在几位活跃的学生带领下,小组讨论才逐渐开展。随着讨论的深入,学生的观点时时碰撞,再度阅读课本4—6段,寻找形成自己观点的证据。

(3) 讨论氛围:前2分钟比较冷清,后3分钟非常热烈,6位同学较多地表达了自己的观点,8位学生在讨论时都集中精力。

(4) 讨论人数:第一小组4人,第二小组4人。

(5) 主要观点:

生1:时光流逝,感觉淡化。

生2:记忆淡褪,怀疑过去。

生3:记忆是个人记录,旁人、外物不一定能见证。

生4:当时不懂珍惜,产生了怀疑。

生5:对过往很熟悉,虽然怀疑,但是感情深刻。

(6) 讨论时间:5分钟。

3. 观察结果分析及教学建议

(1) 小组讨论的主题。我们观察到,讨论开始的2分钟场面很冷清,学生无从下手。2分钟后,有2位同学出来破冰,讨论渐渐热烈起来,讨论的问题也越来越集中,分别为"为什么对以往的生活产生了怀疑?""内心的生存是什么?""为什么不能见证?"讨论的问题明晰后,他们更能有的放矢,紧扣重点语段句子,寻找答案。

根据以上观察结果,我们认为小组讨论的问题的难度是影响讨论效率的重要因素。对远离学生经验的难度大的问题,应进行必要的分解,搭好支架或抽出要点,这样的讨论才能直入主题,迅速聚焦,提高学习效率。如,本次讨论的主题,若老师能提示学生抓住以上的四个小问题展开讨论,讨论过程就能更流畅。

小组成员的构成是影响讨论效率的又一重要因素。小组学习活动的初衷就是让学生彼此成为学习资源,进行同质或异质的学习。但具体到一个小组的学习活动,往往与小组成员的组成有密切关系,因此,建立讨论小组时,应注意学困生、学优生和普通生的组成比例。应根据学情进行讨论前和讨论中的成员组合。

(2)小组讨论的规则。任何一种组织,都有其运行规则,小组合作学习也不例外。本节课的小组讨论,我们没有观察到它背后有一套运行机制,如小组的主持人、记录人、汇报人等分工,各自有什么职责等,所以本节课的讨论基本上是在一种自然状态下自发进行的。因此,我们观察到,一些思维活跃、表现积极的同学话语权非常强大,而一些不善言辞、心理素质也不够好的同学就沦为纯粹的听众,其思维可能被别人牵着走,这就违背了小组合作学习的初衷。

根据以上观察结果,我们建议沈老师可加强合作学习理论的研究,尝试建立小组合作学习的文化和规则,保障话语权的公平和思维机会的均等,使不同层次不同特点的学生获得同等的学习机会,可能会更好地发挥小组合作的优势。

报告4:课堂提问的有效性(蒋继福)

1. 观察点选点说明

讲解和提问是课堂教学中最主要的两种教学方法,也是教师两项基本的、重要的教学技能。根据沈老师的说课,本节课的教学设想是以问题来引导学生对课文的理解,通过问题培养学生的阅读能力。因此,我决定从提问切入本节课的研究。

2. 观察表及观察结果说明

判断提问有效性的指标有很多,如问题的难度与学生认知水平的关系,提问对象与教学目标、教学评价的关系,提问时机与教学进程及思维发展的关系,提问方式与信息接收的关系,问题串的逻辑结构对知识体系建构的影响等。这些指标涉及面非常广泛,很难以一人之力进行全面观察。故本次观察我采取了简化处理的办法,只记录提出的问题、问题的指向和问题间的关系这三个方面。

我的观察记录结果如下:

教学环节	提问内容	问题指向及问题间关系
(1)	你读了这篇文章后有什么样的感受?	这三个问题是让学生从全文宏观把握内容,并完成浅层阅读,理解"物质家园"的含义,并由第(3)问生成新的探究问题,引起思考,为探究"精神家园"的含义作铺垫。
(2)	文中有哪些是被作者曾经或可能证明今生今世的"证据"的事物或场景?请圈划出来。	
(3)	"即使有它们,一个人内心的生存谁又能见证?"这句话的确切表意是什么?	

（续表）

教学环节	提问内容	问题指向及问题间关系
(4)	为什么刚才我们找到的这些外在的事物不一定能证明内心的存在？	问题(4)是第二环节的总摄性问题，而问题(5)是对上一个问题的细化分解处理，句子的理解首先从难以理解的词语开始入手。
(5)	"内心的存在"你怎么理解它的含义？	
(6)	为什么刚才我们找到的这些外在的事物不一定能证明内心的存在？	回到总摄性问题上来，以便进行学生讨论交流的活动。
(7)	"在那时候……我不回头便看见了以往"隐含了现在的"我"是怎样的境况？	在学生回答时适时加以设问引导。
(8)	同学们关注到了第7节中的内容，很好，那么"那时我就知道一个土坑漫长等待的是什么"这句中"土坑"等待的是什么？	在学生回答中适时设问引导，同时也引导学生关注教师规定齐读以外的段落。
(9)	"风……穿过一个人慢慢松开的骨缝"这样的表达很抽象，具体指什么意思？	同上。
(10)	作者说："当家园废失，我知道所有的回家的脚步都已踏踏实实地迈上了虚无之途。"为什么？上句的"家园"指的是什么？	既是对内容的理解，也是一种语言运用的训练。
(11)	踏踏实实与虚无之途正好相反，该表述是否妥当？	
(12)	怎样才能使"家园"不会"废失"？	加深理解主题。

3. 观察结果分析及教学建议

我观察到，课堂上沈老师共提了12个问题，它们可归为两大类：一类是预设性的问题，是全文的脉络线索，也是解读这篇文章的切入点；一类是生成性的问题，主要是在课堂上引导学生思考和关注课文的关键字词句。这两类问题是融合在一起的，为学生铺设好了一个个思维的台阶，使学习能顺利进行。通过这些问题的讨论，步步深入，环环相扣，把一节课有机地串联在了一起，把课文结构清晰、脉络分明地剖析开来，达到较好的教学效果。

一点建议：沈老师借助多媒体呈现的问题在内容指向上和表意准确上比较到位，但是在生成性问题的表述上就比较指向不清和表意模糊，如"指什么意思""为什么"，这些问题都比较宏观，思维指向不太明确。问题表述的准确性与否是能否有效引导学生进行思考的重要原因，这点是我们语文老师尤其要注意的。

报告 5：多媒体辅助教学的有效性（王樱）

1. 观察点选点说明

多媒体是课堂教学中的一种重要辅助手段，但是如何科学有效地利用多媒体却是一个值得探究的问题。像刘亮程的《今生今世的证据》这样意蕴深刻、语言优美的一类文章，如何使用多媒体辅助，引导帮助学生更好地品悟讨论而不流于表面是个非常值得探究的问题。因此，我选择这个观察点。

2. 观察表及观察结果说明

根据沈老师的说课，本节课的多媒体只设计了 PPT 课件，课件中也未嵌入音像和动画，因此，本节课的观察只要聚焦在 PPT 课件对教学的辅助上。PPT 课件的辅助作用，与其呈现的内容、文字或图片的特征与分布、播放节奏、播放时间等因素有关，我的观察就从这几个方面开展。我设计的观察量表及得到的观察结果如下：

幻灯片	幻灯片呈现的内容、文字和图片特征与分布	时 间
第一张	左侧一张古堡废墟的图片；右侧竖排标题和作者名字。	3 分钟
第二张	雪景飞鸟动态背景图；左上侧先显示绿色背景框的"思考"二字，表示进入正文解读环节。	1 分钟
第二张	同一张幻灯片点击出现下述文字：泛读课文，标上节码，圈划出文中被作者曾经或可能证明今生今世的"证据"的事物或场景。	7 分钟
第二张	第二次点击出现下述文字：细读课文，思考作者要用这些证据来证明什么？在原文中划出相应的句子。	6 分钟
第二张	第三次点击出现下述文字：精读课文，思考如何理解"即使有了它们，一个人内心的生存谁又能见证"的深刻含义？讨论交流。其中"即使有了它们，一个人内心的生存谁又能见证"使用红色文字，突出显眼。	7 分钟
第三张	水墨山水画背景；点击显示文本框：今生今世的证据（A. 以往的生活；B. 曾经的内心）。	2 分钟
第三张	再次点击出现红色显眼的"家园"二字。	1 分钟
第四张	雪景飞鸟动态图背景；点击出现：当家园废失，我知道所有回家的脚步都已踏踏实实地迈上了虚无之途。其中"虚无之途"为红色，显眼突出。	4 分钟
第四张	再次点击出现文本框：当家园废失，我知道所有回家的脚步都已踏踏实实地迈上了虚无之途。当见证我们的生存生命的物质的东西已经消失，甚至连自己也失去了对故乡的精神寄托，那将真正宣告了我们生命的虚无，精神的荒芜。	1 分钟

(续表)

幻灯片	幻灯片呈现的内容、文字和图片特征与分布	时 间
第五张	左侧显示作者刘亮程以沙漠为背景的照片；右侧显示文字：乡村对于我，它不仅是出生地，还是一个人的生存和精神居所——《乡村的事情》；那个让心灵定居的地方成了自己一个人的村庄——《对一个村庄的认识》。"乡村哲学家"；"20世纪中国最后一位散文家"；散文集《一个人的村庄》、《风中的院门》（本文选自此）；长篇小说《虚土》。	3分钟
第六张	水墨梅花背景；显示土黄色文本框的"对话"，进入新的环节；点击显示文字"古人云：不动笔墨不读书。相信同学们经过刚才的学习之后仍然意犹未尽。写下来，让我们一起来分享吧！"	快速切过
第七张	雪景飞鸟动态图为背景；显示文字"课外拓展性阅读"；点击出示：课外阅读《读本》上刘亮程的散文《寒风吹彻》，进一步走进他的精神世界，感受他精心构筑的精神氛围。	2分钟
第八张	彩色复古风格的双人划艇图；点击显示"谢谢！再见！"	46秒

3. 观察结果分析及教学建议

（1）沈老师的多媒体课件并未使用音乐动画等方式，幻灯片以文字为主，干净利落，有其对文本特点的考虑。在重难点句子中，老师采用的是黑体加粗并标为红色的字体，这样突出了重点和难点，也引导了学生关注这些字词。

（2）PPT中的每张幻灯片都对应一个教学环节。从停留时间来考察，开头的导入和最后的结语停留时间较少，三次有任务的阅读和重点难句的解读停留时间则在5分钟以上，每一张幻灯片的停留时间与这个环节在课堂中的比重是相吻合的。这说明本节课的多媒体播放与教学环节的结合是比较好的。

（3）图片的选用应该与文本紧密联系，有助于学生更好地融入文本。如果与文本意境不符合甚至相悖，不如不用。第一张幻灯片的废旧古堡，以及第二、三、四、六张的水墨画，就值得商榷。刘亮程是西北作家，课文中出现的意象"土墙""烟道和锅头""大红公鸡""黑狗"等具有鲜明的中国西北乡村特点，图片的选择应该考虑与之相搭配。

2 数学：等差数列

吴寅静　杜　慧[①]

【背景】

• 任教教师：马富强。马老师是一位有着 11 年教龄的教师，教学富有经验又充满活力。马老师讲究学生的课前预习，要求学生带着准备和问题进课堂。

• 教学主题：等差数列（第一课时）[普通高中数学课程·必修五（人教 A 版）]

• 观察教师：数学组课堂观察合作体成员

• 活动背景：近几年来，数学组的课堂观察活动经历了尝试阶段，随着观察技术的提高，数学组通过该途径诊断与改进课堂教学的能力逐渐增强，但也面临着如何进一步深化发展的问题，此次观察活动就是一次向纵深发展的探索。

【课前会议】2012 年 3 月 28 日下午第 4 节

（一）马富强老师说课

1. 教材分析

本节课是《普通高中课程标准实验教科书·数学 5》（人教 A 版）第二章"数列"第二节"等差数列"第一课时。等差数列是一种特殊的数列，是数列的

---

① 此课例由吴寅静、杜慧主笔，附件部分为上课教师和各观察教师所写。

深入和拓展,也是理解等比数列的基础,在日常生活中有着广泛的应用。

2. 学情分析

在知识基础上,学生已明白了数列的概念,掌握了数列的两种表示形式——通项公式和递推公式。在能力基础上,上课班级的学生已具备了一定的抽象概括和推理论证能力,但是他们的运算能力、分析问题和解决问题的能力还不足。

3. 教学目标

(1)通过对等差数列定义的精确描述,所有学生都能理解等差数列的概念;

(2)通过对等差数列通项公式不同推导方式的研究,理解等差数列通项公式的推导过程,提升观察、分析、归纳和推理能力;

(3)通过阶梯性的强化练习,学会用等差数列通项公式及推广形式解决相应的问题,提高分析问题、解决问题的能力;

(4)通过探究,建立等差数列与一次函数之间的联系,了解等差数列的函数特征。

4. 教学过程

(1)本节课的教学环节

环节一:新课导入。通过分析哈雷慧星回归的年份,从而对等差数列有初步认识。

环节二:等差数列概念的学习。通过问题引出等差数列的准确概念,引导学生主动归纳出等差数列的符号语言和通项公式。

环节三:等差数列通项公式的应用。教师引导学生通过例1的解决,学会正反两方面应用新学的公式、概念,并体会待定系数法及 $n \in N^*$ 的应用。而例2的作用是让学生不仅学会应用公式 $a_n = a_1 + (n-1)d$,还能主动发现任意两项之间的关系: $a_n = a_m + (n-m)d$。

环节四:从等差中项和函数的角度理解等差数列。通过等差中项理解任意连续三项的关系 $\left(\{a_n\}\text{是等差数列} \Leftrightarrow a_n = \dfrac{a_{n-1} + a_{n+1}}{2}(n \geq 2, n \in N^*)\right)$。通过 $a_n = a_1 + (n-1)d = nd + (a_1 - d)$ 发现等差数列的另一种数学表现形式:$a_n = pn + q$,将函数和等差数列联系起来,明确等差数列是特殊的一次函数($a_n = f(n)$,$n \in N^*$),以及等差数列的图象是一列位于直线上的等距的离散点。

环节五：探究提升。通过思考题体会用构造法求等差数列通项公式的基本思路。

环节六：课堂总结。通过回顾和提问，了解教学目标的落实情况，构建知识体系。

（2）本节课的创新之处

一是新课导入，哈雷彗星的运行规律是学生非常感兴趣的天文现象，它所蕴含的数学知识又是良好的学习材料。因此，通过推测哈雷彗星的回归地球的年份，既能激发学生的学习兴趣，又能让学生对等差数列有基本的认识，从而为后续的学习打下良好的基础。

二是在等差数列通项公式的推广过程中，通过设置递进的问题串，把学生由"现有发展区"引向"潜在发展区"，使学生的知识和能力获得螺旋式的上升。

（3）本节课的困惑之处

本节课的重点是学习等差数列的概念，通项公式的推导、变形及应用，等差中项的概念和等差数列的一次函数形式与图象。对比课标的学习要求，我所设置的知识容量增加了。由于上课班级学生的分化情况相对严重，这对我的课堂学习信息的收集与处理、课堂节奏的把握、教学指导等都提出了较高要求，我感觉自己在处理好这些问题上有一定的欠缺。

（二）马老师与观察者的交流

高坚：学生是课堂学习的主体，学生能否积极主动参与学习活动直接关系到他们的听课和学习效果，那么你设计了哪些学生活动呢？

马富强：考虑到本节课是新授课，新概念和公式的教学要求较高，因此我将学生的学习活动主要放置在对概念公式的推导和应用上，在例题和习题的解决上会尽量多地让学生来主动讲解以促进他们的积极思考。

沈小明：我对你通过学生活动来实现这些知识的教学很感兴趣。但是本节课的容量很大，会造成学习时间非常紧，这会影响学生活动的质量，进而影响教学目标的落实，你将如何解决这个问题？

马富强：我对课前预习已经作了布置和指导，学生对等差数列的概念和通项公式的推导应该有了一定的认识。所以，这个概念教学的公式推导就节约了教学时间。

盛芳：我分析了一下你上课的大致时间安排，感到似乎没有办法落实那么多的内容。最后的探究部分是否可以放到下节课中，以减轻本节课学生的学习任务和压力？

马富强：时间确实有点紧，这道探究题是否应该放在这节课我也权衡了很久：不放，对学习程度较好的同学会感到这节课没有挑战性；但放了，确实会时间不够用，这也恰恰是我的困惑。希望你们观察这个问题，给我提出合适的建议。

盛立忠：从教学设计中看出你更换了新课的引入情境，增加了等差数列通项公式应用的例题和等差中项公式的应用练习，把探究的问题和等差数列与一次函数之间的联系进行了合并，没有删减内容，这样的处理会对学生的学习产生怎样的影响是我非常感兴趣的问题，因此我想观察教材的处理。

马富强：是的，我也很想看看这样的处理效果好不好，希望通过你的观察给我提供合适的建议。

吴寅静：你设置了六个教学环节，你认为这六个环节环环相扣，层层递进，促进学生的学习。我对这六个环节是否有利于教学目标的落实很感兴趣，所以我想观察教学环节与教学目标的契合度。

马富强：好的。

杜慧：这节课你采用的主要教学策略是以问题驱动引导学生展开学习，这里必然会有大量的提问和理答，这些提问和理答对本节课教学目标的落实有很大的作用，我对这个比较感兴趣，所以选择这个作为观察点。

马富强：好的，我在设计问题时也特别关注问题的指向性，以及问题的前后衔接，确保学生可以正确地理解并思考，而一些递进式问题的设计也是希望能化解问题的难度，促进学生的学习。

曹凤山：从教学目标看，本节课要完成的目标有6个，这6个目标需要设计多种形式的问题来达成，这些问题的呈示方式和处理方式对目标的达成有较大的影响，我打算在课堂上着重关注这一点。

马富强：如何有效地处理问题、引起学生思考一直困扰着我的课堂教学，欢迎你给我一些指导和建议。

吴晓曙：马老师，你准备提出哪些思考性问题以引发学生的深入思考呢？

马富强：我设计了以下一些问题以引起学生的思考：能否给出等差数列

的通项公式？在等差数列中，a_n 和 a_m 有何关系？能否给出等差中项的概念？

（三）确定观察点

经过再次商讨，各个观察小组确定的观察点如下：

教师教学·对话·教师提问及理答的有效性（杜慧、曹良华、张艳辉）

课程性质·实施·问题设计与教学目标的达成（曹凤山）

教师教学·环节·教学环节的适切性（吴寅静、孙建忠）

学生学习·互动·学生的学习活动（高坚、唐俊江、沈小明）

课程性质·内容·教材处理的有效性（盛立忠、盛芳）

课堂文化·思考·关键问题的思考价值（吴晓曙）

【课中观察】2012 年 3 月 29 日下午第 1 节课

（一）观察工具

观察表（见课后会议分析报告），摄像机一台。

（二）观察位置的选择

吴寅静、曹凤山、盛立忠、盛芳、杜慧、张艳辉和曹良华等七位主要观察教师，为了最大限度减少课中观察对学生学习的影响，选择坐在后排观察。沈小明、吴晓曙、唐俊江、高坚和孙建忠等五位老师主要观察学生，需要以一位学优生和一位学困生作样本，故选择了坐在过道两侧学困生和学优生集中区域观察。

各位观察者观察位置如下：

	★	过道		讲台		过道	★	
				▲				
▲	★	沈小明 吴晓曙	★		★	唐俊江 孙建忠 高 坚		★
			★				▲	
				▲				
		吴寅静，曹凤山，盛立忠，盛 芳，杜 慧，张艳辉，曹良华						

注：★为学优生，▲为学困生。

（三）观察过程

课前：观察者于上课前进入教室就座。孙建忠、吴晓曙、沈小明老师特地查看了位于走廊两侧的 12 位学生的数学教材和笔记，以此了解学生的预习落实情况。

课中：观察教师根据自己开发或选择的量表进行了观察记录。

课后：曹凤山、曹良华老师特意各问了他们前方的四位学生，了解他们对这节课的感受及知识掌握程度。

【课后会议】2012 年 3 月 29 日下午第 2 节课

（一）马富强老师课后反思

1. 目标达成。从目标达成度来看，本节课基本达成了预设的知识目标，依据是学生的回答和练习答案准确率都还比较高。但是由于每个环节我过渡得比较快，能力目标估计落实得不够好。

2. 教学策略。本节课我尝试通过多种教学方法激发学习兴趣和数学思维，如情境教学法、问题教学法等。情境教学法和问题教学法对激发学习兴趣，促进知识点的落实和知识体系的形成有一定的作用，但是学生自主探究时，给学生留的时间太少，基本没有探究的过程。

3. 一点遗憾。本节课的速度快、容量大，导致了部分学习能力较弱的学生没有足够的时间和机会消化新知识。在处理一些生成性问题上，没能留给学生更多的时间，也没能给他们更多展示疑惑或探究结果的机会，这都是我今后要注意的地方。

（二）观察者简要报告观察结果

杜慧：我们小组观察的是教师提问及理答的有效性。

这节课，除例题和类似口头禅外，总共出现了 26 个问题，都来自老师的提问，与教学目标的结合度高。

本节课中，推进课堂教学的问题共 7 个，多数问题指向明确，表述简洁明了；提问后，以集体回答形式较多，个别追问很少，对学情的了解可能有限。问题抛出后，给学生候答的时间，有 7 个在 3 秒内，17 个在 4—10 秒间，4 个在 11—30 秒内。根据问题的难度，我们认为给学生候答的时间太少，给学生的思考与表述的时间过少,会大大降低问题的价值。我们认为这是本节课教学内容过多,容量太大造成的。

曹良华:我观察的是课堂提问的有效性。

本次观察中,我们记录了马老师课堂中共有 26 个提问。"指向性"上,20 个问题指向明确,有 6 个问题有些模糊,总体看提问比较有针对性。从"层次性"上看,16 个问题属于应用层次,7 个问题属于理解层次,3 个问题属于识记层次,由此可以看出马老师对学生的要求比较高,注重知识的理解与应用;从"回答形式"上可以看到:学生更多地是在马老师的启发引导下回答问题,这和问题层次性设计相吻合;从"理答情况"上可以看到,由于问题的起点较高,学生需要在老师的指点和补充下回答问题。

曹凤山:我观察的是问题设计与学习目标达成。

本节课我记录了 15 个问题,有些问题由于很口语化,不能很好地记录分析,对记录的问题具体分析如下:

第一,问题设计与学习目标大多数比较紧密,只有涉及等差中项的内容没有在学习目标中得到很好地体现;

第二,问题的呈现方式多样,主要以 PPT 展示,结合口头提问,学生能很清晰地接收并领会问题。

吴寅静:我们小组观察的是教学环节的适切性。

整节课的教学时间是 44 分钟,拖堂 4 分钟。新课讲解用了 36 分钟,主要用在解决重难点问题,各环节的用时相对合理。最后环节是一个思考题,这个题思维要求很高,已超出学生现有的能力,加上此时已下课了,建议将此环节去掉。

建议将例 2 与之前的探究环节进行调整,先让学生解决例 2,再让学生思考能否直接建立 a_5 与 a_{12} 之间的联系,由此再推广到一般情况下寻找 a_m 和 a_n 之间的联系。这样调整对激发学习兴趣有利,利于实现让学生亲身经历"从特殊入手,研究对象性质,再逐步扩大到一般""培养观察、分析、归纳、推理的能力"的教学目标。

盛立忠:我们小组观察的是教材内容的处理。

教材处理上,本节课增加、更换和合并了较多的内容,达到了较好的效果。如增加哈雷慧星回归年份的问题,让学生观察分析后,得出等差数列的概念,并在此基础上学会求等差数列的公差及通项公式,发展了学生的观察、分析、归纳能力。两个建议：一是新课引入时增加两个例题，体现递减等差数列和常数列都是等差数列的一种；二是将等差中项后的探究与教材中的例题3结合起来讲能节约时间。

高坚：我观察的是学生的学习活动。

这节课有7处学生活动，共12分钟，约占本节课总时间的30%。在这30%的活动时间里，我看到每项活动都因时间紧迫而不够充分，这对思维发展不利。

这节课的学生活动形式都是师生问答，显得较为单调，对学生思维的激发不够。建议在公式推导的活动中引入小组合作探究的活动方式，给学生以更多的交流展示机会，活跃课堂氛围，便于老师掌握学情。

这节课的学生活动中，老师指令清晰，绝大多数任务完成情况较好，只是活动七"学会判断等差数列的方法"的完成情况需加强。分析其原因，不难发现这项任务是基于学生对等差数列概念的理解，而马老师采用的例题涉及高考试题，所以虽设计了问题阶梯，但学生在理解上还是有一定难度，这点需进一步加强。

吴晓曙：我观察的是关键问题的思考价值。

我们的课堂教学需要的不应是学生表面的附和，而应是深入的思考。通过对数据的分析，我初步得到以下结论：

（1）马老师在关键问题上进行了精心设计，如新课引入的问题设计，并适时地引导学生从情境中发现问题、思考问题，激发了学生的学习兴趣。

（2）马老师通过问题链的形式对知识进行综合应用以及知识和方法的迁移，使学生既学习了知识也获得了解决问题的方法，能够在一定程度上提高学生解决问题的能力。

（3）马老师的设问做得比较好，但在学生间的互相讨论、主动提出质疑上较少，这主要是由于马老师留给学生思考的时间不足。

（三）本次观察形成的结论

1. 马老师善于设计问题链，这些问题基本设在"最近发展区"，对学生从现有水平向可能水平过渡提供了较好帮助，学生的数学思维得到了较好发展。这种教学方式在数学的概念课教学上有很好的作用，值得推广。

2. 马老师对于培养学生课前预习的习惯非常注重，学生也落实得比较好。课堂上当教师提出问题后学生能在非常短的时间内进行准确回答,对于提高课堂教学效率有很大的帮助,也改变了许多数学教师认为数学课不需要预习的观念,值得我们组深入研究。

3. 本节课容量偏大,导致部分教学目标达成度不够。建议删去例2后的反馈练习,增加概念教学的时间,夯实基础,也会让一些学生活动开展得更加充分。

4. 本节课的教学评价有待改进,除口头的问答外,无任何其他形式的学生反馈形式(如板书、小组交流等),这导致本节课每个环节的落实上还存在问题,同时也导致教师在课堂教学上对学生的指导针对性不强。因此希望教师能减少讲授的时间,给学生更多质疑、思考和自主学习的时间,同时在课堂上要对学生的学习结果进行及时反馈。

【附件】

(一)教学简案:等差数列(第1课时)

※ 教学目标

(1)知识与技能:掌握等差数列的概念;理解等差数列通项公式的推导过程;了解等差数列的函数特征;运用等差数列的通项公式解决相应问题。

(2)过程与方法:通过亲历"从特殊入手,研究对象的性质,再逐步扩大到一般"的研究过程,提升观察、分析、归纳、推理的能力。通过阶梯性的强化练习,提高分析问题、解决问题的能力。

(3)情感态度与价值观:通过对等差数列的研究,培养主动探索、勇于发现的求索精神;逐步养成细心观察、认真分析、及时总结的好习惯。

※ 教学重点与难点

等差数列的概念,等差数列通项公式的推导过程及应用是教学重点;理解等差数列概念中"等差"的特点及通项公式的含义是教学难点。

※ 教学过程

新课导入

引例:在过去的三百多年里,人们分别在下列时间里观测到了哈雷慧星:1682、1758、1834、1910、1986,你能预测出下次观测到哈雷慧星的大致时间吗？判断的依据是什么呢？

新课教学

1. 等差数列概念的学习

如果一个数列从第二项起，每一项与前一项的差等于同一个常数，那么这个数列就叫等差数列。这个常数叫做等差数列的公差，通常用字母 d 表示。

2. 等差数列的通项公式的推导

问题1：若等差数列 $\{a_n\}$ 首项是 a_1，公差是 d，那么这个等差数列 a_2，a_3，a_4 如何表示？a_n 呢？

求法一：不完全归纳法。

根据等差数列的定义可得：$a_2 = a_1 + d$，$a_3 = a_2 + d = (a_1 + d) + d = a_1 + 2d$，$a_4 = a_3 + d = (a_1 + 2d) + d = a_1 + 3d$，……

猜测：以 a_1 为首项，d 为公差的等差数列 $\{a_n\}$ 的通项公式为：$a_n = a_1 + (n-1)d$。

问题2：用以上方法推导等差数列的通项公式完备吗？有没有其他的方法？

求法二：叠加法。

根据等差数列的定义可得：$a_n - a_{n-1} = d$，$a_{n-1} - a_{n-2} = d$，$a_{n-2} - a_{n-3} = d$，…，$a_2 - a_1 = d$ 两边分别相加得：$a_n - a_1 = (n-1)d$，即 $a_n = a_1 + (n-1)d$。

3. 应用与探索

例1 （1）求等差数列 $8, 5, 2, \cdots$ 的第 20 项。

（2）-401 是不是等差数列 $-5, -9, -13, \cdots,$ 的项？如果是，是第几项？

问题3：已知等差数列 $\{a_n\}$ 中，公差为 d，则 a_n 与 a_m $(n, m \in N^*)$ 有何关系？

推广式：$a_n = a_m + (n-m)d$；$d = \dfrac{a_n - a_m}{n - m}$。

例2 在等差数列 $\{a_n\}$ 中，已知 $a_5 = 10$，$a_{12} = 31$，求 a_1，d，a_{20}，a_n。

方法一：应用等差通项公式 $a_n = a_1 + (n-1)d$。

方法二：应用等差通项公式推广形式：$a_n = a_m + (n-m)d$。

反馈练习：在等差数列$\{a_n\}$中，

（1）若$a_{12}=23$，$a_{42}=143$，$a_n=263$，求n；(2)若$a_p=q$，$a_q=p$，求a_{p+q}。

4. 等差中项

如果三个数a，A，b组成等差数列，那么A叫做a与b的等差中项；且$A=\dfrac{a+b}{2}$。

推广形式：$\{a_n\}$是等差数列$\Leftrightarrow a_n=\dfrac{a_{n-1}+a_{n+1}}{2}(n\geq 2,n\in N^*)$。

练习：已知三个数成等差数列，它们的和为18，它们的平方和为116，求这三个数。

探究：已知数列$\{a_n\}$的通项公式为$a_n=pn+q$，其中p、q为常数，则这个数列是等差数列吗？若是，首项和公差分别是多少？

思考：已知数列$\{a_n\}$中，$a_{n+1}=\dfrac{2a_n}{a_n+2}$，$a_1=2$，求数列$\{a_n\}$的通项公式。

总结回顾

（二）课后分析报告

报告1：马富强老师的课后反思

1. 教学目标

从学生回答的正确率以及练习的结果来看，本节课基本实现了预设的知识目标。但本节课的探究环节和例题2处理得过快，没能给学生充足的思考时间和机会，因此教学目标中对学生能力的培养要打折扣。

2. 教学行为

本节课我尝试通过多种教学方式激发学生的学习兴趣和思维，如情境教学法、问题教学法等，这些方法中我感觉情境教学法和问题链教学法对激发学习兴趣、促进知识点的落实和知识体系的形成有一定的作用。在课后会议中，许多老师都提出我提问的方式以及提问后留给学生思考的时间太少，这在课堂教学中我自己没有深刻的感受，也就说明平时我的教学风格就是这样，但是这不利于学生的学习，特别是学生深刻的数学思维方式很难形成,这一点需要引起我足够的重视。

在对学生的学习指导上,我发现学生能观察出数列的特点,但语言表达不够数学化,不够准确,不能突出重点字词如"从第二项起""差为同一个常数"。通过其他同学的补充说明及我的引导后,才能基本用数学语言准确表述。看来在今后教学中应加强对学生的观察能力和数学口头表达能力的培养。

3. 教学节奏

本节课的速度较快,容量较大,这满足了中等及中等偏上学生的学习需要,但是也导致部分学习能力较弱的同学没有足够的时间和机会去体会和理解新知识。本节课因为上课速度比较快,我在处理一些生成性问题上,没能留给学生更多的时间,也没能给他们更多展示疑惑或探究结果的机会,这是我以后要注意的地方。

报告2:教师提问及理答的有效性(杜慧、曹良华、张艳辉)

1. 观察点选点说明

问题教学法是本节课的主要教学方法,以问题为中心展开师生的双边活动,通过师生的对话推动学习进程。因此,提问和理答将是影响本节课教学质量的关键因素。我们认为,以提问和理答作为研究本节课的切入点,将可能寻找到本节课是否有效的一些证据。而且我们都是年轻教师,提问和理答也是我们必须掌握的一项重要的教学技能。

2. 观察表及观察结果说明

从教学法的角度看,影响提问与理答的因素,一是问题的性质,即问题来源、水平、表述、呈现形式等;二是问题的提出,即提出方式、时机、对象、节奏、候答等;三是问题的理答,即理答的主体、方式、时机等。根据我们自身的能力和本节课的特点,我们对以上因素进行了梳理,决定从问题的指向和类型、教师的候答时间和理答方式、学生的回答方式进行观察,具体指标及观察记录如下:

序号	主要问题记录	问题指向性	问题类型	教师候答时间	学生回答方式
1	你能叙述我们昨天学习的数列的定义吗?	A	A	A	D
2	数列的表述形式有哪些?	B	A	A	B
3	你能预测哈雷彗星下一次出现是哪一年?	A	B	B	B

（续表）

序号	主要问题记录	问题指向性	问题类型	教师候答时间	学生回答方式
4	如何得到答案？根据是什么？	B	B	B	B、D
5	1682,1758,1834,1910,1986 这列数据的规律是什么？	A	B	B	B
6	你能用数学语言描述等差数列的定义吗？	A	B	B	E
7	对 $a_n - a_{n-1} = d$ 这个式子成立有什么要求吗？	A	B	B	C
8	你能推导等差数列的通项公式吗？	A	B	B	B
9	这种方法是完全归纳法还是不完全归纳法？	A	D	A	A
10	这种推导方法严格吗？还有其他严格的方法吗？	A	D、A	B	C
11	这是什么方法？	B	D	A	C
12	和它相类似的方法是什么？什么时候用？	A	C	B	B
13	对例1(2)怎么判断 -401 是不是其中的项？	A	B	A	D
14	你能写出等差数列中任意两项 a_n 与 a_m 的关系吗？	B	B	B	B
15	对 $a_n = a_m + (n-m)d$，你还有什么变形方法？	A	B、C	B	D
16	由 $a_n = a_m + (n-m)d$，你能发现有几个量？可以相互求解吗？	A	C	B	A
17	对例2，除了用 $a_n = a_1 + (n-1)d$ 解决外，还可以如何处理？	A	B	B	D
18	对"等差中项"这个词你们有什么想法？	B	B	B	E
19	如果不止三项，对等差数列 $\{a_n\}$ 可以怎样结合等差中项的概念？	B	B	B	C
20	对练习：除了用 $\begin{cases} a_1 + a_1 + d + a_1 + 2d = 18 \\ (a_1+d)^2 + (a_1+2d)^2 + (a_1+3d)^2 = 116 \end{cases}$ 还有其他更简单的方法吗？你能应用等差中项的定义和性质吗？	A	C	B	B
21	三个数成等差，可以怎么设？	A	B	A	B
22	如何证明一个数列是等差数列？可以用定义吗？可以用等差中项吗？	A	B	B	E

(续表)

序号	主要问题记录	问题指向性	问题类型	教师候答时间	学生回答方式
23	数列是特殊的函数：$a_n = f(n)$，$n = N^*$，那么等差数列可以和什么函数发生关联呢？	A	B	B	B
24	已知数列 $\{a_n\}$ 的通项公式是 $a_n = pn + q$，p, q 是常数，它是等差数列吗？你能证明吗？若是，首项和公差分别是什么？	A	D	A	A
25	思考：由 $a_{n+1} = \dfrac{2a_n}{a_n + 2}$，$a_1 = 2$，求 $\{a_n\}$ 的通项公式？	A	C	C	D
26	你能证明 $\left\{\dfrac{1}{a_n}\right\}$ 是等差数列吗？	A	C	C	E

说明：① 问题指向性：A. 学生能理解问题，B. 学生不理解问题；
② 问题类型：A. 复习性提问，B. 启发性提问，C. 生成性提问，D. 评价性提问；
③ 教师候答时间：A. 3 秒内，B. 4—10 秒，C. 11—30 秒，D. 31—60 秒，E. 60 多秒；
④ 学生回答方式：A. 附和，B. 齐答都正确　C. 齐答不统一　D. 独答　E. 无人回答。

3. 观察结果分析及教学建议

观察表数据统计：课堂提问，候答时间与学生回答情况统计（共 26 个问题）。

	指标 2	数量	比率		指标 3	数量	比率		指标 4	数量	比率
教师提问	A. 复习巩固性提问	2	7.7%	教师等候时间	A. 不足3秒钟	7	26.9%	学生回答方式	A. 附和	3	11.5%
	B. 教师预设的启发性提问	15	57.7%		B. 4—10 秒	17	65.4%		B. 齐答都正确	10	38.4%
	C. 由学生回答或反应引发的生成性提问	5	19.2%		C. 30 秒内	2	7.7%		C. 齐答不统一	4	15.4%
	D. 评价判断性提问	4	15.4%		D. 31—60 秒	0	0%		D. 独答	4	15.4%
					E. 1 分钟以上	0	0%		E. 无人回答	5	19.2%

结论：（1）整节课马老师提出了 26 个问题。从问题的指向性上，20 个问题指向明确，针对性强。有 6 个问题指向性还不够明确，如第 18 问马老师在讲解"等差中项"这个概念时，"对'等差中项'这个词你们有什么想

法?"这个问题提得很突兀,如果学生的预习不够到位的话,他很难理解应该从哪个角度去思考和回答这个问题。而第 19 问"如果不止三项,对等差数列 $\{a_n\}$ 可以怎样结合等差中项的概念?"的问题表达方式不恰当,导致学生不知如何回答,回答的结果也不一致。由此可见问题表述的正确性与指向性对于学生理解题意很重要。

(2) 从提问和理答的类型来看,本节课主要以启发性问题为主,这和马老师在课前预设的教学方式一致。但是教师提问后等待时间不超过 10 秒的问题占到 90% 以上,没有一个问题留给学生的思考时间超过半分钟,这容易导致学生思考时间不够,对问题的理解和分析不到位。另外,马老师提问后多数以集体回答的方式反馈学情,这样的方式对思维难度大的问题,是很难了解学情的。如问题 18、问题 21 等,我们观察到,教师提问时很大一部分学生思维还没完全展开,结果也没有出来,可齐答的情况却不错,这就给教师提供了一种假象。建议马老师应更多地采用追问的方式,以便更好地掌握学情。

(3) 在问题的设置上,马老师对于等差数列通项公式及其推广形式这个重点内容的理解,马老师用问题串的形式进行教学:(14)你能写出等差数列中任意两项 a_n 与 a_m 的关系吗?(15)对 $a_n = a_m + (n-m)d$,你还有什么变形?(16)由 $a_n = a_m + (n-m)d$,你能发现有几项,可以相互求解吗?(17)对例 2,除了用 $a_n = a_1 + (n-1)d$,还可以怎么做?可以直接用 $a_n = a_m + (n-m)d$ 吗?这一系列的问题,让学生除了巩固 a_1, a_n, n, d 这四者的关系外,还推广到了对 a_1, a_n, a_m, n, m, d 这六个关系量的理解。这个过程对于学生理解这个知识点起到了很大的作用。从学生的回答情况看,虽然教师问题提出后停顿的时间不长,但是无论是学生的个别回答还是全班集体回答,都可以看出绝大多数学生已经掌握了这个重点。

报告3:教学环节的适切性(吴寅静、孙建忠)

1. 观察点选点说明

根据马老师的教学设计和说课,在教学环节上马老师已经进行了精心地设计。但是由于这些环节的逻辑性比较强,教学要求比较高,如何在课堂上进行有效地落实,促进学生的学习最终达成本节课的教学目标,成为我们非常关注的问题。因此,我们选择将此教学环节的设计是否有利于促进教学目标的达成作为我们的观察点。

2. 观察表及观察结果说明

从本节课的教学设计看,整堂课可以分为六个环节。除了教学内容与环节的设计外,课堂上教学环节时间的分配、教师的教学活动,以及学生的学习活动,也是教学目标能否达成的重要因素,同时目标的达成度也需要通过课堂的实际情况进行反馈与分析。

观察表及结果如下:

教学环节	环节内容	时间分配	教师活动	学生活动	目标达成反馈
一	课题引入(哈雷慧星)	3分钟	呈示图片信息,并提问	一名学生回答特征	从该名学生的回答情况来看,他已理解教学的内容
二	等差数列的定义	1分钟	教师讲解	全体学生听教师的讲解	无学生对该定义的内容提出疑义,也无法判别学生是否真正理解
三	等差数列通项公式的推导与理解	6分钟	教师提问引导学生思考,后讲解	学生自主推导2分钟,然后听教师讲解	无学生对该定义的内容提出疑义,也无法判别学生是否真正掌握
	典型例1:等差数列通项公式的应用	4分钟	教师呈现例题,停顿后讲解	2个小题学生一共有1分钟的思考时间,其余时间听教师讲解	从本人观察到的3个学生的练习结果看,均已掌握,其他学生无从得知
	典型例2:等差数列通项公式的推广	5分钟	教师呈现例题,停顿后讲解	学生有30秒的思考时间	无从得知目标是否达成
四	反馈练习(2个):对典型例1、例2的巩固	6分钟	教师呈现练习,后讲解	学生自主练习2分钟,后集体回答	从学生的集体回答情况来看,第1小题掌握比较好,第2小题很少有学生能正确完成
	等差中项的定义及练习	9分钟	师生两次一对一的交流,后教师进行总结与讲解	1名学生口答,1名学生回答练习的解题思路	从2名学生的回答(其中一位是学困生)看,学生已经完全理解
	探究:等差数列与一次函数之间的联系	6分钟	教师讲解知识但未讲全	1名学生提出第二解法	由于本环节目标是了解,因此基本达成
五	思考题	3分钟	教师停顿后讲解	学生听讲	从学生的反映看基本没有学生能自己解决此思考题,听教师讲解后,课后问3个学生,有2人说已理解

（续表）

教学环节	环节内容	时间分配	教师活动	学生活动	目标达成反馈
六	课堂小结	1分钟	教师呈示本节内容并讲解	学生听讲	已经下课,学生的注意力已分散,目标基本没有达成

3. 观察结果分析及教学建议

（1）从教学环节的时间分配来看,课堂教学时间主要集中在讲解部分（占36分钟）,而整节课的课堂教学时间是44分钟（拖堂4分钟）,而新课讲解部分的主要时间也集中在解决重难点问题,从整堂课的时间分配来看,相对比较合理。但由于在本节课的最后部分马老师呈示了一个思维要求比较高的"思考"题,从这个环节的设置来看存在以下问题：① 时间比较紧张（下课铃声已响）,学生没有时间进行深入的思考。② 对于新课来说,思考题由于需要学生有较强的构建能力,这对高一学生来说难度太大。③ 本节课的教学目标达成中没有对这个思考题的要求,因此,建议本节课去掉此环节。由此可见,课堂上如果没有给予学生充足的思考时间,那么不管教学环节设计得多么完美,都无法完成教学目标的达成。因为每个环节的落实除了教师的讲解以外,更多的是学生质疑、思考、研究、归纳、总结的思维过程,而这些过程都需要时间的保证。

（2）从教师和学生在每个环节的课堂活动情况看,整堂课教师讲解的时间约为36分钟,学生自主思考的时间约为8分钟,学生的自主学习时间偏少。整堂课学生除了自主思考和练习以外,一共有4名学生个别回答,有2次集体回答,无任何其他形式的学生反馈形式（如板书、小组交流等）,这也导致本节课每个环节的落实上还存在问题。如本节课中"反馈练习"这一环节的第2小题学生不能很好地解答,教师讲解后也有一部分的学生由于时间短的原因未能很好地理解,而教师为了能够将各个教学环节落实下去,没有在这个环节进行停留,导致学生不能很好地理解此部分的知识。因此教学环节在落实的时候必须考虑学生的学习现状,而不能一味地追求各环节任务的完成。

（3）建议改进本堂课中的部分教学环节。本堂课的部分环节内容如果进行微调,可以使教学目标的达成取得更好的效果。如例2之前的探究和例2的教学秩序进行调整，也就是先请学生解决例2的内容"在等差数列$\{a_n\}$中，已知$a_5=10$，$a_{12}=31$，求a_1，d，a_{20}，a_n"，然后让学生思考能否直接建立a_5与a_{12}之间的联系，由此再推广到一般情况下寻找a_m和a_n之间的联系。这样调整不仅可以激发学生的学习兴趣，同时也达成了教学目标中"让学生亲身经历'从特殊入手，研究对象性质，再逐步扩大到一般'这一研究过程，培养观察、分析、归纳、推理的能力"这一目标。

报告4：教材处理的有效性（盛立忠、盛芳）

1. 观察点选点说明

教材处理体现了一名教师的学科素养，也是教学风格和教学机智的重要体现。根据课前会议的说课，马老师对本节教材的处理，有许多自己的思考，并把这些思考变成了教学设计，这些处理也恰恰是我们关注的重点。

2. 观察表及观察结果说明

教材处理的方法主要有增、删、合、立、换5种①。本节课具体运用哪些方法，这些处理对学生的学习会产生怎么的影响，可以从学生的倾听状态、师生对话中的观点、课堂作业、学习表情中得到反映，为判断这样的教材处理效果提供证据。

教材内容	教材处理 （增、删、合、立、换）	学生反应 （倾听、观点、作业、表情）
新课导入：哈雷慧星的回归年份	换：将教材中的举重级别、水库水位、利息三个问题换成哈雷慧星回归年份的猜测	学生被此问题吸引，积极投入到课堂学习中
等差数列通项公式的推导与理解	增：增加一种对等差数列通项公式的推导方法	没有学生主动提出自己得到的结论，但倾听教师的讲解
例1后探究	增：引导学生获得等差数列通项公式的推广形式	学生主动进行思考，一部分学生获得结论
例2：等差数列通项公式的推广	换：将教材中例2（关于等差数列的实际应用）换成对等差数列相关量的求解	学生积极进行运算，没有学生对教材中的例2提出疑问
反馈练习（2个）	增：增加利用等差数列通项公式求数列相关量的练习	学生积极进行运算大约2分钟，但练习2基本没有学生解答

---

① 沈毅、崔允漷主编：《课堂观察：走向专业的听评课》，华东师范大学出版社2008年版，第106页。

(续表)

教材内容	教材处理 （增、删、合、立、换）	学生反应 （倾听、观点、作业、表情）
等差中项的定义及练习	增：增加利用等差中项求解的问题 立：利用等差中项的定义推出等差数列的等价形式	学生积极思考并进行运算
探究：等差数列与一次函数之间的联系	合：将教材中的例3和问题探究合在一起以探究形式呈现	由于内容衔接比较顺畅，学生比较容易地获得了探究结果
思考题	增：增加求递推形式的数列通项公式	基本没有学生能够解决

3. 观察结果分析及教学建议

本节课中，马老师相对于教材进行了较大的改变，具体结果如下：

（1）新课引入未采用教材中三个生活实例而是采用了"哈雷慧星"运动周期研究导入，这样处理的原因主要是由于马老师在课前已经要求学生对教材进行了预习，如果再运用教材的例子引入，不利于激发学生的学习兴趣。从学生的课堂反应来看，此引入激发了学生的学习兴趣，回答也非常及时准确，对培养学生观察、分析、归纳、推理的能力能起到较好的作用。但是只用一个实例进行新课引入偏少一些，如果能再多给几个例子，比如增加有关常数列或递减等差数列的例子，可以使学生对等差数列这个数列模型的理解更为全面一些。

（2）在典型例题的选择上，马老师将教材中的例题2（关于等差数列通项公式的实际应用）换成对等差数列通项公式中相关量的求解。这对于巩固等差数列通项公式及其推广形式的运用有很大的帮助，同时该例题非常贴近学生已有的学习水平。从学生的反应看，学生对于教师更换的例题比没有更换的例题（如例1）更有积极性，这估计与教师要求学生已经对教材进行过预习有关。但是教材中的例2是要求学生能够运用等差数列的通项公式计算出租车的收费问题，这类问题对于培养学生学会运用已学知识解决实际问题的能力有较大的帮助，建议下一节课能对该例题进行改编后加以运用。

（3）我认为马老师在对教材处理上运用最好的地方是将教材中的例3和探究进行结合以探究的形式呈现给学生，让学生主动建立起等差数列和一次函数之间的联系。这样的处理既激发了学生的探究欲望，同时由于衔接自然,经过教师的简单点拨,学生非常自然地将等差数列和一次函数两者之间建立了联系。这也是本节课对教材处理的一个亮点。

(4)相对于教材,本节课增加了较多的内容,特别是练习的增加。如例2的反馈练习、等差中项的巩固练习以及思考题。这些例题都采用了递进式的方式呈现,这些练习的解决使学生对等差数列及其通项公式经历了从感性认识到理性认识的过程。从学生对这些内容的反馈结果来看,马老师对自己的学生比较了解,学生训练有素。

建议:

① 对于例1后的探究,这个探究的结论(等差数列通项公式的推广形式)增加得非常有必要,但是增加的位置不够恰当,显得有些突兀。如果把这个探究放在例2的问题解决过程中进行归纳和总结,作为解决例2的问题的第二种方法,这样的处理不仅能够使教学显得更为紧凑,同时也更顺应学生的思维发展。

② 例2的2个反馈练习,虽然马老师留了一定的时间(大约2分钟)给学生思考,但是这2分钟绝大多数的学生都用在了解决反馈练习1,而反馈练习2没有充足的时间进行思考,因此反馈练习2如果没有留给学生充足的思考时间,则增加这个练习的意义不大。

③ 最后增加的思考题基本没有学生能够解决,主要原因在于解决这个问题的思维跨度比较大,学生仅运用本节课所学的公式和方法无法解决,还不能构造出 $\left\{\dfrac{1}{a_n}\right\}$ 是等差数列的意识,此思考题的增加不妥,建议去掉。

报告5:关键问题的思考价值(吴晓曙)

1. 观察点选点说明

问题是数学学科的基础,思考是数学学科的灵魂。一堂课中的关键问题是影响课堂教学质量的核心要素,这些问题的解决过程既体现了教师的教学理念和专业素养,又对学习方式和学习结果产生了决定性影响。

2. 观察量表及观察结果说明

根据我的理解,我想从思考的学生人数、教师的引导(语言、动作等)、思考的外显行为(冥想、查阅资料或动笔辅助思考、互相讨论征询同伴意见、提出质疑、思考后回答情况、总耗时)三个方面判断关键问题的思考价值。

关键问题	思考人数	教师的引导（语言、动作等）	学生思考的外显行为					
			完全冥想	查阅资料或动笔运算	讨论人数	质疑	回答情况	思考时间
哈雷彗星出现年份：1682，1758，1834，1910，……	全班	"如何推测?"	无	无	$\frac{1}{4}$	无	基本都会	2分钟
如何由递推式推导等差数列通项公式？	$\frac{2}{3}$	写出 $a_n - a_{n-1}$ $(n \geq 2)$ 已知 a_1，求 a_n	有	动笔运算	5—6人	无	师引导，学生回答	6分钟（两种推导）
$a_n = a_1 + (n-1)d$，公式中涉及几个量。	全班	直接给出	有	无	$\frac{1}{3}$	无	少数人回答	1分钟
探究：等差数列 $\{a_n\}$ 中，a_n 和 a_m 有何关系？	全班	老师直接讲解	有	动笔运算	无	无	没有思考后的反馈	2分钟
等差数列 $\{a_n\}$ 中，若 $a_p = q, a_q = p(p \neq q)$，求 a_{p+q}。	全班	老师引导后讲解	无	尝试解答	无	无	5—8人回答正确	4分钟
已知数列 $\{a_n\}$，通项 $a_n = pn + q$（p, q 为常数）则此数列一定为等差数列吗？	$\frac{4}{5}$	从定义上引导	有	动笔推算	无	有	部分同学回答正确	4分钟

3. 观察结果的分析及建议

（1）马老师精心设计了适合学情的问题情境，如"哈雷彗星出现的年份？"（这个问题对认识等差数列有很好的帮助）、"已知数列 $\{a_n\}$ 通项为 $a_n = pn + q$（p, q 为常数）则此数列一定为等差数列吗？"等，激发了学习热情和学习兴趣，为新课的引入作好了铺垫，因此我认为此问题是有价值的。

（2）为部分问题提供了思维的台阶。如"如何通过递推式推导等差数列的通项公式？"这个问题虽然思维跨度比较大，但是教师将这个问题从文字语言转化为数学语言后，学生开始了积极的运算，这样的处理虽然没有将这个问题的思考价值发挥到最大，但是依据学生的思维现状，对思维台阶的搭设还是起到了较好的作用。

（3）从学生的外显行为中可以看出，这些关键的问题提出后学生在互相讨论和征询同伴意见，以及提出质疑这部分没有很好地体现，主要原因在于教师留给学生思考的时间比较少，也没有给出明确的指令让学生进行讨论，更没有提供机会让学生提出自己的疑问，导致这些问题的思考和解决停留在就题论题的阶段,没有引导学生进入深入思考的阶段。建议马老师在设问之后,多给学生一点时间,让学生暴露"思维的发生、发展的过程",因为"暴露"本身就是能引起思考的一个方面。

(4)虽然马老师在关键知识上提出的问题都有较大的价值,但是教师在提出问题后引导学生思考这一点上还可以做得更好。例如,可以配以语言、动作等调动学生的注意力使其将精力集中在教师提出的问题上,也可以通过观察学生的思考状态来调整问题的解决方式(如搭台阶、迁移、等价转化等),努力使问题的思考价值最大化。

③ 英语：The Hospital Window

徐一珠①

【背景】

● 任教教师：沈园园，教龄9年，中学一级教师，在英语阅读教学上有一定的研究，形成了一定教学特色，专业素养良好。

● 教学主题：The Hospital Window（课外拓展阅读材料）

● 观察教师：英语课堂观察合作体成员

● 活动背景：阅读在高中英语教学中有着举足轻重的地位，本次课堂观察的目的就是研究阅读教学的有效性。恰逢北京丰台区课堂观察考察团来我校考察，他们也观摩了本次课堂观察活动。

【课前会议】2011年9月23日下午第一节课

（一）沈园园老师说课

1. 教学材料

在英语的听、说、读、写四个方面的语言技能中，阅读是重要的语言输入途径，是信息获取和知识积累的重要手段，是学习英语的基础和前提之一。在高考中，阅读题型所占的比重也极大。以浙江高考为例，满分120分（听力30分另外考）的试卷，阅读理解和任务型阅读分值为50分，占42%。高中英语阅读，分为精读和泛读两种形式，它们对培养学生的阅读习惯、提升

---

① 此课例由徐一珠老师组稿，附件部分为上课教师和各观察教师所写。

学生的阅读能力有重要意义。但阅读是一项需要一定技能的学习活动,帮助学生掌握有效的自主阅读技能,是阅读教学的核心追求之一。故选择阅读课作为本次课堂观察的课型。

这节课所用的教学材料,改编自澳大利亚作家泰格特的短篇小说《窗》。这篇小说文字简洁,短小精悍,寓意深刻,耐人寻味,催人泪下。文章的语言自然流畅,原汁原味,难度适中,适合作为高二年级学生的英语阅读教学材料。

高二年级的学生在初中及高一英语学习的基础上已经积累了一定的词汇量,具备阅读中等难度英语文章的能力,具备了通过补充课外的美文阅读来扩大阅读面,增强文化底蕴的基础。因此在教学中补充《窗》这样的课外阅读文章很有必要。

2. 教学目标

通过本课的学习,学生能够做到以下几点:

(1)掌握5个文章中的生词的音、形、义,并在此基础上,通过小组合作,找出表现作者心情变化的关键词句,说出对"真正朋友"含义的理解;

(2)通过 skimming 和 careful reading 等方式,找出文章的关键信息及线索,绘制文章的结构图;

(3)根据文章的结构图,用适当的连接词,较为流利地复述课文,掌握文章大意,并理解课文的深层次含义。

3. 教学环节

本课的教学设计意图,旨在创设教学情境,指导学生在自主阅读中获取关键信息,从而提升思维和语言能力。据此设计本课的教学流程如下:

环节一:新课导入。通过与学生分享一个关于朋友的故事,引出本课生词(occupy, portray, picturesque, unbearable, appropriate, compel),让学生在真实的语境中学习生词。为阅读文章和体会含义作铺垫。

环节二:读中理解。首先,学生通过略读,找出文章的主要人物和文体;其次,通过故事映射的方法,让学生根据教师的问题层层深入,获取文章的关键信息。第三,通过让学生寻找线索和信息完成表格设置的问题来进一步理解文章的深层含义,例如主人翁感受的变化、关系的变化等等。

环节三:读后输出。本部分包括视频分享和讨论两个任务。视频分享部分提供一个自己制作的视频,其中包括本校学生和外国友人谈论对真正朋友的看法,以及一首小诗,在此基础上,提供给学生一些参考的结构和词汇,让学生结合阅读文章进行小组讨论,并对"真正的朋友"这一话题发表自己的看法。

4. 创新与困惑

(1) 教学设计创新。一是 story — mapping 部分,通过师生对话,师生共同理清文章的框架结构,并以流程图的形式呈现,使学生对文章的主要内容了然于胸。二是 video — sharing 部分,通过制作一个有关学生和外国友人的访谈短片,激发学生对话题的兴趣,在兴趣的基础上展开讨论。这既给学生一个范式,又生动有趣。

(2) 教学设计困惑。主要有两点:一是学生在自主获取信息遇到困难时,如在 story — mapping 这部分,无法及时找到关键信息,教师如何引导其自主解决问题;二是,在学生已经把握文章主旨的情况下,如何引导其体会更深层次的含义,尤其是完成表格中主人翁感受和关系的变化部分。

(二) 沈老师与观察教师的交流

徐一珠:三个教学目标中,你认为哪个目标是主目标?依据是什么?

沈园园:通过本课的学习,学生能自如地表达自己对"真正朋友"这一话题的观点和想法,根据《窗》这篇阅读材料的特点,我确定了这个主目标,不知是否合适?依据是《英语课程标准》,培养学生在阅读过程中获取和处理信息的能力。

徐一珠:我认为是合适的,通过体验来阅读,达到升华主题的目的。那你主要采用哪些策略来达成目标呢?

沈园园:预设了多种活动,鼓励学生通过体验、讨论、合作和探究等方式,希望这些策略有助于目标的达成。

范艺:我认为教学目标确实很重要,对课外阅读材料的目标确立我颇感兴趣,希望与徐老师一起观察教学目标的落实情况。

白福庆:我们组特别关注三步骤教学的实施情况。请问,三个教学环节主要解决什么问题?

沈园园:读前活动主要激发学生读的兴趣,读中活动是这节课的中心,培养学生的阅读能力,读后活动是阅读的输出阶段,可以检测学生是否达到了阅读要求。

张娟妹：我和王亚丽等对学生活动开展的有效性比较感兴趣，在略读（skimming）阶段，你准备请学生回答两个问题，这一环节起到什么作用？所问问题能帮助学生获取主要阅读信息吗？

沈园园：该教学环节的目的是为了帮助学生快速进入阅读活动，促成故事映射（story-mapping）的建构，请大家帮助分析一下，预设的问题是否能帮助学生获取主要信息？

全体教师：（大家简短地商量了一下）可以的，比较全面。

赵冰芳：我和赵小武等老师对小组合作学习构建框架图的有效性感兴趣。请问，在故事映射（story-mapping）阶段，你觉得哪一环节学生可能遇到困难？如何来解决呢？你预设了哪些解决方法？

沈园园：对于第三环节（Ask students to fill in the summary of the story, using conjunctions and clauses.），先请学生在小组内讨论，发现问题，然后共同解决一些问题。有些空格可能有好几个连词可以填，鼓励学生想出多种答案。我预设的方法有讨论法、讲授法、问答法、演示法等。

潘观根：我认为让学生在阅读结束阶段写概要（summary）这个方法不错，我想看看沈老师是如何完成这一环节的。

胡剑锋：这是一堂富有教育意义的课外阅读课，我想了解老师是如何通过对"window"这一词来点题，达到前后呼应，升华主题，促成教学目标的落实。

魏绍宏：我觉得视频分享部分将是个亮点，学生会感兴趣，学生的反应是我比较感兴趣的方面，期待有较大收获。

吕正清：这节课中有较多学生阅读活动，比如 draw a story map, retell the short story, search for clues, express their own opinions on true friends 等，我想观察教师是如何有效指导学生这些活动的。

唐华东：我和顾群英老师将观察教学活动与教学目标的适切性。主要关注教师如何指导学生通过阅读，理清文章思路，把复杂的文章简单化，使学生能自主阅读，提高阅读效率。

（三）沈园园老师与观察教师讨论确定观察点

经过商讨和确认，本次课堂观察的观察点确定如下：

课程性质·教学目标·教学目标设置及达成度（徐一珠、范艺等）

课程性质·教学目标·小组合作学习构建框架图的有效性(赵小武、赵冰芳等)

学生学习·互动·学生活动的有效性(邵雯、姜丽娜等)

课堂性质·实施·教学重点和难点的突破(罗婵娟、李瑾等)

学生学习·互动·学习活动开展的有效性(王亚丽、张娟妹等)

教师教学·教学方式·课堂阅读三步骤教学的有效性(白福庆、黄建新等)

课程性质·目标/实施·教学活动与教学目标的适切性(唐华东、顾群英等)

课程性质·目标/实施·教学目标的叙写以及达成(瞿小芳、胡剑锋等)

【课中观察】2011年9月26日上午第4节课

(一)观察工具

观察表(见课后会议分析报告),摄像机一台。

(二)观察位置的选择

根据这节课的特点、观察点以及上课教室特点,观察者选择的位置如下。

讲 台										
(过道)			★	▲	(过道)				▲	(过道)
	★							★		
徐一珠 范 艺 唐华东 吕正清 瞿小芳			▲		邵 雯 姜丽娜 顾群英 罗婵娟	★				陆 亮 王亚丽 张娟妹
			★							
			▲	▲		★				白福庆 黄建新
				▲						
赵小武 李瑾 赵冰芳等6人 北京丰台区课堂观察考察团								胡剑锋等6人		

注:★为学优生,▲为学困生。

【课后会议】2011年9月26日上午第5节课

（一）沈园园老师课后反思

首先，我谈谈这节课的教学目标落实情况。第一个目标掌握5个文章生词，并在此基础上，通过小组合作，找出表现作者心情变化的关键词句，说出对"真正朋友"含义的理解。我认为实现了这个教学目标，这可以从学生最后一环节的小组讨论和汇报得到证明。在看完video之后，学生积极地投入到小组讨论中去，预设了5分钟的讨论时间不能满足学生讨论的热情和欲望。由于课堂时间的限制，在小组讨论进行了6分钟后，我不得不打断学生的讨论进入汇报环节。小组代表的汇报也相当精彩，充分表明了学生在自主阅读的基础上完全理解并能表达"真正朋友"的含义。

下面，我谈谈预设的教学方法的有效性。我基于任务型教学法预设了自主阅读和小组合作学习，整堂课通过完成一个个不同的任务进行。自主阅读的方法通过学生的skimming, careful reading来完成，学生通过师生互动，顺利地绘制文章的结构图。从这个表现看，学生通过自主阅读能把握文章的大意，找出关键信息。小组合作学习的方法主要运用在寻找文章线索、内涵，以及讨论"真正朋友"的含义上。从小组代表进行汇报的结果可以得到证明。在小组合作学习的过程中，学生学会了分享、探究，当他们碰到合作仍然无法解决的问题，或产生分歧无法达成一致时，他们主动地求助于老师。如在完成寻找线索和主人翁感受的表格时，一组同学在"What's outside the window?"这个问题上产生了分歧，两位学生说窗外的是"beautiful scenery"，而另两位说窗外实际应该是"a blank wall"，最后经过和教师的讨论得出"the description of beautiful scenery"这个双方都比较满意的答案。在此过程中，学生通过探究活动，对文章的主旨有了更深层次的理解。我认为这样的教学方法是可行、有效的。

最后，我想说说这节课的成功与不足之处。如在小组合作学习的过程中教师未能充分地了解学生的表现，这种不足主要是借班上课对学生情况不熟悉带来的，如果在课前能多跟学生进行一些交流情况可以得到改进。成功之处是调动学生积极性方面，尤其是自制的video激发了学生参与小组活动，充分表达自己观点的积极性。一位学生在汇报小组讨论结果时说道：

"A true friend is who may be forgotten when you are happy; a true friend is who may be most wanted while you are despair; a true friend needn't apology when he is disturbed; a true friend needn't reward if he helps you."这样精彩的汇报只有在学生兴趣充分被激发、对本课主旨充分理解的基础上才能产生。

（二）观察者简要报告观察结果

观察教师根据观察工具和观察记录分析表，对沈老师的课发表见解，提出具体的反馈意见。

唐华东：教学活动与教学目标的适切性

Pre-reading 部分比较新颖，此环节为正文的理解作好了很好的铺垫，减少了学生阅读障碍，并引起了学生的兴趣。Reading 部分有特色，让学生在阅读中提取相关有效信息，画出故事框架，学生只要根据框架中的几个关键词，就能轻松理解全文大意和作者要传达的深刻含义。Post-reading 是整堂课的亮点，把整堂课的情感推向了高潮，并促成了接下去学生讨论什么是"真正的朋友"的顺利进行。从学生反应来看，学生小组参与性高，反馈也精彩。但需要注意的是，在故事理解并复述后的语法和知识技能板块的前后衔接稍有突兀，建议能衔接得自然些。

张娟妹：学生活动开展的有效性

教师用一个自编的故事将文章中的重点词汇收纳进去，学生在一片安静的氛围中倾听，然后心领神会，跟着老师的步伐融入到了课堂之中。最后一个环节 video 的展示部分，学生同样也是在安静的氛围中观看和倾听，但是在他们心里面事实上已经有了沉淀的东西，所以接下来的讨论让他们有时间进一步激发他们的思维活动，并形成语言。值得注意的是，最后的环节是高潮部分，学生看完视频有很多沉淀的东西，如果再适当给学生多一点的时间，学生的应答会更积极，活动会更有效。

邵雯：学生活动的有效性

导入部分用了 3 分钟，占整堂课时间的 7%；阅读理解部分耗时 26 分钟，占了 64%；输出环节花了 10 分钟，占 25%。从活动的内容和目的看，这样的时间分配是较为合理的。第二点，个体活动，在阅读理解时用到了个体活动。从数据统计来看，参与率达到 50%，从老师的行走路线来看，她始终在前面和中间过道上来回指导，因此回答问题的多数是中间的同学。但有两点值得关注,一是在梳理完课文内容后,让学生表达对标题的看法时,应多给些时间,并鼓励学生创造性地使用所学语言;二是应降低阅读环节中寻找线索和信息完成表格的难度,因为我们观察到学生用了 8 分钟时间还完不成预设任务。

胡剑锋:教学目标叙写以及达成

第一,本堂课的教学目标陈述以学生为行为主体,呈现的是预期的学生学习结果。第二,教学目标准确、具体、可观察、可测量,体现在它的表述中用外显行为动词,如 by story — mapping . . . , by picking out . . . ,反映了学生的变化是发于内而形于外,具有外显性,可测性。第三,教学目标的陈述反映了学生学习结果的层次性,反映了认识、理解和运用三个层次。第四,系列的教学目标是按照心智能力的高低和教材的知识结构有序排列,具有目标教学"序控性"的特征。需要注意的是,在创设情境的时候,是否能让学生自己来讲关于朋友的故事或自己对于朋友的理解,让学生通过学习后对朋友这个词的理解进行对比,让他们体验内心的变化,这会更符合程序性知识的教学原则。

李瑾:教师指导学生突破教学重点和难点的有效性

通过全程参与本堂课的各个环节,我们发现沈老师针对教学重难点设计了一系列互动型的活动,每一步都以明确的任务驱动学生展开思考。如在 story-mapping 环节,沈老师以一个一个小问题作为引导,把学生的答案以多媒体的形式呈现出来。值得注意的是,在难度较大的教学环节,希望教师应适当降低说明指令的速度,必要的时候进行重复或者举例说明;复述课文环节给学生准备的时间要充足。

范艺:教学目标的设置及达成度

通过课中观察,我们认为,这堂课教学目标指向具体明确,合理,具有可操作性的,目标符合高中学生的认知结构。学生活动与教学内容及教学目标相符,这些学习活动能促进教学目标的有效达成,能促进学生主动学习,在自主探索和合作交流的过程中从事学习活动,体现出学生是学习的主人。需要关注的问题是,应放手让学生自由表达自己的思想,不要给预设答案。

黄建新:英语阅读教学中的"三步"教学

从学生表现情况以及目标的达成来看,Pre-reading,学生能理解故事内容,While-reading 部分,学生能和老师一起完成 story-mapping, retelling 和

summary 活动。值得注意的是，在让学生发表自己关于友谊观点同时，要求能用文本内容来说明自己的观点。这样就能很好地把个人观点和文本内容结合起来。

赵冰芳：小组合作学习构建框架图的有效性。

我们观察到小组活动构建框架图的时间为 14 分钟，占总时间（40 分钟）的 35%。教师分别对第 1、2、5、11、10 组进行抽查，其中第 2、9、10 组完整准确地完成框架图，由于在小组活动建构框架图的过程中，学生很好地理解了语篇，所以学生得出的观点集中而准确。一点建议：最好能让学生讲述对朋友的理解，增加他们的体验，引起情感的共鸣。这会更符合程序性知识的教学原则。

（三）本次观察形成的结论

1. 教学目标定位准确而且达成度较高，是本堂课的一大亮点。这堂课的教学内容来自教材外的阅读材料，这使得教学目标的确立较难。对照课程标准，我们认为本节课的教学目标定位是科学合理的，为教学提供了清晰的质量标准。三个教学目标形成了操作性较强的目标体系，并辅以准确的行为动词来描述教学目标，对教学实施提供了很好的参照标准。所以，本节课的教学目标适合上课班级学生的认知水平和思维发展要求。本节课通过 Pre-reading、While-reading 以及 Post-reading 三个环节实施目标，三个环节层层递进，为学生搭建了较好的学习台阶，符合学生的认知规律。在教学实施的过程中，采取了讲解、小组合作学习、提问和理答、多媒体展示、访谈等多种教学方法，使整堂课的师生活动一直处于一种有序、活跃、开放、探索的状态，呈现了比较显性的思考、民主、关爱的课堂文化，有效地促进了教学目标的达成。

2. 教学环节与教学策略非常适切，是本堂课的一大特色。在读前环节，通过故事分享（share a story），让学生在情景中学习生词，激发学生的阅读动机，激活学生的背景知识和相关知识，为有效阅读打下了基础。在阅读环节，老师通过创设任务情景，使学生在任务的驱动下开展阅读活动。学生通过自主阅读和小组合作学习的方法，完成各种不同的学习任务。比如，本节课采用框架图来帮助学生把握文章脉络，理清阅读主线，指导学生如何有效地获取信息与处理信息，在提升学生的阅读能力上发挥了重要作用，这一方法很有借鉴意义。在阅读后阶段，教师充分发掘和利用阅读材料的教学价值，并采用了诸如学生视频播放、小组讨论等方法，激活了学生的思维和学习热情，产生了很好的学习效果。

3. 教师所设计的部分阅读任务与学生的理解水平有点不相适应。比如，学生在做 story — mapping 这部分时，无法及时找到关键信息，在完成表格中主人翁感受和关系的变化这部分任务时，有些学生理解不了文本的深层含义。因此，在设计阅读时，应考虑到高二学生的认知水平，分解难点，及时采取合适的阅读策略，及时指导学生进行有效阅读。

4. 对于学生在课堂中的行为表现评价方式比较单一，大多是教师的评价。比如，"Good job!""Wonderful!"缺乏学生自评，同学间互评，教师点评相结合的多元化评价。最好在阅读任务结束后，发给学生反馈评价表（Students' assessment feedback），让学生明白自己已获得了什么，印象最深的是什么，最大的困惑又是什么，在课堂中哪些同学表现最棒等。无论学生对自己的阅读活动作出何种评价，这对他们下一次的阅读任务都有积极的作用。

5. 给沈老师的发展建议。沈老师是一位虚心好学、富有激情、性格开朗的青年教师，在情境教学上有一定的研究，并有相关成果。今后如果能继续坚持情境教学，坚持学情研究，学习情境教学理论，可能会逐渐形成体验、开放、关爱的课堂教学风格。多研究课堂评价理论，学习先进的课堂评价理念和方法，形成多元化评价技能，将能有效地促进专业发展，提升课堂教学效率。

【附件】

（一）教案：阅读教学

Teaching Plan

Yuhang High School　　Shen Yuanyuan

Topic：The Hospital Window

Lesson Type：Reading

Teaching Aims：

After class students will be able to

1. Freely express their own opinions on true friends;

2. Know how the writer develop the passage by skimming, story — mapping etc.;

3. Further understand the characters and its relationships of the passage by searching for clues.

Teaching key points:

1. Retell the story by story-mapping;

2. Understand the theme and how the writer develops the story.

Teaching difficulties:

Searching for clues and further understanding of the passage.

Teaching and learning approaches:

Cooperative learning approach.

Teaching Aids: Multimedia

Teaching Procedures:

Step I: Pre-reading(5 mins)

1. Story-sharing: Share a story with the whole class about a friend and meanwhile introduce some new words (occupy, portray, picturesque, unbearable, appropriate, compel).

2. New words learning: Read the new words together.

Step II: While-reading(25 mins)

1. Skimming: Ask students to skim the passage and answer two questions.

2. Story-mapping:

① Ask and answer to draw a story map the whole class.

② Retell the short story according to the story map.

③ Fill in the blanks with the given conjunctions and clauses to complete the summary.

3. Further Understanding: Work in pairs and search for clues and more detailed information to fill in the form.

4. Understanding of the title: Further understand the meaning of "window" in the title.

5. Appreciation: Appreciate one beautiful sentence the whole class.

Step Ⅲ：Post-reading（10 mins）

1. Video-sharing：Share a video on true friends.

2. Discussion：Students work in groups and express their own opinions on true friends.

Step Ⅳ：Homework

Write a short paragraph to express your view on true friends.

（二）课后分析报告
报告1：沈老师的课后反思

1. 教学目标的达成

总的来说，这堂课达成了预设的三个目标。第一个目标是掌握5个文章中生词，找出表现作者心情变化的关键词句，说出对"真正朋友"含义的理解。我认为这可以从学生最后一环节的小组讨论和汇报得到证明。在看完video之后，小组讨论进行6分钟后，我不得不打断学生的讨论，进入汇报环节。各小组代表的汇报也相当精彩，如学生A引用了这样的话："A true friend is someone who walks in when the rest of the world walks out."这样的引用充分表明了学生在自主阅读的基础上完全理解并能表达"真正朋友"的含义。

第二个教学目标是通过自主阅读，找出文章的关键信息及线索，绘制文章的结构图。这一目标也较好地实现了，这可以从学生在skimming之后能正确找出信息并回答"Q1：Who are the main characters in the story? Q2：How does the writer develop the story, in a narrative way or an argumentative way?"从文章结构图的顺利绘制绘制可以得到证明。课后，有学生评论说："story — mapping这种形式太给力了，文章的脉络我一下子就掌握了。"

第三个教学目标是根据文章的结构图，用适当的连接词，较为流利地复述课文，掌握文章大意。课堂实际操作下来，学生的表现令人满意，他们不仅能复述文章的大意，而且能使用whose, however, as, while等连词，使文章更流畅，因此也达到了教学目标。

2. 教学过程分析

本堂课共分为话题导入、阅读理解、读后输出、作业布置四个大的环节，在每个环节中都设置了小任务，我觉得教学环节比较流畅，学生能在教师的引导下步步深入,挖掘出文章的主旨,并表现出了较大的兴趣和热情。尤其是在 video 这个环节,看得投入,想得充分,说得精彩。比如,"A true friend always tells you the truth. It may be hard sometimes but lying can destroy a friendship. It is important that your friend speaks honestly and never makes up stories."等等,这些精彩的语言是在小组合作学习的基础上产生的,充分表明了合作学习的有效性。在学生个人遇到困难时,通过生生合作、师生合作的方式来解决。Story — mapping 这个环节在师生合作下进行得比较顺利。

由于借班上课,师生之间的熟悉和磨合需要一定的时间,学生进入状态显得相对较慢,使课时略显紧张。输出环节给学生讨论和表现的机会不够。最后环节还需要改进一下,比如,在学生课后作业 writing 的基础上,要给学生更多交流的机会,让他们充分表达自己的想法。

3. 一点感受

最大的感受是阅读教学要给学生提供好的阅读材料,并对学生进行课外阅读的引导。尽管课本中的文章都是经典,但教师也要适时地给其补充一些课外阅读,并进行有效指导。通过本课的尝试,我觉得每单元都可以开展课外阅读,这样既培养了学生的阅读能力,又扩大了学生的词汇量。在阅读教学中,还是要把课堂还给学生,让学生能说、会说、想说,这也是英语教学中的一个难点。要攻破这个难点,除了理念到位外,还需要相关的教学策略和方法的支持,我觉得自己在方面还有较大的成长空间。

报告2:教学目标设置以及达成度(徐一珠)

1. 观察点选点说明

根据沈老师的说课,本节课主要是引导学生达到以下教学目标:解构文本,寻找平衡点,建立文本信息、语言、情感、态度等各要素之间的联系,让学生体验阅读的过程,达到提升思维和语言能力,把握文章的主旨、表达个人观点的能力,力求体现学生不仅是阅读的主人,更是阅读教学过程中的主人。

2. 观察表及观察结果说明

根据本节阅读课的特点和新课程对高中英语阅读教学的要求:培养学生的阅读策略,特别是培养学生在阅读过程中获取和处理信息的能力,我们经过反复斟酌,决定从以下四个方面来观察阅读教学目标的设置及达成:一是本堂课的教学目标制定的依据是什么?二是教学环节是怎样围绕目标展开的？三是教学目标达成的依据有哪些(重点是学生表现)？四是教师如何检测教学目标的达成？据此，作出目标达成度的判断。

根据以上分析，我们设计了如下观察量表，并得到相关的观察结果。

教学目标	环节	学生行为表现	教师现场检测行为	
			检测方式	检测效果
1. Better understand the meaning of true friends and freely express their own opinions.	Step Ⅰ：Pre-reading（5 mins） Share a story with the whole class. Read the new words together.	① Listen to the teacher's story. ② Read aloud the new words.	1. Answer questions. 2. Read new words.	抽样，5/6达成目标
2. Know how the writer develop the passage by skimming, story—mapping.	Step Ⅱ：While-reading（25 mins） Skimming Story-mapping Careful reading	① Answer the questions. ② draw a story map. ③ Retell the story. ④ Combine short sentences. ⑤ fill in the form. ⑥ Further understand the title. ⑦ Appreciate one beautiful sentence.	Ask students do many kinds of tasks.	12/12达成目标
3. Further understand the passage by searching for clues and indicating words.	Step：Ⅲ Post-reading（10 mins） Video Sharing & Discussion Step Ⅳ：Homework 1. Write a short paragraph to express your view on true friends. 2. Retell the story according to the story map.	① Watch and listen to others' opinions on true friends. ② Work in groups and express their own opinions on true friends. Homework is an extension to what students have learned in class.	1. Express their own opinions. 2. Retell the story.	抽样，5/5达成目标

3. 观察结果分析及教学建议

（1）教学目标的设置

本堂课的三个目标中，第一个目标是主目标，第二、第三个目标是第一个目标的分解和细化。三个目标形成了一个有内在逻辑的目标体系。根据我校的学生水平，对照课程标准和学生的课中表现，我们认为本节课的教学目标定位是比较准确合理的，对本节课的教学设计和实施提供了一个明确科学的质量标准。

（2）教学目标的达成情况分析

课堂的教学环节设计有利于促进教学目标的达成。在 Pre-reading 环节，沈老师通过与学生一起分享自己的故事，让学生在情景中学习 5 个生词,从学生的回答看,有 5/6 学生达成目标。在 While-reading 环节,沈老师通过让学生绘制文章的线索图、复述故事、提问与理答、写概要、填表格、理解标题等方法,很好地促进了第二、第三个教学目标的达成,使学生的英语语言知识与能力得到了提升。在 Post-reading 环节,沈老师设计了独具特色的主题,即看视频分享各自的观点,鼓励学生把所学的知识运用到具体的生活中,达成了这堂课的中心目标。

从学生的课堂行为表现看,我们认为本堂课的目标达成度较高。比如,在 draw a story map 活动中,我们抽样了 12 个学生,氛围都很好,学生的参与率为 100%(12/12)。在阅读理解环节,沈老师设计的理解标题活动激发了学生表达的欲望,使学生能按照自己的理解发表见解,很有创意,对达成教学目标发挥了较大作用。在欣赏阶段,沈老师让学生欣赏优美句子,提升主题,充分调动了学生的各个感官,也较好地促进教学目标的达成。

从教师的课堂检测情况看,沈老师采用了多种形式来检测目标的达成,特别在读后阶段,通过录像(video)小片段,让学生带着问题欣赏,然后向学生提问,引导学生表达自己对"真正朋友"的想法,从学生的回答看,本堂课达成了预设的教学目标。

(3)教学建议

在落实主目标(freely express their own opinions on friends),让学生表达自己观点以及分享体会时,沈老师有点匆匆而过的味道,建议教师放慢教学节奏,给学生足够的时间,放手让学生自由表达自己的观点,最好不要设定标准答案去套学生。

报告 3:学生活动开展的有效性(王亚丽)

1. 观察点选点说明

在英语教学当中,多样化的学生活动可以突破单调沉闷的阅读课,让阅读课既深刻又生动,但是如何让学生活动开展得有效,这是我们一直费神的事。此外,本节课的一个重要教学设想,就是通过创设大量的学生活动来促进教学目标的有效达成。因此,我们选择了学生活动开展的有效性这个观察点。

2. 观察量表及观察结果说明

这堂课教师预设了多种活动,比如讲故事、勾画故事结构图、讨论问题、视频分享、交流感想等。根据这些教学安排,课堂中学生必然会出现以下几种活动方式：学生的自主阅读、小组合作学习活动、师生与生生间的对话、倾听及辅助行为，根据能研究这些活动形式的要素，我们特制定了如下观察指标，并得到了如下观察结果：

教学内容	阅读(时间/方式)	小组合作学习(时间/目的/人数/结果)	对话	倾听及辅助行为
Pre-reading ① Teacher's story ② New words learning	Read the new words after the teacher together (1 mins)		Answer some questions after listening to the story (4times)	Listen to the teacher's story quietly (3 mins)
While-reading ① Questions ② Story mapping ③ Story telling	① Fast reading for some information (7 mins) ② Further reading for clues(10 mins)	① During story-retelling period, students tell the story one after another quite efficiently ② Pair-work (for the clues are not easy to find out) (5 mins)	11—students answered questions individually; and students answer questions together for 10 times.	According to the teacher's questions, draw the story map step by step
Post-reading ① Video sharing ② Express freely		4 students as a group and have a discussion in order to conclude what a true friend is (5 mins)		Watch the video carefully and think about what a true friend is. After discussion, each reporter gives a wonderful speech

3. 观察结果分析及教学建议

（1）构建框架图活动分析。老师用问答形式促成了 story-mapping 的建构，从而让学生建立了故事框架图。通过对话和自主阅读构建框架图，不仅很好地帮助学生理清了文章脉络，更重要的是引导学生获得了一种阅读技能。

（2）小组合作学习活动分析。不管是小组讨论，还是同桌互动、集体应答、故事接龙，这堂课至始至终都在提示学生，学习不仅是个体的，更是合作的、交流的。

（3）课堂对话分析。本堂课的对话方式多样，对话内容层次丰富。比如在梳理文章内容时，主要运用了集体应答，这样做既面向全体学生，又能够烘托课堂气氛。而在 story-telling 环节，采用了个人举手或点名回答的方式，这是因为该环节的问题认知要求较高，又有训练学生的口头表达能力的要求。而在友谊评论环节，教师采用了先让学生观看视频，然后讨论，最后汇报的活动形式。这些丰富多彩的活动方式,灵活多样的活动方式组合,较好地促进了学生的学习。

(4)倾听及辅助行为分析。第一环节,教师用一个自编的故事将文章中的重点词汇一一引出,学生在倾听体会中,很快融入课堂并掌握了新词。最精彩的是 video 的展示部分,学生通过观看和倾听,一些关于"真正的朋友"这一话题的想法和句型在他们的心里沉淀下来,所以接下来的讨论中他们思维非常活跃,效果很好。

(5)教学建议。教师的语速最好适当减慢,在讲故事的同时也可以适当加一些小问题来缓解紧张的氛围。最后的环节若适当给学生多一点的时间,学生的应答会更积极,活动会更有效。

报告4:教学重点和难点的突破(罗婵娟)

1. 观察点选点说明

教会学生寻找阅读线索,组织语言表述阅读内容,是这节课的教学重点。掌握了这两种技能,学生就能从全局把握文章的内容,体会文章的深层含义。我们对沈老师如何引导学生有效找出文章线索很感兴趣,因此选择了这个观察点。

2. 观察表和观察结果说明

教学重难点的突破主要从四个角度出发,即教师的指导,教师的指令,学生的活动,以及学生是否明确学习目的。从这四个角度出发,我们的观察结果如下:

环节	教师的指导(提问/多媒体呈现/板书)	学生的活动(对话/讨论/自主学习/小组合作)	教师的指令(口述/示例/板书/多媒体呈现)	学生是否明确学习目的(表情/参与程度/应答是否流畅)
理清故事脉络	先提问,后多媒体呈现	自主学习	口述,多媒体呈现	部分学生有茫然的表情,回答问题的学生回答不流畅
寻找文章线索	先示例,后提问	小组合作	口述,示例,多媒体呈现	全体参与
复述故事	多媒体呈现脉络图	自主学习	口述	第一个呈现的学生复述不流畅

3. 观察结果分析及教学建议

通过观察,我发现本堂课为突破重难点设计的活动有以下特点:

（1）教师指导方式多样,设置科学。在不同的环节采用不同的指导方式,在任务难度不大时先提问后多媒体呈现,难度最大的环节则先有示例,然后以口头提问的形式对学生进行引导,为学生对阅读材料的深层理解做了很好的铺垫。沈老师的这些多样化的指导有助于突破重难点。如在 story-mapping 环节,沈老师以一个个小问题作为引导,把学生的答案以多媒体的形式呈现出来。而在寻找文章线索环节,因为学生一开始对任务难以理解,沈老师则提供示例帮助学生理解并给学生提供参考。

（2）学生的活动形式灵活,既有自主学习也有小组合作。在难度不大的环节,主要采取学生自主学习的方式展开,在学习难度较大的环节,主要采用学生小组合作的学习方式。

（3）教师的指令随学习任务的难易程度的变化而变化,有效地提高了学生对学习任务的理解。

（4）沈老师为突破教学重难点而设计的课堂活动有效地调动了课堂氛围,提高了学生参与度。不论是任务比较简单的集体回答和齐读,还是难度较大的课文复述和归纳文章线索环节,学生的参与度都很高,课堂氛围很活跃。

我们发现的问题是,在理清故事脉络的环节,一开始有部分学生表现出茫然的表情,对问题不太了解,导致输出不太流畅;在复述故事的环节,因为准备的时间不够,最初复述的学生不太流利。针对这两个问题,我们的建议是,在难度较大的教学环节,教师应适当降低说明指令的速度,必要的时候进行重复或者举例说明;复述课文环节给学生准备的时间要充足。

报告5:学生活动的有效性(姜丽娜、邵雯)

1. 观察点选点说明

广义的学生活动包括学生在一堂课中所有的内在的思维活动和外在的行为,在这些活动中,能被观察到的应该是外在的显性行为。与一般的阅读教学不同的是,本节课的创新之处就在于,通过创设大量的学生活动来促进学生的阅读,从而提高学生的阅读技能,形成良好的阅读习惯。因此,我们选择"学生活动的有效性"作为研究本节课的切入点。

2. 观察表及观察结果说明

影响学生活动的因素,主要有活动目的、活动内容、活动形式、活动时间、活动组织等,它们构成了活动的基本要素。本节课的活动形式,主要有独立思考、跟读、口述、书写、讨论、视听等,这些也是这节课可观察到的外显的学习行为。本节课的活动组织,都是教师引导下的学习活动,因此,教师的指令变得十分重要。这些共同构成了本观察点的观察指标。

根据以上分析,我们设计了如下观察量表,并得到了相关的观察结果。

活动环节	活动内容	活动形式与耗时					活动组织	
		跟读	口述	书写	讨论	视听	活动的指令:W·H·W	指令
导入	熟悉生词	1 min				3 mins	Students listen carefully.	A
阅读理解	略读找出文章的主要人物和文体	2 mins					Students read after the teacher.	A
	获取文章的关键信息	7 mins					Students read after the teacher.	A
	复述课文		5 mins				Students retell the text.	A
	把简单句变成复合句			3 mins			Combine the sentences with the given conj..	A
	寻找线索完成表格			8 mins			Fill in the blanks.	B
	对"窗"的进一步理解		1 min				How to understand "window"?	B、A
输出	视频分享					3 mins	Watch the video.	A
	讨论				7 mins		Share your opinion about friend.	A

注:学生活动组织主要指教师对学生活动的指令,具体描述为谁(Who)以什么形式(How)做什么(What),简称 W·H·W。衡量的标准为:A. 所有学生能获得较为准确的指令;B. 指令不清晰,但大部分学生能理解;C. 指令不清晰,且大部分学生不能理解。

3. 观察结果分析及教学建议

(1)观察结果分析

本节课共用时 40 分钟。其中,导入部分用了 3 分钟,占整堂课时间的 7%;阅读理解部分耗时 26 分钟,占了 64%;输出环节花了 10 分钟,占 25%。从活动的内容和目的看,这样的时间分配是合理的,一方面使学生活动能有序地开展,另一方面又比较有针对性。如"阅读理解"环节,是本节课的重点和难点,从活动内容和耗时可见活动形式多样,组合灵活。

导入环节的目的是激活学生已有的语言知识并激发学生的阅读欲望,它是能否顺利过渡到新课的关键,却不是本堂课的重点。沈老师用了 3 分钟时间不仅起到了热身的效果,而且为新的授课活动留了足够的时间。

在阅读理解环节，沈老师用了 2 分钟时间让学生进行略读并掌握文章大意，用了 23 分钟时间对文章细节进行了处理，并在处理细节过程中采用多种形式检查学生对细节的把握，再用了 1 分钟时间让学生在表层理解的基础上进一步对课文进行归纳总结。可见沈老师在阅读这一环节舍得花时间，而且花的时间是学生注意力最集中的前半段时间，因此这段时间花得非常有效。

在输出环节，沈老师先与学生分享了一个 3 分钟的视频，让学生在进行了长时间的阅读活动之后，大脑有了足够时间去放松，为讨论这一步作好了铺垫，而 6 分钟时间以讨论的形式检查学生对课文新的语言形式的掌握与运用也恰到好处，既不显得时间紧张，也不冗长。因此整堂课的时间分配非常合理。

（2）教学建议

稍显不足的是，阅读环节中寻找线索和表格信息填充这一步用了 8 分钟时间，相对费时较多，建议稍微降低表格难度，以便更流畅地达到这一环节的目的。

报告 6：小组合作学习构建框架图的有效性（赵小武）

1. 观察点选点说明

完成教学任务需要有一定的教学方法。这节课预设的教学方法有很多，如讨论法、讲授法、问答法、演示法，还有"小组合作学习构建框架图法（story — mapping）"。小组合作学习构建框架图法主要用于促进学生的自主阅读，这是很新颖的教学策略，实际效果如何，值得研究。

2. 观察表及观察结果说明

我们小组经过讨论后决定从以下几个方面进行观察：任务布置、活动的组织、活动过程、教师的行为和学习结果。

指令	活动组织（破冰者、汇报者、记录人）	活动的过程（参与人数、时间、气氛、主要观点）	教师的行为				学习结果		
			获得学习信息方式	行走路线	听取的对象	调控	框架图抽样	评价	应用
所有学生能获得较为准确的指令	共 12 个小组，每个小组的第一人为汇报人，第二人为破冰者，第三人为记录人	全部参加；14 mins；11 个小组活动很活跃；主要观点：The window is: 1. love, 2. courage, 3. friendship	巡视、个别提问、整体提问	由左至右环视	第 1,2,5,9,10 组/3 位同学		第 1,2,5,9,10 组	第 2,9,10 组完整准确	复述课文 2 人

3. 观察结果分析及教学建议

（1）任务布置。从观察结果看，教师的指令清晰明了，学生很快地领会了教师布置的任务且快速开展小组讨论，积极参与发言。

（2）活动的组织。该班级共50人，分为12组，除第12组是6人外，其余每组4人。每组第一个人为汇报者，第二个人为破冰者，第三个人为活动记录人，可以看出活动组织有序。

（3）活动过程。小组活动构建框架图的时间为14分钟，占总时间（40分钟）的35%。学生利用以往所学充分发挥团队合作学习精神，根据教师的提示完成框架图。教师分别对第1、2、5、9、10组进行抽查，其中第2、9、10组完整准确地完成框架图。完成了框架图后，教师引导学生思考文章题目（the hospital window）的意义，该步骤既是本课较难的环节也是升华主题的环节。由于小组活动建构框架图的过程中，学生很好地理解了语篇，所以学生得出的观点集中而准确。举手发言的3位同学，给出的答案为 The window is love /courage/friendship。

（4）教师的行为。作为课堂的组织者，教师除了明确任务，指导学生分配任务外，对整个小组活动也进行了有效的追踪和指导。由于场地的限制，教师无法走到每个小组的位置来获取学生学习的信息，她主要是在班级前三排来回巡视，并通过与后排学生进行对话来及时掌握学情。确定学生已作好了准备后，教师选择第1、2、5、9、10组跟班级分享讨论结果。

（5）学习结果。在框架图的支撑下，教师带领学生梳理了文章的结构框架，对提示文章结构的标记语进行了补充，使学生较好地明白从整体到局部的阅读技能。随机抽到的2位同学成功地复述了整篇文章。教师带领学生提炼出"病房之窗"和"友谊之真谛"，师生之间有很好的情感碰撞。后面的video环节的精彩呈现体现了这一点。本节课圆满地达成预设的教学目标。

（6）建议。本堂课采用了"创设情境——自主阅读——对话互动——技能应用"的教学流程，特别是通过框架图来帮助学生增进对文章的理解，是一种有效的阅读策略。最好能让学生讲述对朋友的理解，增加他们的体验，引起情感的共鸣。这会更符合程序性知识的教学原则。

报告7：英语阅读教学中的"三步"教学（白福庆）

1. 观察点选点说明

阅读教学基本上采取三步骤教学，即 Pre-reading（读前活动）、While-reading(读中活动)和Post-reading(读后活动)。三个步骤有着各自的目的和作用,三个步骤之间呈现一种脚手架式的联系,上一步都为下一步服务,最终为达成阅读教学目标服务。

2. 观察表及观察结果说明

此观察表主要围绕教师在各个步骤中设置的课堂活动是否达到了各步骤的目的而展开。具体观察指向:教师设计是否按此三步展开,学生表现如何,达成度如何,教师活动设计是否合理,教学目标落实如何,三步骤之间有无体现脚手架的关系。观察表及结果如下:

三步法教学环节	各步骤目的	教师活动	学生表现情况	步骤目的达成度及问题分析
Pre-reading（读前活动）	给学生提示/背景知识和语言知识的准备	讲了一个主题和文本一致的故事,同时学习文本中的几个难词	能跟上老师的节奏,能理解故事内容,能理解生词的大致含义	友谊话题的预热,学习了几个新词。故事的某些环节有点突兀,所以学生反应不顺利
While-reading（读中活动）	为鼓励学生读时有积极的状态,帮助学生理解文本	1. 通过 story — mapping 的形式了解故事框架并开展 retelling 和 summary 活动 2. 组织学生讨论文本标题,加深对文本的理解 3. 欣赏优美句子	1. 师生一起画出 story — mapping,完成 retelling 和 summary 活动,完成情况一般 2. 学生对标题的理解已到位	学生对文本已理解到位。第一环节中 retelling 过程通常放在读后活动中。故显得突兀和简单。在一定程度上打乱了整个理解的过程
Post-reading（读后活动）	为学生运用所读信息创设条件	1. 观看一个有关友谊认识的视频 2. 学生以小组为单位分享各自对友谊的认识	很感兴趣。视频来自学生因而很真实,讨论和分享很积极	此环节活动联系了学生自身观点,但语言上并没有紧密联系文本

3. 观察结果分析和教学建议:

我对运用阅读教学"三步法"展开教学过程,推进学生学习进行了观察,有如下结果与建议:

(1) Pre-reading(读前活动)故事导入话题一致,并加入了新词的学习,为学习文本做了话题预热,扫除了词汇障碍。但学生的学习过程显得不够顺畅，建议可设计几个同话题的情景，缓解紧张心理，促进学生对生词的理解。

（2）While-reading（读中活动）中的 story — mapping 是个亮点。用框架图的形式勾勒出故事的结构与内容，使阅读理解变得简单，培养了学生的阅读概括能力，并为下面的 retelling 做好准备。了解故事发展后，沈老师利用问题，驱动学生对文本的深入理解，如"随着时间变化，两位主人公的内心感受和两者间的友谊发展如何发展变化？"等，最后对标题和文本的主旨进行讨论。所以，这个教学步骤是比较有效的。

（3）在 Post-reading（读后活动）中，真实视频的分享无疑又是一个吸引眼球的设计。学生的兴趣被极大地激活。因此，在讨论分享自己对友谊的认识中，学生表现得非常积极。此环节较好地深化了阅读效果。但我们也观察到，由于将 retelling 和 summary 放在 Post-reading（读后活动）前进行，所以，教学过程显得突兀，使阅读教学效果有所下降。我们建议，将 retelling 和 summary 放在 Post-reading（读后活动）后进行。

❹ 物理：向心力

董国彬[①]

【背景】

• 任课教师：董国彬，教龄14年，高级教师。教学素养较好，有一定的创新能力，善于创设情境，对"问题—探究"教学法有一定的研究。

• 教学主题：向心力（新课教学）[普通高中物理课程·必修2（人教版）第5章第七节]

• 观察教师：物理课堂观察合作体全体成员

• 活动背景：物理组历经尝试与熟悉课堂观察后，现已进入了利用课堂观察进行全面的教学诊断和风格提炼的深化发展阶段，本次课堂观察活动的目的即为此。恰逢新疆昌吉州一中的教学骨干来我校进行实践式培训，他们同步观摩了这次活动。

【课前会议】2011年11月16日下午第四节课

（一）董国彬老师说课

1. 教材分析

本次授课内容是《向心力》的第一课时。"向心力"是圆周运动中的核心概念之一，也是高中物理教学中的重点和难点内容。向心力的概念和计

[①] 此课例由董国彬主笔，相应部分为上课教师和各观察教师所写。

算公式,是学习匀速圆周运动的关键,是学习人造卫星、天体运行等航天问题的基础,还是学习带电粒子在磁场中运动的基础。

2. 学情分析

本次授课对象是高一(2)班,是自主招生班,学生的学习习惯好,理解能力强,动手能力较强。学习本内容之前,学生已学习了描述圆周运动的基本知识,但向心加速度相关知识没学,这给本堂课的学习带来了一定的困难。

3. 教学目标

根据上述教材分析和学情分析,确定了如下教学目标:

(1) 通过实验与对话,以及受力分析,在具体情景中学会寻找向心力的来源,并自主得出向心力概念。

(2) 通过理论推导得出向心加速度的表达式,再根据力与运动的关系得出向心力公式,并能利用"圆锥摆实验"验证向心力公式。

(3) 经历从匀速圆周运动到变速圆周运动再到一般曲线运动的研究过程,领会解决问题从特殊到一般的思维方法;学会利用运动和力的观点分析、解决圆周运动问题。

4. 教学设计

在教师的指导下,采用问题驱动学生学习,激发学生学习兴趣,在学生主动参与学习的过程中,积极主动地获取知识和能力,实现探究式学习。具体教学环节如下:

(1) 新课引入

由教师创设圆周运动的问题情景,引导学生受力分析,启发思考,分析研究对象所受合外力的特点,让学生自主得出向心力的概念。

(2) 向心力的大小探究——分四个步骤:

① 实验猜想。通过学生分组实验,感受向心力并提出影响向心力大小的因素。

② 逻辑推理。通过师生互动完成向心力公式的探究,让学生领略逻辑推理的魅力。

③ 实验验证。通过教师板书引导,学生明确用"圆锥摆"粗略验证向心力公式的实验操作步骤并进行实验验证,得出结论的同时再次强化了向心力概念——做匀速圆周运动的向心力就是指向圆心方向的合外力;提高了

学生的实验操作技能与相互合作的能力。

④ 思维拓展。教师指导学生阅读课本，提出问题引导学生思考：谁提供了变速圆周运动的向心力？做变速圆周运动物体的合外力是否一定指向圆心？指向圆心方向的合外力一定是物体做圆周运动的向心力吗？让学生知道向心力的公式对于变速圆周运动也适用。

通过以上向心力的大小的探究活动，让学生经历由感性到理性、由定性到定量、由数学演绎到物理实验验证、由特殊到一般、由理论到实践的教学过程，让他们不断深化理解向心力概念，并从中体会到科学探究的乐趣。

（3）巩固梳理，形成体系

① 通过典型例题的思考与讨论及概念的辨析，达成巩固向心力概念的目的，并对本堂课所学知识进行总结，从而形成结构良好的知识体系。最终使学生明白，向心力只改变速度的方向不改变速度大小的作用效果，对具体问题能进行受力分析并找到指向圆心方向的合外力（即向心力），知道变速圆周运动的合外力方向不一定指向圆心，会用向心力公式解决一些简单问题。

② 小结并布置作业，为下一节课学习"生活中的圆周运动"作铺垫。

5. 过程性评价

（1）通过观察学生在受力分析中是否能找到向心力的来源，作为判断学生掌握向心力概念的依据。

（2）通过观察"用圆锥摆粗略验证向心力的表达式实验"的参与程度、操作规范性、实验数据的收集与处理，以及能否得出实验结论作为判断学生实验能力的依据。

（3）通过观察学生对典型例题的分析，作为判断学生是否具备利用向心力公式解决圆周运动实际问题的依据。

6. 创新与困惑

（1）对教材的创新处理。由于学生尚未学习向心加速度，所以本堂课中先让学生体验向心力的大小与哪些因素相关，再从理论上推导出向心加速度并用牛顿第二定律得到向心力公式，进而用课本中的圆锥摆实验粗略验证向心力的公式，同时落实它的向心力来源，这是本堂课的教学设计亮点，也是教学创新之处。

(2) 教学中的一点困惑。为说明做变速圆周运动的物体,它受到的合力并不指向圆心,我设计了让钉子挡住小球,钉子越靠近小球绳子拉力越大的巩固练习。在细绳被钉子挡住后,我们能从力与运动的关系推导出小球速度保持不变,我想如果能用传感器把速度测出来,那就太好了,但是这个实验能否成功我没把握。

(二) 董老师与观察者的交流

臧丽丽:本堂课的问题设置有一定的难度,对学生的思维能力与总结归纳能力提出了较高要求。如,本堂课的导入,首先让学生完成定性感受实验,再进行猜想、理论推导,最后还用一个学生的定量实验来验证它。这不仅对学生的实验操作要求很高,也对教师的学习指导提出了较高要求。本堂课的很多教学设计都有这样的思维要求,学生必然会出现大量的错误行为,如果引导得当,将这种错误作为教学资源,这对教与学都会有很大帮助。所以,我想以教师对"学生错误"的指导作为观察点。

董国彬:我预设了学生可能生成的错误及相应的措施,由于课堂是一个动态生成的过程,它还涉及教师教学机智等问题。希望能通过你的观察,帮我提供有效指导的相关证据。

林辉庆:本堂课的学习内容对学生来说很抽象。加速度的概念从以前直线运动延伸到现在的曲线运动,牛顿定律研究的"力与运动"关系也从直线运动延伸到曲线运动,这个对学生来说是很高的要求,有一个很大的跨跃。若要学生掌握,需要给学生充分的思考时间,需要提供足够充分的实验现象和感性经验,还要让学生展开比较充分的讨论。本堂课主要采用问题驱动法展开教学。因此,本堂的教学效果如何,与师生的互动和生成密切相关,我想从这方面开展观察。

董国彬:互动是否充分是这节课成功与否的关键。从一开始向心力概念的建立过程中,我就设计了师生、生生间的讨论,由于课堂生成的不确定性、不可控性,这对我的教学提出了很高的要求,希望林老师能通过观察,提出本堂课我需要改进的地方。

陈爱萍:提问是教师与学生交流过程中一个非常重要的教学技能,所以我打算从教师提问的有效性角度进行观察。主要观察的是教师提出的每个问题指向性是否清晰？学生的回答方式是个别回答、集体回答还是自由回答？老师对学生的理答方式是怎么样的？不知道董老师在这节课中有无具体的设计？

董国彬：在这节课中，在开始引入新课的时候，我创设了具体的物理情景，问题的指向性非常明确，准备让一个中等生起来个别回答，逐步引导同学思考并得出向心力的概念；另外，在向心力公式的理论推导中，准备用自由回答让同学们与教师一起进行推导。

马少红：我想从课程性质维度，包括教学目标、教学内容、教学资源整合等几个方面进行观察。第一，观察预设的目标是否适合你所任教班级的实际情况？在教学过程中，有没有生成新的学习目标？如何应对？第二，观察对教材内容的处理，有无新生成的内容？处理是否得当？第三，观察对教学资源整合情况，尤其是关注对新生成资源的处理是否合理？

董国彬：马老师从课程性质的高度进行全方位的观察，让我学到了很多以前备课过程中没有想过的问题，明天，我会尽我所能把这堂课上好，让大家都能有所收获吧。

（三）董老师与观察者的讨论并确定观察点

根据事先发给老师们的教学设计内容和董老师的说课情况，观察者与上课老师经过再次商讨，确定以下6个观察点：

教师教学·指导·教师对"学生错误"的处理（臧丽丽等）

课程性质·实施·教学目标、内容、资源的一致性（马少红等）

学生学习·互动·课堂互动的有效性（林辉庆等）

教师教学·对话·提问的有效性（陈爱萍等）

【课中观察】2011年11月17日上午第2节课

（一）观察工具

观察表（见课后会议分析报告），摄像机一台（录像，供课后教学参考）。

（二）观察位置的选择

王洋	叶惠芳	徐太红	马少红	林辉庆	查文华	俞小平	葛佳行	毛红燕	姜振环	覃玉风
★							▲		★	
		叶晓藏						杨亮		
									★	
		曹天福					★	陈爱萍		
		丽丽					▲		▲	
★										
张琦超	林炎生		讲	台						

注：1. ★为学优生，▲为学困生。
　　2. 物理组老师已事先选好了观察位置，其他老师根据自己的需要或坐周边，或坐过道，进行观察。

（三）观察过程

课前。教师做好课前准备，观察者于上课前进入教室，等候学生依次入座准备上课。

课中。观察老师根据自己借用或开发的观察表进行合作观察，记录数据或现象。

课后。观察老师进行了15分钟的交流与整理后，完成了课后会议的发言准备。

【课后会议】2011年11月17日上午第3节课

（一）董老师的课后反思

1. 目标达成。在引入过程中通过实例分析，逐步引导学生自主进行受力分析，通过逻辑思维，得到一般的结论——向心力就是作匀速圆周运动物体指向圆心方向的合外力，它可以由一个力提供也可以是由几个力的合力提供，是按作用效果命名的一种效果力。这样实现了由感性到理性、从实践到理论的探究过程。通过实验和推导，知道向心力公式的一般表达式，能通过受力分析找到向心力的来源。通过具体实例分析，让学生知道向心力公式也适用于变速圆周运动并能运用向心力公式解决具体问题。从学生的反馈信息来看，学生掌握情况良好。

2. 教学行为。本堂课设计成了问题—探究式的教学,即在教师的情景创设并引导下,通过全班同学的问题讨论,不断推进教学进程。教师在教学中通过具体的实例、实验,激发学生的求知欲望,让学生主动参与到学习过程,成为学习的主体。"向心力不是一种新的力,而是根据作用效果命名的力"是本堂课教学重难点问题。因此,在本堂课引入的匀速圆周运动实例中,我通过让学生对物体进行受力分析,让学生讨论并得出合力的作用效果是什么,让学生初步学会分析向心力的来源。在变速圆周运动中,同样要求学生通过受力分析,知道指向圆心方向的合力和切线方向合力的作用效果,进一步学会在具体问题中分析向心力的来源。最后配备了典例讨论教学难点。

3. 课堂设计。由于课前没有上向心加速度,所以本堂课中先让学生体验向心力的大小与哪些因素相关;然后从理论推导出向心加速度并用牛顿第二定律得到向心力公式;接着用课本中的圆锥摆实验粗略验证向心力的公式,并同时落实它的向心力来源这个难点问题;最后,为说明做变速圆周运动的物体受到的合力并不是通过圆心,除课本上实例外,还设计了一个巩固练习进行问题探究教学,从而突破向心力作用效果及向心力的来源分析这个教学难点问题,这为下一节课"生活中的圆周运动教学"作好铺垫。

(二) 观察者简要报告观察结果

臧丽丽:教师对课堂教学中"学生错误"的指导

1. 董老师对学生实验操作的指导及时到位。由于董老师在课前就已经预判到了学生在做"圆锥摆运动"实验时的困难,董老师在学生实验前就特别强调学生难以明白的地方,如:为什么需要测量多个周期的总时间,如何使小球作圆锥摆运动等等,在实验时对学生的指导又非常及时,使学生在实验操作时目的明确,获得了较好的实验效果。

2. 董老师对学生的"错误回答"的理答方式。本堂课设置的问题,开放性很高,思维要求较高。针对这种现象,我观察到,董老师主要采用了小组讨论的形式和追问的方式,引导学生自主解决,从学生的回答看,效果比较好。

3. 董老师对学生在实验操作中可能遇到的困难估计不够。如用圆锥摆实验测量摆的周期时,因教师没有交待学生要事先确定一个参考物,学生在测量周期时出现了起始计时选择不合理的现象。这说明教师在教学设计过程中课前要充分考虑到学生可能生成的问题。

总之,董老师对"学生错误"的指导中,以引导居多,充分体现了学生主体地位,发挥了教师主导作用。在互动中进行学习,不仅激发了学生的学习热情,也使学生的思维能力得到了一定的锻炼,同时也反映出董老师的课堂驾驭能力较高。

马少红:教学目标、内容、实施的一致性

该堂课教学紧紧围绕目标达成,重概念的理解和深化,具体观察情况如下:

1. 目标定位准确。从设置的问题情景引入新课,到让学生感受向心力小实验的基础上理论推导向心力大小,再用圆锥摆实验粗略验证向心力公式,最后把结果推广到一般的圆周运动的教学设计,既符合了由具体到抽象、由特殊到一般的认知规律,也符合了概念教学的规律,从学生的学习反应看,也符合该班学生的学情。

2. 教材内容的增删合理,处理适当。如:一开始的情景动画,感受向心力的小实验都是教材中没有的,尤其是用 Excel 表格处理"用圆锥摆实验粗略验证向心力公式"的实验数据,效果很好,很精彩。

3. 本堂课利用 PPT 投影,教师板书,两个学生操作实验,教师演示实验——用传感器显示"单摆摆线碰钉"前后时刻力随时间的变化关系进行教学,效果十分明显。众多教学手段(方法)的合理搭配及合理利用是本堂课的一大亮点。

林辉庆:课堂教学中师生的"互动与生成"

本堂课,我主要从以下几方面进行观察——学生有没有独立思考的机会,有没有充足思考的时间,学生会不会提出问题,有没有提问的机会,老师有没有提出值得思考的问题,师生间有没有充分的对话来生成意义等。具体情况如下:

这堂课的互动活动较多,但深层次的互动不够,生成的东西也不够多。我认为除教学内容比较多外,教学设计时以学定教的理念执行不够,互动的操作性考虑不够细致是重要原因。因此,本堂课的教学内容最好精减一点,把更多的时间留给学生,互动的设计上更加坚定地体现以生为本的理念,这样互动就会深入一些,效果会更好一些。如向心力的概念建立,我想如果能为学生创设一个这样的互动机会,即先让学生用细线拉小球在水平面上作匀速圆周运动,然后教师提问题"小球运动快慢是不变的,为什么需要线的拉力呢?"此时,学生可能会说速度的方向在变。如果能就此展开充分的讨论,学生会出现各种猜测,甚至可能会根据自己的感受说"力要把小球的速度方向不断地掰过来"。此时,老师再提出"那么掰过来速度方向会往哪个方向变呢?"学生会想到"速度方向会往圆心方向变"。当然,学生可能难以说得这么到位,但学生的思维会被完全激活。那么,关于向心加速度的概念学生的感受就更充分了,学习效果会更好。

总之,师生之间的互动生成的关键是教师要为学生创造思考、提问的机会,并且留给学生足够的时间表达自己的观点,师生间的讨论展开要充分,才能有效促进知识的内化。

陈爱萍:提问的有效性

我们小组观察的是教师提问、学生回答、教师理答的情况,研究的是教师提问的有效性。本堂课共提问 17 次,没有指向不明的问题,识记性问题有 4 个,综合评价性的问题有 13 个。学生回答时,集体答 8 次,自由答 4 次,无应答 2 次,个别答 3 次。教师理答时,没有打断或代答、不理睬或批评的情况,重复答案 6 次,追问 4 次,鼓励称赞 7 次。从数据中我们得出以下几点结论:

1. 问题指向明确、表达清楚。从最后的统计分析可知,学生基本能根据教师的提问作答,"无应答"的 2 处也只是教学环节中出现的冷场。

2. 提问的思维层次搭配合理。本堂课共有 8 个识记和 7 个综合分析水平的问题,我们还观察到,问题的设置水平与教学难度和教学要求比较匹配。

3. 理答方式有待改进。董老师共 6 次重复学生答案,其中 3 次是对学生答案的肯定和强调,还有 3 次是学生回答不够到位,这种重复就没有什么必要了,建议以追问的方式理答。

4. 留给学生应答的时间较少。17 个问题的平均应答时间为 5 秒左右,这说明留给学生思考的时间较少,这也是学生回答不太好的重要原因。

(三)本次观察形成的结论

1. 概念教学是本堂课的一个亮点。本节课设计思路是:通过实验情景导入,引发学生思考,并得出向心力的概念,再通过数学推理和物理实验的验证得出向心力的计算公式,最后再通过实验提升学生对向心力公式的理解和运用,拓宽学生的知识面,提高物理思维能力。这种概念教学模式,从感性到理性,由浅入深,使概念的学习过程有了丰富的层次。这种教学模式以探究的方式生成概念、理解概念、运用概念,通过符合物理学科特征的学习途径,有效地促进了物理概念的学习。这种模式也是我组今后研究概念教学的一个重要方向。

2. 以问题驱动学习是本堂课的教学特色。本堂课共创设了17个问题,构成了这堂课的教学主线,这些问题的设置与针对的教学内容特点和教学要求比较贴切。这种设计使学生在本堂课中得以以合作探究的方式展开学习,对激发学生思维,激活学习热情有较大的作用。这也是本堂取得较好教学效果的原因之一。美中不足的是,教师留给学生的思考时间不足,互动不够充分,特别是深层次的互动有待提高。

3. 学生实验能力较弱是本堂课暴露出的重要问题。本堂课有两个学生操作实验和一个教师演示实验。学生操作不合理的问题较多,一方面跟圆锥摆运动难以操作有关;另一方面也跟教师没有给学生明确的实验目的——测量多个周期的总时间有关,但总体看,学生的动手能力较弱,是重要原因。这种现象应该引起我们的重视,在今后的教学中,应加强实验能力的教学,让学生对物理实验有充分的认识和足够的重视。

4. 本堂课的容量过大,这是导致学生实验操作、数据处理过程中师生互动时间不够充分的主因。建议删去向心加速度公式的推导部分,这样就能让学生有更多的时间思考,有更多的时间进行师生互动,对课堂中生成的问题进行有效、及时地处理。

5. 董老师教学基本功扎实,对学生的错误处理等课堂中的应变能力较强,也是我组解题能力、多媒体技术、数字化实验技术能力较强的老师。建议董老师深入研究问题驱动教学法的理论与实践,形成自己独特的教学风格。

【附件】

(一) 教学设计:向心力(第1课时)

※ 教学目标

见董老师的课前会议说课。

※ 重点难点

1. 重点:向心力概念的形成和向心力公式的建立、理解与应用。

2. 难点：在具体物理情景中寻找作圆周运动物体的向心力来源。

※ 教学设计

1. 创设物理问题情景，学生通过受力分析，思考合外力的特点，得出向心力的概念。

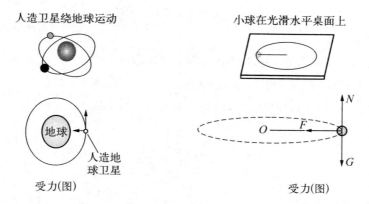

2. 向心力的概念及理解。根据学生前面的讨论，对照受力图进行教学。

方向：始终指向圆心

效果：只改变速度方向不改变速度大小

来源：指向圆心方向的合外力

3. 小实验——感受向心力。通过感受，提出问题：向心力大小跟哪些因素相关？

4. 向心力大小的推导（教师主导，学生配合）。

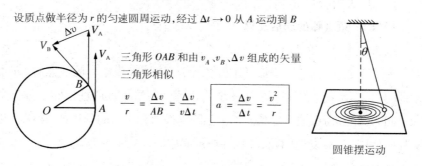

5. 用圆锥摆实验粗略验证向心力公式（教师引导，学生明确操作步骤并进行实验验证）。

验证：$4h$ 和 T^2 数值相等 $\left(\text{若成立，则 } F_n = m\dfrac{v^2}{r} \text{ 成立}\right)$。

6. 变速圆周运动的合外力。

学生通过阅读课本,教师指导获得

思考:谁提供了变速圆周运动的向心力?

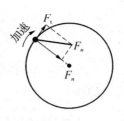

变速圆周运动

7. 通过具体问题情景讨论。

(1)进一步明确向心力只改变速度的方向不改变速度大小;

(2)能在具体问题情景中进行向心力来源分析;

(3)知道变速圆周运动的合外力方向不指向圆心,而指向圆心方向的合外力即向心力;

思考并讨论

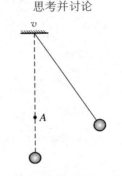

为什么钉子越靠近小球,绳就越容易断?

(4)会用向心力公式解决一简单问题。

8. 通过概念辨析。

(1)理解向心力的概念;

(2)理解向心力的公式;

(3)理解向心力的来源;

(4)理解向心力只改变速度的方向,不改变速度的大小的作用效果。

9. 小结并布置作业(课后练习+学程)。

(二)课后分析报告

报告1:董老师的课后反思

1. 概念导入,生动激疑

为了降低学习难度,增加学生的体验,尽快地吸引学生的注意力,在本堂课的引入中,我创设了一个又一个的物理问题情景。通过引导学生自主探究向心力的来源,较好地激发了学生的求知欲和学习的积极性,让学生从实际生活中出发,发现问题,寻找并挖掘其中所隐含的物理现象,充分体现了学生的主体地位。

2. 精心预设,促进生成

一堂好的物理课,一定有许多精彩的课堂生成。精彩的课堂生成来源于教师的精心预设,精彩的课堂生成需要灵活的应变机智。本节课我在课堂生成上做了一些有益的探索,也表现出了一定的教学机智。

课前,我对学生进行了访谈,然后根据学生的情况对教材进行了精心处理,合理开发教学资源,为课堂的生成做了大量的设计。

例如,为了让学生猜想向心力的大小与哪些因素相关,我事先准备了学生动手小实验,让学生体验到一些因素会影响向心力的大小。我想学生可能认为这与半径、线速度、角速度、周期、小球的质量等有关,事实上,课堂上学生的回答也印证了我的猜想。此时,我为进一步让学生发散思维,产生更多的课堂生成,我又抛出了"线速度、角速度、周期这三个物理量有无重复性?"的问题,再通过启发学生讨论,使学生得出了向心力的大小可能与小球的质量、半径、小球运动的快慢(线速度、角速度、周期)这三个因素有关的结论。

再如,在用圆锥摆验证向心力公式的实验中,有不少学生不知道如何使小球作圆锥摆运动。这时我就根据实际情况及时地给予了学生这方面的指导,让学生握住悬绳的顶端,慢慢用力使小球摆起来,最后小球很好地做了圆锥摆运动。又如,这个实验中有不少同学在测量锥摆的周期时不知道应先选择一参考位置,再测量小球做 15 次左右的圆锥摆运动的周期等等,我在发现问题后都和学生做了及时的交流。

显然,真实的课堂教学,是一个多种因素相互作用下的动态推进过程,这就为课堂生成提供了平台,也为促进教师教学机智的发展提供了契机。

当然,在教学过程中,也存在教师语言描述不当(或表达不够清楚的地方)。例如,在提问"由什么力提供圆周运动的向心力"的问题中,由于我提问时指向性不够明确,有的同学说是合力,也有的同学说是指向圆心方向的合力。对于这些情况,我们在课后也要冷静思考,仔细分析原因,提出相应的改进措施,以利于在日后的教学中不断提高,不断完善。

通过这次课堂观察活动,让我认识到关注课堂生成,研究课堂生成,应该成为我今后教学研究的重点。

3. 重难点突破,目标达成

通过"钉子越靠近小球,绳容易断"的典例分析,可以看出,学生已经能在具体物理情景中进行受力分析;通过教师提示,学生还能根据"力与运动的关系"判断小球被钉子挡住前后的速度大小保持不变,从而进一步用向心力的公式解决问题。通过对话反馈来看,我觉得本堂课很好地达成了

"进一步明确向心力只改变速度的方向不改变速度大小的作用效果,是一种效果力,在受力分析时不能分析"这一教学目标,同时也有效突破了"能在具体问题情景中进行向心力来源分析,找到指向圆心方向的合外力即向心力"这一教学重点和难点。

报告2:教师对课堂教学中学生错误的指导(臧丽丽、叶晓、叶惠芳、查文华)

1. 观察点选点说明

本堂课的主要教学策略是问题驱动,根据教案中预设的问题可以看出,这些问题在认知水平上有较大的难度,对学生的思维水平提出了较高的要求。另外,本堂课包含了学生定性试验、定量实验及老师演示实验的内容,尤其对学生实验中的猜想、推理判断及操作的规范性方面要求都很高。对于这些复杂问题,学生必然会出现许多错误,这些错误如果处理得当,将是很好的教学资源,也是顺利实现教学目标的重要途径。因此,这节课中教师对学生错误的指导将是影响课堂教学效率的关键因素。

2. 观察量表及观察结果说明

要观察教师对学生错误的指导,首先应对学生的错误进行分类,然后看看教师面对不同的错误有何反应,采取了什么措施。所以,我们决定从定量和定性两方面开展观察。定量观察借用我校生物组开发一张量表开展观察,定性观察则采用课堂实录的方式,记录一些课堂活动片段。有关观察量表和定量观察结果如下:

	教师对学生错误后的反应分类	频 次	百分比(%)	排 序
学生的错误	1. 知识性错误	1	7	4
	2. 表达的错误(文字表述、图形等)	1	7	4
	3. 操作不合理的错误	6	46	1
	4. 思考不全面	3	23	2
	5. 未把握问题的指向	2	15	3
教师的反应	1. 赞许(如虽然错误但有想法的情况)	2	12.5	4
	2. 接纳(微笑、偏肯定性语气)	5	31	2
	3. 中性(倾听、观察寻找问题根源)	6	37.5	1
	4. 未发现的错误	3	18.75	3

(续表)

	教师对学生错误后的反应分类	频次	百分比(%)	排序
教师的行为	1. 鼓励	2	15	2
	2. 引导	3	23	1
	3. 换其他学生回答	0	0	4
	4. 教师自己指正	3	23	1
	5. 进行解释和说明	2	15	2
	6. 由同伴补充完善(合作学习时)	2	15	2
	7. 最终明确正确解答	1	7	3

3. 观察结果分析及教学建议

（1）学生在操作方面的错误较多(占46%)，这跟圆锥摆运动难以操作有关，同时由于一些学生对于为什么需要测量多个周期的总时间没有搞清楚，引起不少操作错误。从董老师的反映看，未发现的问题也有一部分。这一方面体现了学生的思维和动手能力的结合还有待加强，另一方面也说明教师还应思考如何最大限度地发现学生出现的问题并加以解决。因此，建议教师在实验课上应提前预设学生可能出现的错误，在操作之前反复讲清楚原理，强调操作的规范性，在学生动手实验的过程中，发现共性问题并及时统一纠正。

（2）学生思考不全面的错误为23%，这是问题的开放性和难度决定的。针对这些问题董老师采用了小组讨论和师生问答的方式，引领学生解决这样的问题。

（3）未把握问题指向的错误为15%，反映出要想让学生回答问题更加积极，设置的问题也应指向更明确一些。

（4）知识性和表达的错误是难免的，需要教师及时指正、强调规范。

（5）教师方面，对学生的错误，教师采取引导和教师自己指正的较多（各23%），这也反映了教师课前是认真备课的，预设问题比较恰当，同时也说明教师本身有较厚实的基本功和较强的反应能力。

教师对学生的态度和蔼，对于学生的态度以接纳为主，对回答主动踊跃的学生表示赞许，所以营造了比较民主、和谐的课堂氛围。

报告3：教学目标、内容、资源的一致性(马少红)

1. 观察点选点说明

影响课堂教学效率的因素有很多，最主要的还是教学目标定位是否合理,教学内容是否恰当,教学实施是否合理。在保证三者均合理、恰当的基础上,保持三者的一致性,是高效课堂的重中之重,也是教师专业发展的核心问题。

2. 观察量表设计说明及观察结果记录

根据本节课的特点,我将从目标预设的根据、生成的目标等方面来观察目标设置的合理性;从教材的处理技术、生成的内容、容量等方面观察内容;从"预设的资源、资源的类型、生成的资源"等方面观察资源。最后对三者进行综合分析,判断三者的一致性。

据以上分析,我设计的观察量表及观察结果如下:

	预设的教学目标分解	是否适合	课堂生成的目标	是否适合
目标	知道向心力是效果力	是	运用矢量三角形关系推导向心加速度的表达式	是
	推导向心力的大小	是		
	粗略验证向心力公式	是		
	理解变速圆周运动的向心力	是		
	培养学生实验操作动手的能力	是		
	教材处理	是否合理	生成的内容及影响	应变机智
内容	增:新课引入时的情景动画(模拟课件)共3幅	增加师生间的互动,效果很好	学生报告实验结果,教师利用这些实验结果展开教学	激励学生,为学生深入思考和共享提供机会
	增:感受向心力的学生小实验	从感性到理性		
	合和增:对教材上圆锥摆实验进行再处理、再加工,设置了表格记录实验数据,并推导了要验证的关系式 $T^2 \approx 4h$	学生活动充分,激发学习热情	接近小结阶段之前,教师补充一道例题作为巩固及小结之前奏	对概念巩固及本节小结起到很好的铺垫作用
	预设资源(师生/文本/实物与模型/实验/多媒体)	生成资源(错误/回答/作业)		生成效果
资源	自制PPT及动画课件,条理清晰,可见度好	学生分组实验的过程中,教师巡回指导,及时回答学生的提问,随时纠正学生的不规范操作(包括数据记录时存在的问题,如时间单位等)		学生实验过程中的生成是不确定的、多样的,实验中互动充分
	小实验2人一组,共26组 验证实验4人一组,共16组			
	传感器演示"单摆摆线碰钉"实验	第1实验小组报告的实验数据明显偏离实验误差允许的范围,教师将此组数据与其余小组数据对比,让全班同学思考为什么?		教师处理灵活,及时分析错因,能引起学生思考,效果好

3. 观察结果分析及教学建议

（1）关于教学目标

对照浙江省《普通高中物理学科指导意见》的教学目标规定，董老师把这堂课的教学目标定位在发展要求上，比如他在课堂上引导学生运用矢量法推导 $a = v^2/r$，显然是高于省定目标的。从学生的学习结果看，这堂课的教学目标定位准确，也符合我校特长生班的学情。

（2）关于教学内容、资源整合

教学预设的主线紧紧围绕目标达成，充分利用了可以利用的多种媒体资源，紧扣概念的理解和深化，全堂课仅一道选择题，也是为总结本节重点概念而设置的。总的来说，整个教学内容设计，符合新课改的精神，也符合本班学生的实际情况，整合使用得当，教学效果好。由于内容较多，时间略超一点，延时约 1 分钟。

（3）观察结果分析及教学建议

综合以上观察结果，我认为该堂课教学目标思路清晰，内容资源选用合理，是一堂效率高、效果好的优质课。

教学反思及建议：由于学生动手实验的开放性与不确定性，整堂课的教学时间紧，相应学生的其他思维活动受限，这是实验课较难处理的一个矛盾，需要进一步思考。

报告 4：课堂师生的互动与生成（林辉庆）

1. 观察点选点说明

这节课主要学习向心加速度概念和匀速圆周运动中的牛顿第二定律，对学生来说，是具有一定难度的新知识。学生要真正掌握所学的知识，就不能只在字面上记住所学的东西，而要真正理解其意义。为此，学生必须以自己的认知结构为基础，对有关的现象、文本知识和老师同学的观点等进行比较、分析和加工，形成新知识的意义。所以我们小组从课堂互动促进知识建构角度进行观察。

2. 观察表及观察结果说明。

我们想从以下几个方面展开具体观察。一是学生有没有独立思考的机会，有没有足够的独立思考的时间；二是学生有没有提问的机会，学生是不是会主动提出问题；三是教师是不是运用了提问这个教学策略，提的问题是不是具有可思考性；四是学生问题是否被关注，教师是否对学生问题做出合理的回应或引导;五是学生是否积极回答老师提问,学生是否主动回应同学提出的问题等。

观察量表及观察结果如下:

	向心力 教学环节	概念建立 (环节1—3)	公式推导 (环节4)	验证公式 (环节5)	拓展 (环节6)	应用 (环节7、8)
学生思考	独立思考的机会	较多	让学生有思考内化时间	学生分组验证	学生自学,就近交流	3个巩固性问题
	充足的思考时间	适中	充足	充足	充足	充足
学生提问	提问机会	没有	2个	组内随意提问	充分	3个
	学生主动提出问题	无	3次	组内交流频繁	就近讨论较多	
教师提问	提出无效问题	无	无	无		无
	提出思考性问题	5个	无	无		
师生互动	学生问题是否被教师关注	3次	3次	11次	讨论时2个学生提出问题	3次
	教师对学生问题做出合理回应或引导	2次	3次	11次	2次	2次
	学生回答老师提问	5次	无	5个小组汇报实验结果		5次
	学生对同学的回答或提问做出回应	4次	2次	组内交流频繁	1次	3次

3. 观察结果分析及教学建议

(1) 观察结果分析

在第一个教学环节中,董老师向学生提出问题,使学生思考做圆周运动的物体速度变化特点和受力特点,从而理解向心力概念,这为学生提供了思考的机会,也为学生提供了发表看法的机会。但是互动层次不够深,展开不够。第二个环节——向心力公式的推导,以老师讲学生听为主。第三个环节——用实验验证向心力公式,给予了学生足够的合作、交流、讨论的机会,课堂上学生的互动活跃,卓有成效。第四个环节——把向心力概念从匀速圆周运动拓展到非匀速圆周运动,以学生自主学习为主。知识应用环节,对问题的解决,在学生回答错误的情况下,老师逐步引导启发,使学生问题得到了充分的解决。

这节课在激发学生在独立思考的基础上,通过交流讨论实现意义的建构做得较好。课堂上老师关注学生的观点,重视从学生的观点出发,通过对话达到认识的深化。但学生之间、师生之间的互动层次还不够高,基本上停留在简单问题的交流上。

(2)教学建议

物理概念的学习,最重要的在于理解。教师要为学生创造思考、提问的机会,要为学生留出足够的发表见解和讨论的时间。比如,向心力概念的教学,可以让学生思考这样的问题:我们知道,线拉着小球在水平面上做圆周运动,线一定是拉紧的,也就是说,线对小球有一个指向圆心的作用力,小球运动快慢不变,为什么需要线的拉力?就这个问题展开讨论,能使学生理解在圆周运动中力与速度变化的关系,能使学生理解向心加速度概念,能使学生理解在圆周运动中,仍然是作用力产生加速度。再如,在理论上推导了向心加速度的表达式之后,应该给学生反思和发表自己困惑的机会,在这里,学生头脑中一定会有很多问题,只有学生明确自己的问题,发表出来并通过讨论解决了,学生才能真正理解这个推导过程。

报告5:提问的有效性(陈爱萍、李丽华、杨亮、曹天福)

1. 观察点选点说明

提问是课堂教学中重要的教学方法,也是本节课重要的教学方法之一。提问的技巧关乎教学的效果。恰如其分的提问不但可以活跃课堂气氛,激发学生学习兴趣,了解学生掌握知识的情况,而且可以开启学生心灵、诱发学生思考、开发学生智能、调节学生思维节奏,还可与学生作情感的双向交流。通过提问还可以引导学生进行回忆、对比、分析、综合和概括,达到培养学生综合素质的目的。

2. 观察表及观察结果说明

教师提问的有效性的观察,需从"教师提问——学生回答——教师理答"角度作整体性判断。观察教师提问,首先要对其进行界定,我们把凡是能引起学生思考或需要学生主观判断的语言表达都认为是"教师提问",但"是不是"之类的口头禅除外,观察时以实录方式进行。观察学生回答,考虑到学科特点和思考时间,则从回答的方式角度进行观察。观察教师的理答,也从理答方式的角度展开观察。此外,问题的层次和指向也是提问有效性的重要指标。据以上分析,我们设计了如下观察量表,并得到了相关的观察结果。

教师提问(实录)	学生回答方式						教师理答方式					问题本身				
	思考时间	无应答	齐答	个别答	自由答	汇报	代答	不理	重复	鼓励	追问	识记	分析	评价	清晰	模糊
线速度大小方向有何特点?	无			√					√			√			√	
合外力的方向及合外力的作用效果如何?	无		√						√			√			√	
做匀速圆周运动的向心力的概念,有何特点?	无		√						√			√			√	
向心力的来源?	5s		√							√	√				√	
向心力的大小与哪些因素有关?	60s			√					√				√		√	
速度改变量是哪个?	无							√				√			√	
a = ?	无	√						√				√			√	
圆锥摆受到几个力作用?	3s		√						√			√			√	
高度 h,时间 T 如何测量?	10s				√				√			√			√	
变速圆周运动的向心力?	30s				√					√			√		√	
变速圆周运动的向心力来源分析?	6s	√							√		√				√	
小球碰到钉子时线速度会不会变?为什么?	10s			√					√		√				√	
为什么钉子越靠近小球,绳就越易断?	10s	√							√		√				√	
小球在运动过程中所受的合力指向圆心吗?	无	√							√	√					√	
什么力提供做向心力?	5s			√					√		√				√	

3. 观察结果分析及教学建议

课堂观察结束后,我们依据记录的资料进行了分析,分析结果如下:

问题本身		方式	频次
指向	明确	17
	模糊	0
层次	识记	8
	综合分析	9
	评价	0

学生回答	方式	频次
	无应答	2
	集体齐答	8
	自由答	4
	个别回答	3
	讨论汇报	0

教师理答	方式	频次
	打断或代答	0
	不理睬或批评	0
	重复答案	6
	追问	4
	鼓励称赞	7

（1）问题指向明确、表达清楚。学生的回答与教师的提问是相对应的，问题的指向是否清晰与学生是否应答情况相对应，问题的层次与学生的应答方式情况相对应。从最后的统计分析可知，学生基本能根据教师的提问作答，"无应答"的2处也只是教学环节中出现的冷场。

（2）提问的思维层次搭配合理。按照布卢姆目标分类说，提问可以分为六个层次的问题，其中有关知识、理解、运用的提问属于低层次思考水平；而有关分析、综合、评价的提问属于高层次思考水平。从我们记录结果（8次识记，9次综合分析）来看，教师能在课堂教学中，围绕教学目标，根据教学内容设计不同思维水平的问题，提问的设置是合理有效的。

（3）理答方式有待改进。一般情况下，教师理答可简单地分成满意或不满意，满意的表现通常是称赞，不满意的表现通常是打断、代答、批评、不理睬或追问；重复答案则是教师强调或学生发言不够清晰，对学生回答不满意的种种表现中，追问是一种更积极的态度。董老师共6次重复学生答案，其中3次是对学生答案的肯定和强调，还有3次是学生回答不够到位，建议以追问的方式理答。另外，理答时停顿时间较少。提问后应让学生有充分的时间作好接受问题和回答问题的准备；在个别提问中要尽可能地把问题分配给更多的学生。

5 化学：非金属氧化物

徐卫平[①]

【背景】

- 任课教师：徐卫平，中学一级教师，教龄6年。曾获杭州市优质课评比一等奖。
- 教学主题：非金属氧化物（高一下期末复习课）[必修一，专题3和4]
- 观察教师：化学课堂观察合作体
- 活动背景：近三年来，化学教研组开展了以教学目标为核心的系列校本研修活动，本次课堂观察的目的是对"教学目标"阶段性研究成果做出诊断与改进。恰逢杭州市"名师工程"高中理综学科培训班来我校开展活动，他们同步观摩并参与了我们的研究活动。

【课前会议】2011年6月14日下午第1节课

（一）徐卫平老师说课

1. 内容和地位

《非金属氧化物》的知识，主要分布在高中化学必修一的专题3和专题4，主要包括CO、CO_2、SiO_2、NO、NO_2、P_2O_5、SO_2、SO_3这八种非金属氧化物。

该内容是对非金属氧化物的性质的总结，也是学习非金属氧化物的思维方法（即"类别、化合价、特性"）的总结。

[①] 此课例由徐卫平主笔，附件部分为上课教师和各观察教师所写。

2. 学习目标

学习目标是面向学生的学习质量标准。为了让学生能更清楚"我将到达哪里",也为让教师能更好地了解"学生到了哪里",我采用了一种新的目标呈现形式。依据上述教学内容的分析,结合学生已有的认知结构特征及复习课的要求,我设定如下学习目标:

(1) 我能正确辨认非金属氧化物中的酸性氧化物吗?

(2) 对于几种常见的酸性氧化物,我能正确书写体现酸性氧化物通性的方程式吗?

(3) 我能从化合价的角度判断非金属氧化物的氧化性和还原性吗?

(4) 我能正确书写几种常见的酸性氧化物的氧化还原方程式吗?

(5) 我是否初步学会从"类别、化合价—物质性质"这一角度来分析某物质的性质?

(6) 通过本堂课的学习我是否感受到了学习元素化合物的性质是有方法的?

学习重点与难点:非金属氧化物的化学性质、学习元素化合物性质的一种思路。

3. 学情分析

通过必修1专题3和专题4的学习,学生学习了C、Si、N、P、S这5种非金属元素,这5种非金属元素的氧化物都已经知道了,但是涉及的知识点比较多,学生的遗忘比较严重,最重要的是知识点间的联系没有形成,知识结构化还有较大困难。

4. 教学设计

(1) 教学策略

本节课的教学容量大,思维要求高,知识点多而散。据此,本节课我主要采用问题教学法,通过单个问题帮助学生夯实知识,通过问题串帮助学生理解知识点间的关系,从而构建结构良好的知识体系。

(2) 教学环节

具体设计请大家看学案,我设计的三个环节主要解决三个问题:

环节一:认识非金属氧化物,并归纳酸性氧化物的通性(通过四个问题完成此教学环节)。

环节二:引导学生从化合价角度分析非金属氧化物的氧化性和还原性

(通过三个问题完成此教学环节)。

环节三：目标达成及检测(通过两个问题完成此教学环节)。

(3) 本节课的创新之处与困惑之处

本节课在学习目标的叙写上,我采用的是疑问句式的目标叙写形式,尤其在教学的最后环节设计了对学习目标达成情况的评价,这将是本节课的一大创新之处。我认为这种形式的目标叙写更符合学生的阅读习惯和认识方式,所以更有利于学生自我检测目标达成情况,也有利于教师对目标的达成作出准确的判断。

本节课是高一期末复习课,涉及的内容比较广,因此目标定位就显得比较困难。如果将各种概念(如酸性氧化物、非金属氧化物、不成盐氧化物等)作为教学重难点,那么本节课就会让人觉得比较枯燥。所以,我把教学目标的重点最终升华到"初步学会从'类别、化合价—物质性质'这一高度来分析某物质的性质"。但这样定位后,学生若对"酸性氧化物、氧化还原性的判断"等知识点掌握不到位,那么最终目标达成的效果就会受很大影响。我觉得在教学过程中这两者难以平衡。

(二) 观察者与徐老师的交流

张禹：你能详细说说,你准备怎样开展非金属氧化物的氧化性和还原性的教学？

徐卫平：这部分知识我主要是由 CO_2、NO_2 这两种氧化物与氢氧化钠溶液反应的方程式引入,引导学生从化合价的角度来分析物质的氧化还原性,并采用同桌之间的相互口述及有关 SO_2 气体的几个实验现象来检测达成情况。

毛红燕：本节课的核心知识是掌握酸性氧化物概念并学会判断,还有学习元素化合物性质的方法,那是不是通过环节二来落实的？

徐卫平：是的,如果时间允许的话,最后一个"试一试"也是来检测的。

毛红燕：好的,那我想要观察目标达成的话,我只要观察这两个环节学生的达成情况。那么我想问一下,如果这两部分学生完成情况如果都不是很好的话,你准备怎么办？

吴江林：就是你准备采用什么样的教学策略来落实目标？

徐卫平：其实在环节一的检测1后面有一点空间,我在这里来拓展酸性氧化物的定义,也就是作为一种补救吧,可能在学案上没有体现出来。

吴江林:我认为你说的是从教学设计上来逐步落实知识点,另外从教学策略上你是通过什么方法来落实的?比如说通过提问、小组活动,在这方面你采取的策略是什么?

徐卫平:对于这个方面,如酸性氧化物的性质的落实,我是通过检测1让学生通过 SiO_2 和 NaOH 的方程式的书写投影来评价。

吴江林:那就是通过学生作业的现场展示和评价来落实的。那你是通过师生评价还是生生评价呢?

徐卫平:主要还是师生评价。

吴江林:那么当一个环节结束了,你来评价目标落实情况的依据是什么?

徐卫平:主要还是通过学生的作业(主要就是方程式的书写)完成情况,如果有些学生连 Mn_2O_7 的方程式都写出来了,那说明已经掌握得很好了。

吴江林:那么你在选取检测对象的时候有没有安排,比如学优生还是学困生?

徐卫平:因为我也是借班上课,刚才徐健老师已经把这个班级的学困生和学优生的座位表给我了,按照我的想法,像第一个目标的落实我还是想找一些学困生来检测,因为这一块是一个基础,而后面象 SO_2 的知识就找一些中等生来检测,而像最后试一试那个 Cl_2O 的性质难度比较大,可能就找一些学优生来检测,至于达成情况可能还是要通过我课堂上的巡视来观察的。

吴江林:作为被观察者,你觉得哪些地方还是有些困惑的,需要同伴来观察呢?

徐卫平:主要还是目标达成情况,课堂上我不可能关注到所有学生,所以,我想同伴能大范围地帮助观察一下,达成的目标主要有两点:一就是基础知识如检测1和检测3中方程式的书写;二是通过学生的自测,事后收起来统计来判断学生的达成情况。

毛红燕:那我和吴老师都观察目标达成这个点。

李建松:我想问一下,你学案里的这个表格2是干什么的呢?

徐卫平:我设计的时候是这样想的,如果学案把所有的设想都写在上面,学生就没什么兴趣了。表2建立在表1的基础上,让学生对表1中列出的非金属氧化物进行分类。我的设想就是学生能分清酸性氧化物和非酸性氧化物。

李建松:能不能让学生在上面就分掉呢?

徐卫平:我觉得是一样的,我这个表格中还有一个目的就是有些学生能从化合价角度来区分,这也为我环节一的第3点作出了铺垫。

李建松:主要是你这个表2上没有表头,所以让学生觉得没有指令。

徐卫平:这个指令到时是我口述的。

张禹:那时间就比较短,学生的接触可能比较短,学生有点困难。

吴江林:如果是口述的话,你发出指令一定要清晰,而且指令发出之后一定要留一定时间让学生去思考。

毛红燕:那我觉得也可以在黑板上板书。

吴江林:对,写了可能会比较好,因为刚才表2很多老师都不是很清楚,学生就更不知道要干什么了。

张禹:我看了你的第4条目标"能正确书写常见几种酸性氧化物的氧化还原方程式",但我看你整个教学设计中可能涉及的环节不是很多。

徐卫平:这一点我主要是通过表3和环节二中二氧化硫的性质的学习,另外也有前面的环节延伸下来。

张禹:那这个目的中"几种酸性氧化物"有没有想过具体是哪几种非金属氧化物?

徐卫平:这里主要是以SO_2为主,另外还有SiO_2和NO。

李建松:那NO_2呢?

徐卫平:NO_2主要在环节一中已经用过,在环节一中我是用NO_2作为CO_2的一个反面例子来举例过了。

李建松:那么学生举例举出后,方程式你让不让学生写?

徐卫平:主要还是我写,因为这个方程式我觉得让学生写可能有点超要求了。

(三)徐老师与观察老师讨论后确定的观察点

高三备课组另有任务不参与本次课堂观察活动,所以我们进行观察的人不多。经与徐老师讨论,大家决定本次课堂观察围绕教学目标的达成,设立两个观察点。

学生行为·活动　学生活动的有效性(李建松、洪娟、徐健、邹定兵)

课程性质·目标　目标·表现·检测(毛红燕、张禹、吴江林、刘辉、刘桂清)

【课中观察】2011年6月16日上午第3节

(一)观察工具

观察表(见课后会议分析报告),摄像机一台(全程录制课中观察及课后会议)。

(二)观察位置的选择

毛红燕、张禹、刘辉、刘桂清、吴江林五位老师所选择的观察点,由于四楼微格教室分布限制,为了最大限度减少课中观察对学生学习的影响,选择分散在学生前后排进行观察。

徐健、邹定兵、李建松、洪娟四位老师所选择的观察点,需要及时观察并记录到八位学生完成任务的情况,故选择了坐在学生中间进行观察。

参与本次活动的杭州市"名师工程"高中理综学科培训班的老师们分散在学生周围,观摩整个观察过程。

吴江林				刘　辉			刘桂清		
	△	徐健	△		☆		李建松		△
									☆
		邹定兵	△		△	☆	洪娟		
	☆		△			△		☆	
△		(过道)		☆	(过道)		(过道)		
毛红燕			讲		台			张　禹	

注:☆为学优生,△为学困生。

(三)观察过程

课前。观察者于上课前进入教室,徐健、邹定兵、李建松、洪娟四位老师坐在两排学生中间,各选定八位学生进行观察。其余老师自选位置坐好。

课中。各位老师根据自己选择的观察表进行记录数据,也有根据研究需要记录师生对话、现象描述、教学细节、即时反思等。当学生活动开展时,四位老师及时走动,观察自己周围八位学生的活动情况。

课后。各观察点老师迅速汇总自己所观察到的数据、现象等,由观察小组的组长整理并形成初步的观察结果,在课后会议上进行汇报。

【课后会议】2011 年 6 月 16 日上午第 4 节

(一)徐卫平老师课后反思

根据课后学生对目标达成的自我评价的统计结果,6 个教学目标中学生有 4 个的达成率在 90% 左右,目标 5 则只有 60% 多点,说明学生对从"类别、化合价—物质性质"这一角度来分析物质的性质的方法掌握得不好。我认为主要是自己的学法指导还不够到位。目标 4 的达成率也只有 60% 左右,说明学生在正确书写常见的几种酸性氧化物的氧化还原方程式还存在一定的问题。

出现以上现象,我认为主要原因与我的教学预设与课堂实施有关。我课前预设是学生能够书写出 NO、NO_2、CO、SiO_2、SO_2 这几种常见的非金属氧化物的有关氧化还原反应。但是从学生书写的结果来看,学生对于体现 NO 氧化性以及 SO_2 和一些强氧化剂(如溴水、氯水等)反应的方程式书写还是比较困难。我认为是课堂上对这一环节的处理缺乏一种启发式、诱导式的思维引导,对于从化合价这个角度来分析物质性质这一学习方法强化得不够。另外一个原因是在检测环节一的落实情况时,由于时间关系,我想快速推进教学进程,所以,只选了完成情况好的同学做了展示,而忽视了其他有问题的同学,展示后我直接进入了环节二,这样的处理直接影响了环节二、三的教学,尤其是在环节二让学生书写 SO_2 具有的化学性质时,有一半的同学还是没有按照分类、化合价、特殊性这三个角度去写,而是按照原先的认知去书写。如果我在环节一结束的时候再花 1 分钟时间去强化一下思考的过程及书写的格式,那么这一环节可能会完成得更好。而在环节二出现了这个问题后我立马强调了这个问题,并且在黑板上板演研究元素化合物性质的一般方法步骤,进而在环节三的"试一试",遇到了一个陌生的非金属氧化物(Cl_2O)时,我观察了 7 位学生,发现有 4 位同学能够严格地按照这种方法来书写它的有关性质及方程式,而且基本正确。所以"以学定教"的思想只有贯穿于教学的各个环节,才能真正地促进学生的学习。

(二)观察者汇报观察结果

1. "学生活动的有效性"观察小组汇报

洪娟:首先我们定义的"学生活动",是指教师处于相对静止状态,学生独立活动 1 分钟以上的学习活动。课堂上较常见的师生一答一问的学生活动不包括在我们这次观察的范围内。下面我分几个方面向大家汇报我们观察到的情况。

(1)活动时间。本节课共有 7 次学生活动,活动时间总计 20 分钟,占总课时的 50%。

(2)活动形式。活动形式主要是书写和口述,仅有一次讨论,活动形式比较单一。当然这与本节课为复习课有关。

(3)活动组织。教师的 7 次指令都非常清楚,学生都能迅速明白活动目的,并快速投入到学习活动中。

(4)活动效果。本节课我们共观察了 32 位学生(学优生 4 人,学困生 5 人,其余为中等生)完成任务的情况,将完成任务的情况分为 A(指学生全部且正确地完成老师布置任务)、B(指有少部分学生未完成老师布置任务)、C(指有近一半以上的学生未完成老师布置的任务)三个等第,本节课标为 A 的活动有 10 次,标为 B 的活动有 16 次,标为 C 的活动有 2 次。酸性氧化物的辨认,体现 SiO_2、Mn_2O_7、Cl_2O 酸性氧化物性质的方程式的书写,完成情况都非常理想,说明学生在这几个知识点的掌握上已达到教学要求,也说明徐老师的课堂教学是有效的。标为 C 的两次活动,一个是要求学生写出 7 种以上非金属氧化物的化学式,只有三分之一的同学达到这个要求,所以我们把这次活动完成情况标为 C。究其原因,大部分学生头脑中熟知的酸性氧化物只有 5 种,说明徐老师设置这个问题时对学生要求偏高。另一个标为 C 的活动是检测 3 环节(让学生书写几种溶液通过 SO_2 时的现象及体现的 SO_2 的性质),徐老师给学生的时间是 1 分钟,而学生实际花费 2.5 分钟也没有完全完成,说明这个任务学生完成有一定的困难,且学生的思维过程不像教师那么简洁,很多学生是通过书写方程来完成任务的。如果这个环节多给学生1分钟的话,达成效果会更好一些。

李建松:补充一点,学生对非金属氧化物进行分类的活动中,徐老师发出了"请同学们把这些非金属氧化物从不同角度进行分类"的指令。结果学生呈现出了各种各样的分类形式,如同主族氧化物、一氧化物、二氧化物等等。从分类这个角度来说,这些分类方法都是对的,但是对这节课目标的达成却是没有用的。所以,能不能在指令中把分类的几个关键词也说明一下,让学生按照符合我们今天这个教学主题的几个角度来分,而不是无边无际地去想,从而出现了很多千奇百怪的分类。所以,我认为指令不清,导致了学生学习出现了困难。

毛红燕:环节二中要求学生书写方程式并与同桌交流,而徐老师这里好像省略了,我个人觉得这里其实是不应该省略的,这种形式是很有效的,可以看看同桌是怎么写的,写了哪些,自己还有哪些漏了,对知识的补充是很有效的。

洪娟:也有部分同学交流了,但是很少,其实也就是相互之间对了一下答案。

李建松:对,我也认同毛老师的观点,同桌的交流对学生知识的落实是很有效的,而这里还是出在指令上,这个问题的指令实在太长了,导致很多学生没有去做,当然时间上面也稍许紧张了一点。

徐健:这个班级是我教的,我比较熟悉学生情况。一节课,我都特别注意了我旁边基础较薄弱的赵同学,他的学习过程和结果告诉我,他的收获挺大的。例如,在"分析Cl_2O具有哪些化学性质"的活动时,我看到他分析得非常好,比较全面,很有条理,这说明了这节课所教的学习元素化合物的方法他懂了。

2. "目标·表现·检测"观察小组汇报

毛红燕:课堂教学的有效性,很大程度上取决于三个方面,即学习目标的定位,教学方法的适切性,教学评价的有效性。本节课,我们从课程标准和学情、学习的行为表现、课堂检测三个方面来观察前述三大影响因素。具体的观察结果,请刘辉向大家汇报。

刘辉:我的汇报分三个方面:一是目标设置的合理性,二是学生的行为表现,三是教师现场的检测行为及效果。本节课有6个教学目标,给我眼前一亮的就是教学目标的呈现形式。以疑问句的形式呈现教学目标,体现了以学生为主的设计理念,并且在最后一个学生活动中也为我们这个组的观察提供了相当可靠的依据。下面我就这6个目标的三个方面做一个汇报。

第一个目标是"我能正确地辨认非金属氧化物中的酸性氧化物了吗?"我们认为这一目标的设置较合理,但是在要求学生辨认非金属氧化物中的酸性氧化物时,你出现了Mn_2O_7,所以该目标在逻辑上有一些问题。我们认为改为"我能正确辨认非金属氧化物、酸性氧化物吗?"更合理,学生达成这个目标的行为还是通过书写这种形式来体现的。从教师现场检测行为来看,提问了2位同学,并且教师一直在整个学生活动中巡视,还找了一些"典型"例子进行了拍照展示,但是我们认为这些例子都是按照老师的设想去寻找,其实还有很多不同的分类,说明老师对学情重视不够。从课堂结束时学生的自我检测看,绝大部分同学都认为自己达成了这一教学目标,只有2位同学在第一个目标后面的括号内打了个勾,并打了一点。

第二个目标是"对于几种常见酸性氧化物,我能正确书写体现酸性氧化物通性的方程式吗?"从学习要求看,目标的设置合理。学习过程中,学生的行为表现形式也比较多样。例如书写方程式直接达成了目标中的要求;同伴间的口述既落实知识点,又加强同伴交流,活跃课堂气氛;在讲到"Mn_2O_7是不是酸性氧化物"这个问题的时候,徐老师采用了让学生举手表决的方式,我们觉得这种形式非常有助于教师的检测。

第三个目标是"我能从化合价的角度判断非金属氧化物的氧化性和还原性吗?"目标的设置没有任何问题。学生表现行为主要是个别回答和学生口述;检测的手段就是询问,并且学生也基本能够正确表述。

第四个目标是"我能正确书写常见几种酸性氧化物的氧化还原方程式吗?"表述和实际操作是有一定差距的。从目标来看,要求让学生书写酸性氧化物的氧化还原方程,但是学生写的时候,NO、CO都出现了,所以这条目标的描述上还需要再修改一下。对这个目标的达成检测(让学生书写相关方程式)的时候,我们发现大部分学生首先是把书翻开,对着书本来抄写方程式,使得我们观察到的检测信息失真,从而难以判断学生是否真正达成了该目标。

第五个目标是"我是否初步学会从类别、化合价—物质性质这一角度来分析某物质的性质?"从学习要求和学情上看,从目标设置上来看是合理的。学生的行为表现还是比较丰富的,有记录、书写、回答、讨论等,但是时间上稍微有点紧张。从检测结果来看，学生还是没有很好地从徐老师所归纳的思路上来书写，很多学生都把注意力集中到了方程式的书写上。

第六个目标是"通过本堂课的学习我是否感受到了学习元素化合物的性质是有方法的?"这个目标的设置是合理的，但是作为观察者来讲，这点比较难观察，因为这是情感方面的目标。但是从最后的"试一试"的完成情况来看，我认为这个目标还是达成了，学生还是感受到了这么一种方法的存在，在第三个环节书写SO_2这种较为熟悉的氧化物的性质时，我观察的6位同学只有3位同学是按照徐老师归纳的方法去写，而最后在书写Cl_2O这种陌生的氧化物时，有4位同学能按照这种方法去写了。

张禹：通过下课后统计学生对这6个目标达成情况的判断，我有三点感受。

第一个目标居然有2位同学打了勾并打了一点（表示掌握得不够），作为本节课最基本的目标，我认为不应该出现这种情况。我也分析了一下原因，我在一拿到学案看这个表1和表2的时候也不是很清楚要干什么，尽管徐老师在完成表2的时候口述了指令，但是开放性太大，也就出现了学生各种各样的答案，这并不利于你整堂课的设计。若能直接给出酸性氧化物这一概念，再让学生辨别，这样是不是更好一些，也节约了一些时间？

学生对第四个目标的落实还不是很好。其实，关于第四个目标的设置我在课前会议的时候也提过，主要还是徐老师设计相应的教学环节的时候还是欠考虑，缺少一种启发式、诱导式的思维。这里应该启发学生从化合价升降的角度来思考这个问题，这样在表3下面能够设置一些更深层次的内容，其实也有同学写到NO和H_2、NH_3等反应的方程式了，这个若能顺带讲一下就更好了。

第五个目标的落实还是比较到位的。我观察的8位同学有7位能够按照这种方法去思考，但是徐老师后面设计的检测3我认为是很不合理的，这里还是让学生通过方程式、现象等角度去考虑SO_2的性质，并且没有按照上面所讲的方法去设计，将学生刚刚形成的从"类别—化合价—物质性质"这一角度来分析某物质的性质的思维又打乱了，而且这个性质也并不完整，这里面也缺少能体现SO_2氧化性的例子，能够把这个检测的形式改一下会更好一点。

（三）本次观察达成的几点结论

1. 关于目标。本节课徐老师首次采用疑问句形式呈现教学目标，形式新颖，比较感性。在课后让学生对此堂课的各个教学目标达成情况进行自我评价，我们认为这种形式，有利于学生认识教学目标，也有利于教师检测教学目标的达成情况。建议化学组全体老师在今后的课堂教学的实践中，多尝试使用这种目标的叙写方式。

2. 关于学案。本节课徐老师采用了学案教学，如何编制能有效地促进学生学习的学案，徐老师做了有益的尝试。由于复习课的容量大、题目多，采用学案教学，能为学生提供更多的活动空间，为学生留下学习的痕迹，在这一点上学案比 PPT 课件更有优势。

3. 关于课堂。徐老师本次课堂教学基本上是按照预设的学习目标来安排教学流程的。从两个观察小组所呈现的观察数据及分析来看，徐老师所设计的学生活动是非常有效的，每一个学习目标都有相应的效果检测，所以我们认为这是一堂有效的复习课。如果我们的常态课在学习目标的设置与检测、学生活动的安排这两个环节上多花心思，定能使我们的教学更上一个台阶。

4. 关于教师。徐老师本人亲和力强，上课富有激情，与学生间能形成良好的互动。若能在问题的设置、学生活动的设计与实施两方面进行长期的研究，可能会形成富有理性又激情洋溢的教学风格，建议徐老师可朝这一方向继续努力。

【附件】

（一）教案：非金属氧化物

※ 学习目标

1. 我能正确地辨认非金属氧化物中的酸性氧化物了吗？　　　（　　）

2. 对于几种常见酸性氧化物，我能正确书写体现酸性氧化物通性的方程式吗？　　　　　　　　　　　　　　　　　　　　（　　）

3. 我能从化合价的角度判断非金属氧化物的氧化性和还原性吗？

　　　　　　　　　　　　　　　　　　　　　　　　　　（　　）

4. 我能正确书写常见几种酸性氧化物的氧化还原方程式吗？（　　）

5. 我是否初步学会从"类别、化合价—物质性质"这一角度来分析某物质的性质？　　　　　　　　　　　　　　　　　　　　（　　）

6. 通过本堂课的学习,我是否感受到了学习元素化合物的性质是有方法的？　　　　　　　　　　　　　　　　　　　　　　　（　　）

※ 学习重点

非金属氧化物的化学性质、学习元素化合物性质的一种思路

※ 学习建议

通过一年的高中化学学习,元素化合物的知识已经基本学完,已经学过的非金属元素有 H、C、Si、N、P、S、Cl 等元素,它们都有相应的一种或几种氧化物。本堂课学习重点就是复习有关常见非金属氧化物的性质,而这块内容多且杂,我们可以通过"类别、化合价—物质性质"这一学习元素化合物的基本思路来分析掌握这块知识,并以此类推学习总结已学的其他元素化合物的性质。

研究元素化合物性质的一般思路：_____

※ 学习过程

环节一：认识非金属氧化物

1. 请你写出几种非金属氧化物的化学式(至少7种)。

2. 酸性氧化物的定义：_____；
定义中的关键点：_____。

检测1：下列给出的几种氧化物,请你在认为是酸性氧化物的后面打勾。

CO_____；SiO_2_____；NO_____；Mn_2O_7_____。

3. 从化合价角度认识非金属氧化物的性质：_____性和_____性。

检测2：请你从化合价的角度向你的同桌口述检测1中给出的四种氧化物具有的性质(每位同学口述2个)。

环节二：知识方法应用

以 SO_2 为例,用上述研究非金属氧化物的方法分析 SO_2 可能有的化学性质,要求一条相关性质能写出的一个相应的化学方程式或离子方程式,并与同桌交流。

检测3：将 SO_2 通入下列几种溶液发生反应,请完成下表。

序号	试　　剂	现　象	体现了 SO_2 的哪个性质
1	酸性高锰酸钾溶液		
2	滴酚酞的氢氧化钠溶液		
3	溴水		
4	品红溶液		
5	紫色石蕊试液		
6	双氧水溶液		

环节三：目标达成自测

请仔细阅读并思考"学习目标"，并在括号内用相关符号记录你本堂课的达成情况。

试一试：你能分析一下氯的某氧化物 Cl_2O 具有哪些化学性质吗？

（二）课后观察报告

报告1：徐老师的课后反思

1. 由目标达成反思目标的设置

作为本堂课的一个亮点，我首次采用了疑问句形式来呈现教学目标，给学生的感觉就比较感性，而且课后学生立刻对此堂课的各个学习目标达成情况进行自我评价，让我能很便捷、清楚地掌握学生的目标达成情况。

本堂课设置的6个学习目标，从"目标·表现·检测"观察小组汇报的数据和课后收集的学生学案来看，大部分目标的达成情况还是能够达到事先预计的程度，尤其是作为情感方面的目标6"通过本堂课的学习我是否感受到了学习元素化合物的性质是有方法的？"的达成情况，比预想的好很多，这也成了本堂课的一个亮点。当然，有些目标的落实还是有所欠缺的，例如目标4"我能正确书写常见几种酸性氧化物的氧化还原方程式吗？"从课后学生的学案可以看到，部分学生还是写了一些非酸性氧化物（如CO、NO等）的氧化还原方程式，课后分析，主要原因还是本人在课堂指令表述上还不够清晰，当然从目标的描述上来看，若将"酸性氧化物"改为"非金属氧化物"可能更合理一些。

2. 由课堂生成反思教学策略

针对本堂课的教学特点和教学要求，我通过问题链将各个教学环节链接起来，从而构建知识体系。整堂课下来，绝大部分学生还是能够在问题的引领下展开有序的学习，从学生对目标达成评价看，学生有关非金属氧化物的知识体系基本形成了,并掌握了一定的学习方法和知识体系构建能力。但在教学过程中,对于某些课堂生成的处理还有一定的提升空间。在环节一中,当学生写出几种常见的非金属氧化物后,要求学生从不同角度将这些非金属氧化物进行分类,其实学生在分类的时候想得还是比较齐全的,比如按氧原子个数分类、按状态分类,这些分类方法都是合理的,但是对本堂课目标的达成帮助不大。因此在课前设计问题链的时候对这个指令如果能加一些限制范围的话,学生活动的效果可能会更好。

报告2:学生活动的有效性(洪娟、李建松、徐健、邹定兵)

1. 观察点选点说明

选择学生活动的有效性作为研究这节课的切入点,主要是考虑学生学习是课堂的主要活动,教师既通过设计学生活动,达成自己的预设目标,又能从学生活动的实际情况判断本节课的目标达成情况,并适时地调整自己的教学设计,促进教学目标的达成。

2. 观察表及观察结果说明

根据本节课的学生活动设计特点,我们将本节课的"学生活动"的含义,界定为教师处于相对静止状态下,学生相对独立地各种学习活动。影响学生活动的因素中,活动内容、活动形式、活动耗时、活动组织等都对活动效果有重要影响。据此,我们设计了如下观察量表,并得到了如下观察结果:

环节	活动内容	活动形式与耗时					活动组织		活动效果(描述:A. 较好;B. 一般;C. 欠缺)		
		口述	书写	实验	交流	其他	教师对学生活动的指令:W·H·W	任务完成情况及原因分析	目标达成的有效性		
									知识	能力	情感
认识非金属氧化物	1. 写非金属氧化物、分类		1 min			3 mins	请写出非金属氧化物(A),并从不同角度分类(B)	写出7种以上的不多(激励不够) 分类: ① 一个O,两个O…… ② 化合价,CO_2、SiO_2,未归于最高价氧化物 ③ 酸性氧化物(只有1/4这样分) ④ 按状态分(B)	√	√	

（续表）

环节	活动内容	活动形式与耗时					活动组织		活动效果（描述：A. 较好；B. 一般；C. 欠缺）		
		口述	书写	实验	交流	其他	教师对学生活动的指令：W·H·W	任务完成情况及原因分析	目标达成的有效性		
									知识	能力	情感
认识非金属氧化物	2. 酸性氧化物的判断、书写方程式		2 mins				判断是否属于酸性氧化物，并选一个写出体现酸性氧化物性质的方程式(A)	5/8 正确(A^-)	√	√	
	3. 从化合价角度说性质，按要求写反应	1 min	3 mins				① 向同桌口述四种氧化物具有的性质(A) ② 写出体现 SiO_2 氧化性、NO 氧化性、还原性的方程式	产物写出 CO_2 的有 1/3，NO 氧化性的方程式很多没想起(A^-)	√	√	
知识方法应用	4. 以 SO_2 为例完成其有关性质的反应		3.5 mins				用上述研究方法分析 SO_2 可能有的化学性质，一条性质写一个反应(A)	体现氧化性 3/4 对，2/4 写得全，漂白性 0 人(A^-)	√	√	
	5. 完成检测3		3 mins		√		A	与溴水反应判断错误。还有 1/4 同学未完成(B)	√	√	
目标自测	6. 记录学习目标达成情况					2 mins	A	目标中的第4,5部分同学未打√(A)			√
	7. 分析 Cl_2O 可能有的化学性质		2 mins				A	大部分学生有完整思路(A)	√	√	√

注：学生活动组织主要指教师对学生活动的指令，具体描述为谁(Who)以什么形式(How)做什么(What)，简称 W·H·W。衡量的标准为：A. 所有学生能获得较为准确的指令；B. 指令不清晰但大部分学生能理解；C. 指令不清晰且大部分学生不能理解。

3. 观察结果分析及教学建议

（1）学生活动的内容与形式。本节课，学生活动次数较多，我们将某些学生活动合并后，分析出有 7 次主要的学生活动，共20分钟，占到了本节课总时间的一半。这充分体现了学生主体、教师主导的教学理念，这样的复习课，学生是复习的主体。从活动形式上看，书写、交流是复习课中常用的学生活动形式。

（2）教师对学生活动的组织和任务完成情况及原因分析。教师指令清晰,除了有一处(对非金属氧化物进行分类)指向不够明确外,其他的指令都为 A 级,这与教师精心设计问题分不开。当然,我觉得教师指令的清晰与本节课使用学案也是有关系的,大部分问题都呈现在学案上,学案的有效设计有利于学生弄清下一步该干什么。

（3）七项学生活动任务完成情况基本上较好,但也有不理想的。比如,对非金属氧化物进行分类,由于教师没有指明从什么角度进行分类,学生的分类方法五花八门,甚至有的学生自创了分类的方法(如按 O 原子个数分,这种分类方法没有意义),很多学生并没有按照教师预设的,从性质角度、化合价角度分类。从学生学习行为看,这主要是教师指令不够明确造成的。但是,这也是一处很好的课堂生成,教师可以对学生各种各样的分类方法进行适当地点评,对他们的创造性给予肯定,同时对他们的规范性进行强化,这样处理可能更好。另外,"完成检测3"这一任务完成情况也不理想,分析其原因,主要是教师留给学生的时间不够,仅两分钟左右,有的学生连文字都无法写完整,更别说完成一个综合性如此强的题目了。本节课学生活动任务完成情况特别好的,应该数"分析 Cl_2O 可能具有哪些化学性质"。完成此检测时,大部分学生有完整的思路,这项活动任务完成得好,说明学生基本掌握了从"类别、化合价"角度分析物质性质的方法,本项活动可谓是画龙点睛之笔。此外,第四项学生活动,省略了"并与同桌交流"这一项,也许是教师忘记,也许是由于时间关系故意省略,学生若能相互学习、好好利用同学之间的资源,比通过教师讲解所学到的将更丰富。

（4）学生活动对目标达成的有效性。本节课的六条学习目标主要分成两类,前五点着重知识与技能、过程与方法目标,第六点着重情感目标。七项学生活动紧紧围绕这六条教学目标展开。比如,"写非金属氧化物并分类、判断酸性氧化物与书写反应方程式、从化合价角度说性质"这三项学生活动落实了前三条教学目标,而"以 SO_2 为例完成其有关性质的反应"则是进一步巩固了学习方法,升华了所学知识。再如,"分析 Cl_2O 可能具有哪些化学性质",通过学生对陌生物质的分析,进一步提升了学生能力,促进了教学目标的达成。在目标达成方面,美中不足的是,学生在书写方程式时,给人的总体感觉是先想方程式有哪些,再去判断化合价升降,而不是先考虑化合价怎么变,再去回想相应的方程式,这就体现了学生在解决问题时的方法问题。希望在这些方面,教师能多给些指导。

报告2:目标·表现·检测(刘辉、毛红燕、张禹、刘桂清)

1. 观察点选择说明

课堂教学的有效性,很大程度上取决于教师设定的教学目标是否合乎课程标准,是否适合学生的学习情况。而教师要判断学习目标是否达成,学生在课堂上的表现及教师针对学生表现所设计的检测环节就显得非常重要。所以,我们选择此观察点,通过在课堂上收集到的数据和证据,判断目标达成情况,为教师今后的教学提供帮助。

2. 观察表及观察结果说明

观察教学目标的合理性,我们主要是根据课程标准、复习课的要求、学情作出判断的。这节课的学生行为表现,主要体现在记录、做课堂练习、个别回答、集体回答、讨论汇报、聆听思考等方面;教学检测主要从教学目标是否被检测、检测的方式及结果三个方面展开观察。据此,我们设计的观察量表及结果如下:

目标			学生行为表现	目标检测		
教学目标	性质			检测	检测方式	检测结果
1. 正确辨认非金属氧化物中酸性氧化物	合理,描述需修改		②③⑦	是	提问、巡视、投影个别学习成果(选取成果单一)	抽样,5/6达成目标
2. 正确书写常见酸性氧化物体现通性的化学方程式	合理,描述需修改		②③⑧举手表示赞同	是	巡视、投影个别学习成果(选取成果单一)	抽样,6/6达成目标
3. 从化合价的角度判断非金属氧化物的氧化性和还原性	合理		③⑧与同桌之间口述性质	是	提问	很好
4. 正确书写常见酸性氧化物的氧化还原方程式	合理,描述需修改		②⑦	是	巡视、投影个别学习成果	学生基本都是翻书完成的方程式书写
5. 初步学会"类别—化合价—物质性质"这一角度来分析某物质性质	合理		①②③⑤⑦	是	巡视、提问、追问	抽样,3/6的学生明确列出研究物质的方法,其余不明确

目标		学生行为表现	目标检测		
教学目标	性质		检测	检测方式	检测结果
6.感受学习元素化合物性质的一种思路	合理	②⑦	是	提问	抽样,4/6的学生明确研究物质性质的方法

注:记录说明:学生的行为表现记为:①记录,②做课堂练习,③个别回答,④集体回答,⑤讨论汇报,⑥动手实验,⑦聆听思考,⑧其他。

3. 观察结果分析及教学建议

(1) 教学目标定位的合理性。通过对教学过程的观察,结合复习课的特点,我们认为本节课的6个目标定位都很合理,只是个别目标的表述在教学实施过程中稍有偏差,可能是目标表述有点歧义。如目标1中"正确辨认非金属氧化物中的酸性氧化物"若改为"正确判断酸性氧化物,并能辨别酸性氧化物与非金属氧化物之间的关系"意思会更加明确;目标2中"正确书写常见酸性氧化物体现通性的化学方程式"若改为"知道酸性氧化物的通性,并正确书写相关反应方程式"是否更合理?目标4中"正确书写酸性氧化物的氧化还原方程式"改为"书写非金属氧化物体现氧化性或还原性的反应"是否更合适?

(2) 学生的行为表现。在徐老师的课堂上,学生的行为表现多种多样、丰富多彩,充分调动了学生的各个器官,使学习过程紧张有序,思维活跃,值得借鉴。

(3) 目标检测。从观察的情况来看,徐老师充分利用了多媒体投影的功能,将学生纸质的书写情况投影出来供全班同学参考、点评,非常值得借鉴。但这里我有个疑问,为什么教师在选取投影材料的时候,不是选取大多数人的代表而是选取那个最符合教师预设答案的纸质练习投影呢?比如,在检测第一个目标达成情况时,学生书写的非金属氧化物分类的问题,我周围的6位同学分类的标准都是用诸如"一个氧原子、两个氧原子、多个氧原子,物质形态、物质的晶体类型"等等,少有人是按化合价、酸性氧化物碱性氧化物来分类的。既然是大多数,为什么不把他们的思考也投影出来,作为最重要的学习资源呢?其实,这是最重要的学习资源,而且是课堂上生成的学习资源,非常有价值,这需要引起老师们的重视。

（4）一点感悟。徐老师本节课最新颖的地方就是他的目标设置都是疑问句形式，而且后面留有括号，为学生判断自己的目标达成情况留有余地，又便于教师对目标达成情况的收集。课后从学生自己的判断结果上来看，目标4的达成情况不是很好，我当时观察的结果是学生基本上是翻书完成的，这也印证了这一点。建议徐老师坚持此种目标叙写的方式，期待在今后的教学展示中给我们更大的惊喜。

6 生物：图表信息专题复习

吴江林[1]

【背景】

• 任教教师：吴江林,教龄 19 年,中学高级教师。在长期的教学实践中,吴江林老师形成了"严谨开放,体悟关爱"的课堂教学风格。他是余杭高级中学生物教研组组长,余杭区生物学科带头人,余杭区名师,浙江省生物教学与教研基地负责人。

• 教学主题：图表信息专题[高三第二轮专题复习课]

• 观察教师：生物课堂观察合作体成员

• 活动背景：生物组开展课堂观察活动三年(2006.5—2009.5)来,被观察的教学内容都是新授课,从未涉及过复习课、习题讲评课、学法指导课的课型观察。我们合作体认为,随着观察能力的提高,我们应该在这三方面有所突破,而本次被观察的"图表信息专题"则是包含了上述三个方面的综合课,希望通过本次观察为研究这三种课型积累经验。

【课前会议】2009 年 5 月 20 日下午第四节

(一) 吴江林老师说课

1. 主题分析

生物学科在发展过程中,不断地借鉴其他学科的研究方法来研究生

---

[1] 此课例由吴江林主笔,附件部分为上课教师和各观察教师所写。

物学现象和问题。例如,借鉴数学方法来研究和表征生物知识以及生命活动规律,这对促进生物学科发展有重要意义。同时,生物学科正在向宏观和微观两个方向发展,不论是哪个方向,都难以脱离"抽象"的特征,要表征这种"抽象",除了文字外,图表无疑是一种重要的方法,它是生物学科交流与表达的重要工具。

凡是含有图和表的生物试题可统称为生物图表题,它是用图表作为命题材料来阐述生物学事实、概念、原理和规律的一种题型。生物学的图表来源于生物科学研究,呈现了研究过程与成果。由于图表的文字阅读量小但信息含量大,数据直观明了但思维含量高,对信息的获取、处理、表达能力要求高,这些特点使图表信息题不仅成为生物高考的重要题型,也成为多年来生物高考必考的题型。而从试题特点和学生平时的学习表现看,图表信息题也是让学生倍感困难的题型。

本节课涉及的图形,主要是数学坐标图。坐标图的解题策略可分为四个环节:识图(获取信息)——析图(处理信息)——用图(表达信息)——构图(图形转换)。本课时的教学内容,主要是有关坐标图的四个基本方法,一是获取坐标图信息的基本方法——看纵横坐标、看曲线上的关键点、看关键点间的变化趋势;二是分析坐标图信息的基本方法——根据坐标的含义、关键点、趋势线,综合分析特殊点出现的原因及点与点之间的变化趋势;三是利用坐标图信息的方法要点——联想、迁移、应用;四是建立坐标图的基本方法——先确立横、纵坐标的表达含义、刻度和单位,后描关键点(起点、拐点、交点、终点等),最后要给坐标曲线图命名。

2. 教学目标

根据以上分析,本节课的教学目标制定如下:

(1)通过分析典型例题,总结获取、处理、利用坐标图信息的基本方法。

(2)通过分析典型例题,总结图表信息题的几种答题策略。

(3)通过分析典型例题,学会利用图表方法表征信息和呈现解题思路。

3. 学情分析

图表作为一种重要的表达方式,有其自身的表达逻辑和规范,这对学习能力提出了较高要求,从而成为学习的难点和重点。综观近几年来生物高考的内容和题型,图表信息题是重点的考查题型。而从平时学生的学习情况和每年高考阅卷反馈的信息看,这种型题也往往是学生失分比较多的题型。尽管原因可能有多方面,但在认识图表、分析图表、应用图表三个方面存在的知识与方法欠缺是导致失分的重要原因。这些知识和技巧尽管在平时的教学中,都有渗透和讲解,但未做系统的复习,存在着知识与方法零碎不系统、运用能力不强、解题信心不足的问题。

这次上课的班级是高三(9)班,该班课堂学习气氛一般,思维较活跃,学困生和学优生的差距较大,但学优生的思维品质和学科基础比较突出。

4. 教学设计

(1) 教学模式

本节课的教学采用OAE学案教学模式[①]。我将坐标题的解题方法分解为四个基本环节,并归纳出了每个环节的解题要点(方法与技巧),考虑到课型的特点、课时限制、学生的基础,我将四个环节的基础知识都提前呈现在学案上。这样做的目的是便于学生课前的预习,减少学生在课堂上的笔记量。同样,例题也呈现在学案上,让学生能在课前通过自主学习,对所学内容有一个相对深入的了解。这样课堂上便能集中精力于解题方法与技巧的运用,形成知识(方法)体系。

(2) 教学方法

由于课型的特点,本课时采用"导读(理解方法)——例析(运用方法)——建构(形成体系)"的方法,通过师生互动、生生互动的形式,逐步落实解题方法,提高解题技巧,增强解题信心。

(3) 教学环节

教学环节一:识图。这是本课时的重点。创设了例题1,通过例题1逐步落实识图方法的要点。由于课前学生已完成了相关例题,课堂上,我主要采用导读和提问等方法引导学生掌握辨识坐标图的主要方法和技巧。该环节是这节课的基础,也是坐标图题型的解题基础。

教学环节二:析图。精选了例题2和例题3,由于课前学生已预习,课堂上主要采用教师提问、学生板演、学生互评的方法,检测学生析图能力的达成情况。

教学环节三:用图。这是本课时的难点。精选例题4,在引导学生解决

---

① 详见《OAE学案教学:一种基于课程标准的教学模式》,当代教育科学,2012年第22期。

例题4的过程中,通过阅读指导、师生互动、学生板演和解说等活动,引导学生"联想、迁移、应用",强化学生用图解决问题的习惯,提高解题能力。

教学环节四:构图。精选了例题5,通过板演、提问、讲解、学生互评等方法,帮助学生形成构建图形的方法体系。

(4)教学创新

教学内容的选择,使本节课能较好集知识复习、习题讲评、学法指导三种课型于一体,对提高复习效率是一种有益的尝试。本节课采取学案教学模式实施教学,较符合二轮复习的特点,也能较好地体现"以学定教"和"教学即评价"的教学思想。解题方法的先期总结和呈现、例题的自主创新、教学方法的组合,都是一些新的尝试。

(5)教学困惑

这堂课学生活动比较多,要求我有较强的课堂应变能力,组织和引导学生学习的能力,与学生互动的技巧,这些方面在高考前的学法指导课中显得尤为重要,但又不易把握。

如何在复习课、习题讲评课、学法指导课中体现新课程理念,引导学生高效地展开学习,体现学习的主动性,自主建构知识体系是一个很大的挑战。

观察建议,请大家针对本节课教学设计中的创新和困惑展开观察。

(二)吴江林老师与观察教师的交流

彭小妹:高考前的学法指导课,是一种难把握的课型。这节课涉及的图主要是坐标图。我在平时的教学中,对坐标图的学习指导感觉不系统,比较零散,所以,我想观察坐标图的解题策略,请问吴老师,本节课主要采用哪些方法让学生掌握坐标图的解题策略?

吴江林:总的来说,是通过师生互动和生生互动来实现,互动的形式主要是提问、理答、板演等。

郑超:知识体系建构课、习题讲评课、高考前的学法指导课是难上的课,是公开课中一般要尽力避免的课,但这节课却是三种课型叠加的课,更是难上加难。如何让学生有效地掌握学习方法?如何将解题方法与技巧有机地融入到习题的讲评中?这些是我非常感兴趣的问题,我想观察教师对学习方法的指导。

吴江林：可以更多地看看各种方法的综合运用情况。

喻融：图表信息题的解题策略和技巧在学案上都有，学生看看也明白了，但如何让学生真正掌握却是一件很不容易的事。听吴老师的介绍，主要是通过师生的互动来实现这一个目标。我想观察师生互动。

吴江林：这个观察点和彭小妹的差不多，你们再商量一下，可以相互借鉴。

路雅琴：吴老师，我对小喻的问题也很感兴趣，我想和小喻合作观察。

吴江林：好的。

钟慧：我和(屠)飞燕一年来都在研究教师的呈示行为，我们还是想继续合作，深入研究。我想这次重点从讲解和板书两个方面观察呈示行为。

吴江林：好的。可以多关注讲解与板书的配合。

姜平：我这一年的研究主题是教师的提问，根据吴老师的上课风格和这节课的特色，教师的个别提问可能比较多，这节课我和曹晓卫老师合作观察吴老师的"个别提问"情况。

吴江林：这节课我将采用大量的追问，你可以重点观察这方面。

（三）吴江林老师与观察老师讨论确定观察点

教师教学·指导·解题方法的教学方法的种类与运用效果(郑超)

教师教学·指导·教师对坐标图解答策略的指导(彭小妹)

教师教学·对话·个别提问的有效性(姜平、曹晓卫)

教师教学·呈示·教师讲授与板书的有效性(屠飞燕、钟慧)

教师教学/学生学习·对话/互动·课堂中师生互动的有效性(喻融、路雅琴)

【课中观察】2009年5月21日下午第2节课

（一）观察工具

观察表(见课后会议分析报告)，摄像机一台。

（二）观察位置的选择

根据这节课的特点和观察点的选择，观察者的位置如下图。

			讲	台				
				★	▲		★	
▲			★					
		喻 融			★			▲
		路雅琴	▲			郑 超	★	
★					★	▲		★
	▲							

钟慧、屠飞燕、曹晓卫、姜平、彭小妹、徐晓芸(特邀)

注：★为学优生，▲为学困生。

（三）观察过程

各位观察老师根据自己开发的观察表进行观察记录，有数据的记录，也有课堂实录，还有一些老师有即时反思。

【课后会议】2009年5月21日下午第3节课

（一）吴江林老师课后反思

吴江林老师从目标达成、教学行为、课堂生成这三个方面进行了课后反思，并谈了自己的一点感想。

1. 目标达成

课前，我发放了学案，让学生完成学案上的例题，回收后进行了批阅。所以，学生的问题我在课前已基本了解，这让我的教学设计有较强的针对性。

从学生的回答、板演、表情、学案上的例题完成情况看，学生对识图和析图的要点掌握得比较好，在用图的环节上还有待继续巩固，构图的要点掌握得比较好。总体来说，教学目标得到了较好的落实，通过本节课的教学，学生对坐标图的解题策略和技巧形成了比较系统的知识体系，学生获取信息、处理信息、表达信息的能力有了一定的提高。

2. 教学行为

本课时，我的教学行为主要是提问和讲授，由于课型的限制，讲得比较多,但主要采用了导读、例析、追问的教学方法,应该说体现了新课程的理念——学生是课堂学习的主体,教师的角色是组织者和指导者,使学生的思维在本节课得到了较好的训练,学法指导做得还不错。

由于课时的限制,本课时没有设计学生讨论等活动,使得课堂气氛不够活跃。尽管学生一直在跟着老师"转",但略显"累"。总结归纳大多是我在做,学生参与不够,从学生提出的问题数量和质量看,学习效果受到了一定的影响。

3. 课堂生成

本课时,从理论上讲,学生在课堂中的生成应该比较多,但实际上,有许多问题没有呈现出来。原因是讲课的进度比较快,教学内容比较多,所以留给学生反思和提问的时间也就不够。当然,还有可能是我过于强势。

4. 一点感想。我认为这种专题课可以提前到二轮复习开始时讲授,这样的效果会更好。因为"方法"不是一节课能学好的,不如先有个总体的印象,然后再慢慢落实渗透,学生在不断的体验与强化中才能真正理解掌握。

(二) 观察者简要报告观察结果

彭小妹:学生掌握解答坐标图的策略的途径及效果

这是一节学法指导课,这种课我感觉难以把握,我常常是以讲授为主,通过这节课的观察,我有感受如下:

一是解题方法的总结归纳很重要,这也是一种"知识",但这需要平时的积累和总结。本节课所需的解题策略、方法要点,吴老师全部都进行了归纳,并呈现在学案上,供学生预习和复习,这些东西没有平时的积累是做不到的。这提醒了我对教学要不断地进行自我反思。

二是在课堂教学中,这些"知识"要花足够的时间才能让学生掌握。例如,本节课的识图环节花了 15 分钟,这是很有必要的,而且,我观察到吴老师在后面的三个教学环节中还不断地重复、强调和深化,慢慢渗透。我认识到对于一种学习方法或一种解题策略,需要教师在教学中长期强化,进而让学生掌握并形成习惯。

三是要让学生用好图,需要正确有效的教学策略。例如,用图环节的教学，吴老师利用了导读、示范、应用、引导、总结等方法，达到了很好的效果，这是这堂课非常精彩的地方，花了16分钟，时间分配合理。相比于吴老师的多种教学方法的综合运用，我在学习方法与解题策略的教学中更多的是讲授和灌输，今天这节课让我感受很深。

四是图文转换、图图转换、图表转换是解答图表题的重要方法。从本课可以看出，引导学生回归课本、重视课本、理解课本中的经典图形非常重要。例如，例1的图三和图五、例4等，吴老师与学生一起研读课本，在高考前的复习教学中，这样做无疑传递了这样的信息，这些方面在这节课得到了很好地体现。

郑超：解题方法的教学方法的种类与运用效果

最能体现解题方法教学技巧的环节是"用图"，吴老师在这个环节充分地调动了各种教学手段，取得了很好的教学效果。

一是与学生一起阅读。引导学生阅读学案上的解题方法，引起学生的重视，通过语调和节奏的变化引导学生"悟"；引导学生阅读课本，引起学生对课本的重视与回归，培养学生良好的阅读习惯。

二是学生板演与自己解释相结合。学生的板演能大致反映学生的学习情况，但图形只是一个抽象化的模型，学生自己是否真正理解了，还有待检测，吴老师采用了"自己画的图自己给大家一个解释"的办法，看似简单，实则能很好地检测学生的理解程度，增加暴露错误的机会，为教学提供了机会。

三是追问。问什么、问谁、怎么问，大有学问，吴老师针对思维断点，以追问步步深入，面向全体学生（好、中、差兼顾），让我深受启发。

四是总结提炼。一种方法从解释到运用，需要在教师的指导下，与学生一起去总结归纳，才可能帮助学生形成完整的方法体系。

我的感受是，精选例题——给出解题方法——引导学生动口、动手、动脑——归纳总结，构成了学法指导的基本环节。我在今后的教学中也要这样去做，加强落实。

姜平：个别提问的有效性

本节课我主要从以下几个方面观察个别提问的有效性。

一是提问的目的。本节课共产生了13个问题链，其中，强化知识落实的有3个，检测学生的掌握情况的有6个，教学环节之间过渡的有4个。检测类的提问占46%,这与本节复习课的课型是相适应的。

二是提问的指向性。13个问题中的12个指向都非常清晰,学生清楚地知道教师要问什么,该回答什么,使师生间的互动能高效地进行。但问题9的表述:"A、B这个区域与M1、M2的对应关系?"有些模糊,因为此前教师在黑板上标注了两点A、B。虽然教师在A、B两点周围各画了一圆圈表示两个区域,但还是感觉不够清晰,这从课堂上学生的回答可以得到验证。

三是提问的层次性。13个问题中的12个属于层次Ⅱ,要求较高,这与本节课的复习目标是一致的。层次Ⅰ的只有1个,这与高考前的复习课是相适应的,而且这个问题用在上课开始的时候,可以帮助学生随着教师的问题而快速进入学习状态。

本节课,吴老师对学生回答的评价呈现出两大特色。

一是在学生回答出现不全面、不清晰的情况时,吴老师的追问一环扣一环,让学生在一个个小问题中澄清了困惑。例如,问题3中的7个追问,非常精彩,让学生的错误完全得到了呈现和纠正,提高了学生学习的参与度、思考深度,有利于学生全面深入地掌握相关内容。

二是吴老师的评价方式除了常规的师生互动外,还采用了一些生生互动。如,问题4的评价,吴老师请第二位学生评价第一位学生将柱形图转化成曲线图的好处。第二位学生的回答非常精辟,类似于教师的评价,当其他同学听到这样的评价,我想对其他学生有着很好的激励作用。

钟慧、屠飞燕:教师讲授与板书的有效性

根据课前会议的交流,本次观察重点是讲授与板书。观察结果与结论如下:

1. 讲授。本节课共有四个教学环节,讲授(包括提问)共用时约32分钟。可见,讲授是本节课的主要教学行为,是学生获取信息最主要的途径。

本节课的呈示行为有讲授、板书、动作、学案,吴老师根据每个教学环节的需要和特点,对这些行为进行了组合运用,并且,学案自始至终成为课堂呈示的主线,取得了很好的效果。解题策略——例题——讲解——师生交流——学生反思,这样的呈示方式贯穿于整节课,这对高考前的专题复习而言是非常有效的。

我们从"用直白的语言描述观点;借助例子描述观点;重复等强调方

式;步骤清楚,有逻辑性;讲解中给学生提问机会"5个方面观察了讲授教学行为的效果。从观察结果看,吴老师每个教学环节都采用了这5种方法,可见吴老师的讲授形式非常丰富。尽管讲授时间多,但一节课学生自始至终都保持了很高的注意力和兴趣,这与这些方法的综合运用是分不开的。例如,识图环节的讲授精练而高效,后三个环节又不断重复强化,收到了较好的效果。再如,析图环节的柱形图与曲线图的转换,步骤非常清楚,按照学生的认知特点步步深入。每个环节结束时,吴老师都要问"还有问题吗?"给学生留下了进一步学习的机会,也利于教师发现和解决一些讲授中没有完成的目标。

2. 板书。我们从"配合讲述板书;为识记、保持、再现学习内容提供线索;板书形式与教学目标、学生特征的匹配程度;提供学习内容的要点和结构"4个方面观察了板书教学行为的效果。从观察结果看,吴老师的板书设计合理,板书的重复利用率高,可见板书设计的匠心独具。例如,识图要点的板书,为后续的析图、用图、构图环节发挥了重要作用。在辅助讲解上,吴老师的板书配合得非常好,图形配合讲授,使抽象的问题直观化了,每个抽象的问题吴老师都把它图形化了,利用板书的草图讲解,从学生的反应看,效果好。

喻融:课堂中互动教学的有效性

我的观察点是利用互动指导学生学习的有效性。我从"教师的指导""学生的活动""教师的评价/引导""互动时间""学习目标的达成"5个方面观察互动的有效性。总体看,吴老师充分利用了教师提问、指导阅读、教师评价与引导等互动方式。时间主要花在识图与用图环节,时间的分配比较合理。

四个教学环节的互动,共计耗时33分钟,在这些时间内,学生表现出了非常投入的学习状态,学生的思维一直在高速运转,这说明这节课的新课程理念得到了很好地落实,同时,教学的效率也比较高。

四个教学环节的互动,兼顾了好、中、差三大类学生,利用了提问、理答、阅读课本、引导分析、板书、生生互评、教师评价的互动方式,取得了较好的教学效果。

四个教学环节的互动,都体现了循序渐进,化整为散,逻辑结构和层次分明的互动过程。在这个过程中,吴老师的追问、图形对比分析、板书辅助讲解发挥了重要作用。这些从例1到例5都得到了充分的体现。

（三）本次观察形成的结论

经过课堂观察合作体的商讨，形成了以下结论。

1. 进一步提炼图表题的解题方法，解题要点应"少而精"，易记、易懂、易用。

2. 应关注和落实教材中的经典图形，以此为基础培养学生的联想、迁移和应用能力。

3. 调整该专题复习时间，提前到第二轮复习开始时，有足够时间培养相关能力和习惯。

4. 教研组今后应加强学法指导课的课型和方法的研究，提高学生学习的主动性。

【附件】

（一）学案：图表信息专题

※ 复习目标

1. 通过分析典型例题，总结获取坐标图、实验装置图、遗传图和表格信息的一般方法。

2. 通过分析典型例题，总结图表信息题答题的几种主要方法。

3. 通过分析典型例题，学会利用图表的方法获取信息、设计解题思路和答题。

※ 复习内容

解题要点：

1. 识图：获取信息

第一看：理解坐标图中纵、横坐标的含义，找出纵、横坐标的关系，再结合教材，联系相应的知识点。（即识标）

第二看：曲线中的特殊点（起点、顶点、转折点、终点、交叉点、平衡点等）所表示的生物学意义，影响这些点的主要因素及限制因素等。（即明点）

第三看：曲线的走向、变化趋势（上升、平缓、转折）。揭示各段曲线的

变化趋势及其含义。(即析线)

例1 下图表示一些生理活动的过程或结果,下列叙述正确的是( )

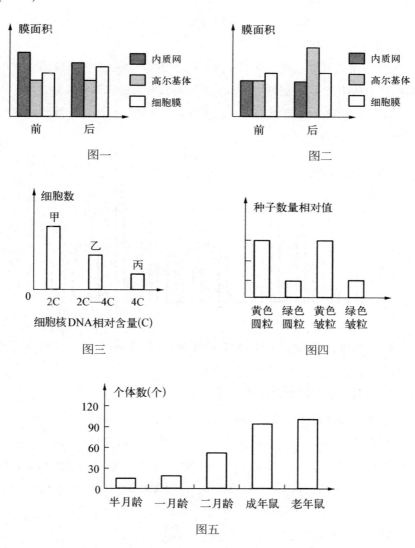

① 图一可以表示B细胞分泌抗体前后细胞内各种膜面积的变化

② 图二中的"前"可以表示B细胞,"后"可以表示浆细胞

③ 图三的丙组中只有部分细胞的染色体数:染色体单数:DNA数 = 1:2:2

④ 图四若表示豌豆一次杂交的结果,则亲本的基因型是黄圆(AABB)

×绿皱（aabb）

⑤图五若为某地区田鼠的种群年龄结构调查结果，则该种群的发展趋势是出生率小于死亡率

A. 二项　　　B. 三项　　　C. 四项　　　D. 五项

2. 析图：处理信息

根据图形分析事物的变化，探索变化的规律。图中为什么会出现这些特殊点，曲线为什么有这样的变化趋势和走向，分析曲线变化因果关系。

例2　下图表示某孤岛上存在捕食关系的两种生物种群个体数量随时间变化的统计结果。下列正确的是（　　）

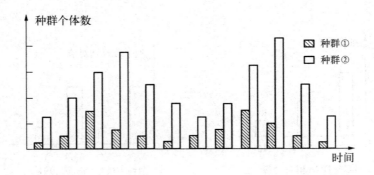

A. 种群①为捕食者，种群②为被捕食者，①数量的减少，将最终导致②数量的增加

B. 种群①和种群②之间不存在信息传递

C. 种群②生物个体所含的能量比种群①生物个体所含的能量低

D. 种群①、②可能组成该孤岛上的一个特有群落

例3　血红蛋白与氧能进行可逆性结合，血红蛋白结合氧的百分比随氧气压变化的曲线，简称氧离曲线。但不同的生物在含氧量不同的环境中，经过长期的自然选择，血红蛋白与氧结合的特性发生了变化。右图是4种具有代表性的水生动物体的血红蛋白进行测定后绘制的曲线，请根据4条曲线所表示的特征，你认为哪两种曲线所代表的生物在被有机物污染的水域中生存

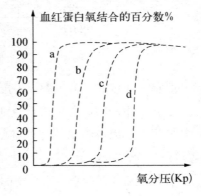

能力最强和最弱？（　　）

A. a和b　　　B. b和d　　　C. a和d　　　D. a和c

3. 用图：表达信息

联想：通过联想再现与图像曲线相关的知识点，生物学概念、原理、规律等。

迁移：将相关的生物学知识与图像曲线紧密结合，在头脑中构建新的曲线——知识体系。

应用：运用新的曲线——知识体系，揭示问题的实质，解决实际问题。

例4　为了确定生长素类似物促进扦插枝条生根的适宜浓度，某同学用两种浓度的生长素类似物分别处理扦插枝条作为两个实验组，用蒸馏水处理作为对照组进行实验，结果发现三组扦插枝条生根无差异。参考该同学的实验，在下一步实验中你应该如何改进，才能达到本实验的目的？请说明理论依据。

4. 构图：文字信息转变成坐标曲线

抓住"二标一线一名称"。"二标"，即横、纵坐标的表达含义、刻度和单位；"一线"，即曲线的变化走势，特别应抓住曲线的三点：起点、转折点（或平衡点）、终点（或发展趋势）；"一名称"，即要准确命名"坐标曲线图"（依要求而定）。

例5　合理密植也是提高作物产量的有效措施。为确定出最合理的种植密度，某生物研究学习小组在实验田中划出了两块面积和土壤肥力都相同的区域，分别种植了数量不等的大豆作物。每一区域内的植株分布是均匀的，待果实成熟后，统计数据如下表，请分析回答：

（1）请根据表中数据，在以下坐标系中用曲线表示出"区域植株数"与"每植株所结荚果数""每荚果所含种子数"的关系：

区域号	区域植株数	每植株上的荚果数	每荚果中的种子数
1	20	8.3	6
2	40	6.8	5.9
3	60	3.9	6.2
4	80	2.7	5.9
5	100	2.1	6

(2) 简要描述曲线所反映的结果。

(3) 用生态学原理,简要解释随着株数增多而荚果数减少的原因。

(4) 根据实验结果,他们可以确定出最合理的种植密度吗？为什么？

(5) 植物开花时产生的颜色或芳香会吸引昆虫前来传粉,但也会招引害虫取食,这反映了信息传递在生态系统中具有_____功能。

(二) 课后分析报告

报告1：吴老师的课后反思

这节课上完后,我对高三的复习课教学有如下一些感受。

1. 要加强高三复习课的研究

高考复习课有多种类型,知识复习、习题讲评、学法指导、专题复习等,不同类型的课有不同的教学策略与方法,研究各种类型复习课的策略、方法、规律、学生的学习特点、教学材料,对提高复习课的教学效率至关重要。在教学实践中,我们很难将一堂高三的复习教学课绝对地划分为哪一类课型,这就更需要对各种类型教学内容的方法与策略和教学材料进行整合。这两个方面在我目前的教学中都还未进行系统的研究,或者说,在形成自己复习课的特色方面做得还很不够。

2. 应提高学生在高三复习课中的主动性

高三的复习课,老师的讲授与灌输常常会占主导地位,学生学得比较被动。这节课我在这方面作了一些改变,加大了学生的主体作用。但也主要是通过教师的引导,通过多层次、多途径、多方式的师生对话实现教师主导下的互动,学生的学习多少还是有些被动,因为话题总是被老师掌握,教学的内容依然被老师控制。产生这种现象的原因,一是高三复习课的教学内容设置往往过多,教师总是自觉和不自觉感到时间的紧迫性,总是希望能充分地利用45分钟多讲点自己认为重要的东西,"贪多"必然导致教师"惜时",学生一旦在课堂上自我感悟的时间较多,老师就会感到"不实在",有"浪费"时间之嫌；二是高三复习课的教学理念相对滞后,一般而言,老师总是认为复习课在某种意义上就是新课的"重复",在老师的意识里,认为教学上的多次重复就会让学生掌握老师要求掌握的东西。这样的意识,在教学方法的选择上,必然会出现简化处理的倾向,不会去研究以学生为主体的教学方法。事实上,学生的第一印象一旦形成后,要去改变它是非常困难的,更需要通过特殊的方法才能让他们产生符合预期的变化。而这些方法中最有效的莫过于让他们增加自身体验,在体验中改进。

3. 图表信息专题的研究尚待深入

图表信息题是高考中占比重非常大的一种题型,如何获取图表信息、如何处理图表信息、如何利用图表进行分析和表达、如何构建图表等问题是图表信息题型中的核心问题。而典型方法、典型例题、典型错误、方法体系的构建还相距甚远,这需要更多的投入,还需要团队的力量。这可以作为教研组今后的一个研究主题,进行深入地研究,提高高三复习课的教学效率。

报告2:教师对坐标图解题策略的指导(彭小妹)

1. 观察点选点说明

这是一堂解题方法的专题复习课,复习目标是学生掌握解答图表题的解题策略并会运用图形辅助分析解答问题。在解题方法的教学和复习中,我十分关注教师是通过哪些活动让学生掌握解题策略的,以及学生在这些活动中的学习效果如何,这是影响这种课的教学效果的关键因素。

2. 观察量表及观察结果说明

通过课前会议的交流与阅读学案,我了解到吴老师预设的指导方法有5种,分别是讲解、提问、追问、示范、引导、小结,这5种方法的指导效果如何,可以通过学生的学习状态与学习行为进行判断。本节课的学生学习行为主要有倾听、回答、思考、讨论、板演、评价、提问等,学习状态则可以从学生行为结果和行为状态来判断。由于学习信息巨大,我只能采用学习结果与状态的总结性描述的方式展开观察。因此,我设计了如下观察量表,并得到了相关的观察结果。

环节	时间(min)	教学指导	学习行为	学习状态	
				主要学习行为结果描述	主要学习状态
识图	15	(1) 方法:B (2) 例1:BD	② ①③⑥	学生已基本掌握识图的方法	全体、投入
析图	9	(1) 方法:A (2) 例2,3:BD (3) 总结:E	① ②③ ①	在例2中学生能自觉完成柱形图到曲线图的转换,并辅助分析问题	回答例2、3时有1/3同学未参与;1/3学生未倾听其他同学的回答

(续表)

环节	时间 (min)	教学指导	学习行为	学习状态	
				主要学习行为结果描述	主要学习状态
用图	16	(1) 方法：A (2) 例4：BCD (3) 总结：E	① ⑤②③ ①	学生能在教师的引导下联想课本图形分析关键点辅助答题	全体、投入
构图	10	(1) 方法：A (2) 例5：BCD (3) 总结：E	① ⑤⑥ ①	学生板演画图时审题错误	全体、投入

说明：教师指导：A 讲解，B 提问、追问，C 示范，D 引导，E 小结；
学习行为：① 倾听，② 回答，③ 思考，④ 讨论，⑤ 板书，⑥ 评价，⑦ 提问；
参与度的抽样：第3和第4两个小组，共30人。

3. 观察结果分析及教学建议

（1）本节课时间主要花在识图（15分钟）和用图（16分钟）上，这样分配，时间花在了刀刃上。识图是解答坐标图的基础，用图是解答坐标图的难点，所以这两个环节是掌握解答坐标图策略的关键点。

（2）用图环节落实特别好。教师是通过以下5个步骤展开的：解读用图的方法——示范用图的关键点——引导学生利用关键点分析问题——引导学生图文转换解答问题——总结识图的优点、方法和关键。在这5个步骤中学生活动有倾听、板演、回答、思考等，在这些师生活动或生生活动中，学生的参与度很高，学习状态也很积极，从学生的回答情况看，学生在教师的引导下也能主动运用图形解决文字题。

（3）关于析图技巧的一点体会。遇到学生不熟的抽象的图形需要转化成学生熟悉的图形，这样便于分析问题，这一转化需要具备的基础就是对课本中的经典图形有较深刻记忆和理解，所以要加强课本经典图形的复习。为加深对坐标图的理解，应经常引导学生做图形变式，比较变式图形的坐标、含义、关键点的区别。

（4）一点建议。学生从知道某种解题方法到能够自觉运用这种解题方法，是需要一个不断训练强化的过程。所以，这种有关解题技能的课，最好能在高三第一轮复习伊始进行，这样的效果可能会更好。因为，方法与策略性知识只有经过长期的训练，才可能真正内化成学生的解题方法、能力和习惯。

报告3：解题方法的教学方法的种类与运用效果（郑超）

1. 观察点选点说明

这回观察的是一节不同以往的课,在高考前的图表信息专题课,学习目标主要是总结解题方法,这对于观察目标达成来说有很大困难,解题方法的学习很难从直接的结果上体现出来。吴老师使用学案这一载体,解题方法已经呈现在学案上,配上几个典型例题。这一教学载体如何演绎成鲜活的课堂,让学案上的文字转变成学生的能力,这个过程是我要重点关注的,也是影响这节课教学效果的关键因素。

我选择观察教师运用了哪些教学方法来促进学生掌握解题方法,这也是我自己的教学实践中非常关注并亟待解决的问题。吴老师教学经验丰富、教学水平高超,我希望通过课堂观察来学习吴老师的教学方法,从而提高自己的教学水平。

2. 观察表及观察结果说明

学生掌握解题方法的方式,从典型的接受式学习和探究式学习来看,一个典型是教师讲、学生听,另一个典型是学生自主探究、自己归纳出解题方法,介于两者之间的就是教师的引领和学生的自主相结合。我认为教师主导的方法,主要是教师先将解题方法告知给学生,然后向学生解释如何运用解题方法,最后用例题给学生示范解题方法的使用。学生主体的方法,主要有学生独立解题并总结解题方法,学生合作学习并交流解题经验。介于这两者之间的,是在教师指导下的学生自主学习。根据吴老师的介绍,本节课这三个方面的教学方法都涉及了,我据此设计了以下观察量表,观察结果如下:

教学环节	教师讲授				学生探究			师生互动	
	告知	解释	示范	总结	尝试	交流	归纳	获取	引导
导入	学习目标 解题策略								
1. 识图		讲解			例1的第⑤问			例1的第③问 师:还有问题吗?	识图方法 识图
2. 析图	析图方法				强调识图	例2演板			析图方法 例3分析

教学环节	教师讲授				学生探究			师生互动	
	告知	解释	示范	总结	尝试	交流	归纳	获取	引导
3. 用图	用图方法		联想曲线	用图方法	例4演板			迁移	例4分析 曲线分析 矫正表达
4. 构图	构图方法		正确构图		例5演板				矫正构图

3. 观察结果分析及教学建议

(1) 印象最深的典型片段

"用图"是学生解题方法中的薄弱环节,也是这节课的重点所在。

在这个教学环节,吴老师首先朗读了呈现在学案上的解题要点,提醒学生同步阅读。然后和学生一起对例4展开分析。

在审题上,吴老师引导一个学生运用刚才读到的"联想"方法,然后给了学生板演的机会,让学生尝试将自己的思路表现出来。学生在画图中出现了不规范的问题,吴老师引导学生们回顾已学习的解题方法,认识到了问题所在。然后吴老师进行了规范作图的示范。

在规范了"联想"的方法以后,吴老师紧接着通过问答引导学生利用曲线分析试题情景,即"迁移"。这个过程中又获取了学生利用曲线的思维断点,最终引导学生正确地将试题情景与曲线结合起来。

"应用"前面的分析来最终解答这个例题,还要涉及图文转换的文字表达。吴老师提问了一个学困生,通过引导提示,该生在表达中逐渐掌握了专业术语和关键词的使用,最终达到比较理想的表达。最后,吴老师进行了总结,强调了联想、迁移、应用的方法,并进一步指出了学生努力的方向。在充分体验的基础上,学生对问题有了深刻认识,老师此时的指引达到了很好的效果,相信对学生课下的自主复习都会产生重要影响。这个总结也呼应了起先的告知方法,实在是点睛之笔。学生在接受、观察、尝试过程中,很好地达成了学习目标。

(2) 数据分析

纵向来看,各个教学环节都是从解题方法开始,或告知,或引导学生回顾,在明确了方法之后再用典型例题来印证解题方法,例题明显是少而精,让学生有足够的思考时间和空间,实现了很好的思维训练效果。在每个教学环节结束时,吴老师针对解题方法的关键点的总结既达到了巩固作用,又使每个教学环节前后呼应、重点突出。

横向来看,吴老师讲授的各种方法都用到了,但并不堆砌,针对不同的问题突出了不同的重点解题方法。表面看,因时间限制学生自主交流和自主归纳提炼的时间不够充分,但师生互动不断,学生的思维始终循着教师引导的方向而不断推进。所以,尽管这节课学生的探究少一点、接受多一点,但在吴老师的引导下,课堂互动充分,弥补了学生探究不足的问题。所以,总体看学生的思维在多种教学方法的激发下,得到了很好的发展。

4. 观察感想

合理运用好多种教学方法,是自我感觉比较欠缺的东西,新课尚可,尤其是复习课、讲评课,经常只有单向灌输的教学方法,教学效率难以提高。吴老师的课总是丰富多变,调动学生的效果很好,课堂效率很高,值得我多加学习。我也准备多学习一些相关教学理论知识,使自己的教学技能进一步提高。

高三复习教学中,解题方法的教学很重要。然后,解题方法和解题能力不是通过告知就能让学生掌握的,方法和能力是需要在长期学习中通过体验、感悟而达到内化的,我们要学习吴老师此次所做的解题方法的总结工作,研究解题方法的教学技术,也可以考虑将解题方法的专题教学提前,以便给学生有更多"了解——理解——内化"的时间。

报告4:个别提问的有效性(姜平、曹晓卫)

1. 观察点选点说明

教师提问是高中课堂上不可或缺的教学行为。科学预设问题,适时进行提问,巧妙应对师生问答时出现的问题是教师重要的教学技能。作为一位年轻教师,在平时的教学中,我常常对如何进行有效提问感到困惑。因此我想通过观察同行课堂上的提问来找到解决困惑的办法,不断提高自己在提问方面的教学技能。另一方面,新课程改革提倡以学生为主体的教学理念,教师应该把更多时间交给学生,指导学生如何自主地获取知识。因此课堂上师生互动、师生问答的频度逐渐在提高,课堂提问的有效性直接影响着教学的有效性。

根据学生的应答方式,提问可以分为学生集体回答类的、自由回答类的、个别回答类的、讨论后汇报类的等等。吴老师是一位非常善于抓住提问机会、提问质量很高的资深教师,他的课堂上总是有大量的个人提问。因此,这节课我想从教师的个别提问入手展开课堂研究,因此我选择的观察点是个别提问的有效性。

2. 观察表及观察结果说明

从教学法的角度看,提问的要素有目的、内容、性质、时机、对象等,提问的效果可从学生的回答和教师的评价来观察,综合本节课的教学目标和教学设计,我设计了如下的观察量表,观察结果如下:

环节	提问的内容 教师的提问	提问的结果		目的	提问的性质			
		学生的回答	教师的评价		指向性		层次性	
					清晰	模糊	I	II
识图	1. 获取信息的要点有几点?	不全面	追问:关注纵横坐标的什么?	①	√		√	
		不清晰	用手指在黑板上引导,并追问:有数据就有什么?					
	2. 你认为例1的③是对的?	不清楚	带领学生回顾细胞周期饼型图	②	√			√
	3. 例1⑤中出生率小于死亡率,你是怎么看出来的?	不清楚	引导:给你的信息是种群的哪一特征?	②	√			√
		正确	师生回顾必修三第64页相关内容,并提问:横坐标什么含义?					
		正确	追问:与一般的刻度的区别?					
		正确	追问:纵坐标什么含义?					
		正确	追问:种群数量变化的趋势?					
		正确	追问:将0移至左边,种群数量还是增大吗?					
		正确	判断发展趋势要看什么?					
		正确						
析图	4. 讲解例2的A选项	出现困难	引导:将柱形图转化成什么图?	②	√			√
		正确,并发现自己解释的错误	请其他学生评价:这样转化有什么好处?优势体现在哪里?					
		正确	追问:被捕食者比捕食者少的例子有吗?举例说明					
		正确						

(续表)

环节	提问的内容		提问的结果	提问的性质				
	教师的提问	学生的回答	教师的评价	目的	指向性		层次性	
					清晰	模糊	I	II
析图	5. 例2的D选项为什么错了？	正确	追问：一个荒岛看成什么？	②	√			√
		正确						
	6. 例3的图怎么看的？	正确		②	√			√
用图	7. 例4你联想到了什么？	正确	追问：联想到了什么图？并请学生在黑板上画出来	③	√			√
	8. 这图对吗？课本上有这个图吗？	正确	追问：生长素浓度为0时有促进作用吗？	①	√			√
		正确	追问：起点在哪里？					
		正确						
	9. A、B这个区域与M1、M2的对应关系？		追问：有哪些情况？	③		√		√
			追问：实验怎么改？					
	10. 用规范的文字说出刚才的实验思路	不清晰	引导	①	√			√
		正确	肯定：说得越来越好了！					
	11. 改进的依据？	不清晰	引导：抓住关键点，A、B、AB之间的浓度怎么说明？	③	√			√
		正确						
构图	12. 画例5(1)	错误	请其他学生评价：他出了什么问题？你是老师的话能给他分吗？	②	√			√
	13. 产量取决于什么？	正确		③	√			√

注：提问的目的：① 强化知识的落实，② 检测学生的掌握情况，③ 过渡（借助提问推进课堂的学习过程），④ 提醒学生集中注意力；

提问的层次性：I 了解、模仿，II 理解和应用、及独立操作。

3. 观察结果分析及教学建议

这节课上我以问题链为单位，一共记录了13个个别提问，统计的数据及结果分析如下：

（1）提问的性质

提问的目的。13个问题链中，属于目的①的有3个，属于目的②的有6

个,属于目的③的有4个。目的②占46%,这与本节课是高三第二轮复习课的性质相一致,我们观察到,吴老师通过引导学生分析例题中的各个选项,来了解和检测学生的掌握情况,这使他的教学做到了有的放矢,时间都花在针对学生的疑点和盲点进行指导上,课堂教学效率很高。

提问的指向性。13个问题中的12个指向都非常清晰,学生清楚地知道教师要问什么,该回答什么,所以,这节课就显得十分高效。此外,问题9的表述:"A、B这个区域与M1、M2的对应关系?"有些模糊,因为此前吴老师在黑板上描画了两点,标注为A、B。虽然教师在A、B两点周围各画了一圆圈表示两个区域,但还是感觉不够清晰。

提问的层次性。13个问题中的12个属于层次Ⅱ,要求较高,这与本节课的复习目标是一致的,也与高三第二轮复习的要求是一致的。13个问题中,层次Ⅰ的只有1个,即问题1,用于强化学生在学案上获取的重点信息。这是本节课的第一个问题,比较简单,可以帮助学生随着教师的问题而快速进入学习状态。

(2)提问的结果

吴老师对学生回答的评价呈现出两大特色,一是在学生回答不全面、不清晰的情况下,吴老师的追问一环扣一环,让学生在一个个小问题中澄清了困惑,逐渐将最初的障碍扫除。如:问题3中的7个追问,非常精彩,让学生在追根溯源的过程中明白了年龄结构的模型图里不仅包含了三个年龄组的比例,而且包含了性别比例,而这就是学生往往容易忽视的一点。这样的追问方式提高了学生学习的参与度,让学生在教师的引导下积极地深入思考,学生的思维能力得到了很好地提升。原本复杂、困惑不解的问题在老师一步步的追问下,通过学生的口头表达出来,最终被解决。在这一过程中,学生还发展了解决复杂问题的信心,慢慢产生一种强大的心理动力——原来我能行。

那么,如何进行高效的追问呢?这是值得我长久思考的问题。在目前的我看来,这需要教师充分了解学情,清楚学生的疑点和易混淆点,精心预设一系列的问题。此外,更重要的是需要教师对学生在课堂上的回答有即刻的判断,从而灵活机智地生成恰当的追问。

特色二是吴老师的评价方式除了常规的师生互动外,有两处生生互动。这种让学生评价学生的方式,一方面提高了学生的参与度,另一方面方便教师获取更多信息来了解学生的掌握情况。如问题4,第一位学生的解题方法非常妙,这种情况,教师一般会立刻给予肯定和表扬,但吴老师却请了第二位学生来评价第一位学生解题方法的优劣,而第二位学生的总结也非常精辟。这种评价方式不仅使老师了解了学生的学习情况,而且也发展了学生的同伴评价能力。

报告5:教师讲授与板书的有效性(钟慧、屠飞燕)

1. 观察点选点说明

呈示行为是教师向学生传递信息或师生间、生生间传递信息的主要途径之一。其中教师课堂呈示行为根据使用手段的不同,包括讲述、板书、声像、动作,我们认为学案也是教学呈示的载体。这节课,吴老师的呈示行为主要是讲述行为和板书行为,显然,这是传统的呈示行为。这对那些认为不使用多媒体教学就无法上好公开课的教师而言,似乎显得非常"另类"。如何在只使用传统的呈示行为的情况下达到良好的教学效果,这引起了我们的关注。在日常教学活动中,我们也经常遇到呈示方式的选择、呈示行为有效展开的问题,尤其是如何提高讲述和板书有效性等问题。因此,我们选择观察这堂课中的呈示方式和效度,并重点观察讲述和板书,希望能从中获得启示,指导自己的日常教学行为。

2. 观察表及观察结果说明

我们从讲述的方式和板书的功能,对呈示和板书行为进行了分解,将分解后的要素作为观察指标,由此制定了观察表,观察结果如下:

教学环节		识图	析图	用图	构图
时间(分钟)		例1:8	例2:10,例3:3	例4:16	例5:8
呈示方式和顺序		EAB	EABD	EABD	EABD
讲述		典型例子	典型例子	典型例子	典型例子
	用直白的语言描述观点	解题策略解读	例2,柱形图与曲线图的转换,学生解释	用生物学术语描述	生态学原理;花色、味与种间关系
	借助例子描述观点	例1的图三和图五,阅读课本图	生产者与消费者	回忆课本中的关于生长作用特点的图形	风媒与虫媒花
	重复等强调方式	关注横纵坐标含义、刻度、数量、单位	坐标图识图的要点	坐标图的识图、析图要点	坐标图的识图、析图要点

(续表)

		典型例子	典型例子	典型例子	典型例子
讲述	步骤清楚,有逻辑性	识图三要素	连续追问,层层深入,形成问题链	讲和问相结合,按学生认识规律与解题方法引导学生步步深入	按题序展开
	讲解中给学生提问机会	识图方法	还有问题吗?	还有问题吗?	还有问题吗?
板书	讲解辅助	解题策略要点	柱形图和曲线图板书	联想—迁移—应用	产量＝数量×质量
	为识记、保持、再现学习内容提供线索	识图—析图—用图;① 横纵坐标(含义、刻度、单位)。② 关键点(起点、拐点、交点、终点)。③ 趋势	老师板书柱形图学生演板曲线图	M1 > M2 A；M1　B；M2 A；M1 > M2 B；M1 > M2	直方图要点曲线图特征
	板书形式与教学目标、学生特征的匹配程度	本节课的重点,落实教学目标;学生易忘,便于后续反复强化利用	便于分析与讲解,使抽象内容形象化	内容极为抽象,两图的运用十分合理,便于学生学习,便于教师讲解	只写要点,引导思考
	提供学习内容的要点和结构	审题—方法;答题—技巧;利用—应用技板书实录略	两图综合	生长素作用特点坐标图、分析图	解题要点

注：呈示方式和顺序的记录为：A. 讲述，B. 板书，C. 声像，D. 动作，E. 学案。

3. 观察结果分析及建议

（1）讲述的有效性分析。从观察结果看,吴老师在每个教学环节都采用了"用直白的语言"和"借助例子"来解释比较难懂的学科知识与方法,使学生能迅速地接受和理解知识。在落实解题方法的过程中,不断地采用"重复的强调方式"并不断地给予"学生提问的机会",整个讲述过程步骤清晰、逻辑性强,收到了很好的讲述效果。例如,对例题4的讲述最有代表性,在长达7分钟的讲述中,吴老师通过引导学生回忆生长素作用的坐标图,指导学生用科学、准确的生物学术语描述生长素的作用特点,通过图形与板书相结合的方式引导学生使用图形解决问题,讲解过程环环相扣,思维深度层层推进,使不同层次的学生都能由浅入深地展开学习,最终很好地落实了坐标图题的解题方法。

（2）板书的有效性分析。本节课以学案为主要教学载体,主要通过讲述的方法展开教学过程,因此,板书在本节课处于次要地位。我们观察到突破每个教学重难点时,吴老师都通过板书来达到辅助讲解、直观呈现、强化学习线索的作用,取得了很好的教学效果。可见讲述、学案、板书的巧妙结合是本节课教学方法综合运用上的成功之处。

报告6:课堂中师生互动的有效性(喻融、路雅琴)

1. 观察点选点说明

我经常听吴老师的课,他与学生的互动常常令我着迷。我常常模仿他的互动教学,然而,学生却并不喜欢和我互动,他们好几次对我说道:"老师,你不要总是提问,被问的同学不能回答出来时,你就换个同学或者自己讲清楚算了。"我听了很难过,我想我一定要多研究师生互动,提高提问等互动技巧,让学生喜欢我的课。因此,我决定以"利用互动指导学生学习的有效性"作为自己的观察点。

2. 观察表及观察结果说明

我们通过分析和讨论,决定从互动的过程、互动的时间、学习目标达成情况这三个方面观察互动的有效性。具体的观察量表与观察结果如下表:

环节	互动的过程			互动时间	学习目的达成	互动有效性的即时评价(亮点/不足)
	教师的指导(提问/辅助)	学生的活动	教师的评价/引导/梳理			
识图	提问:"你获取了图表信息的哪些要点?"	学生(学困生)回答学案上的三点	引导提问:看横纵坐标的哪些内容?	2分钟	技巧明确	起提示、强调和检测作用
	提问:"你认为例1的③是错的?"	学生(学优生)回答显得迟疑	引出以图形换图形,转换成圆饼图,引导判断	2分钟	知识明确	有效
	提问:"说说⑤是如何判断的?"	学生回答、阅读年龄组成图	引导阅读课本64页,比较两幅年龄组成图,引导学生观察分析	6分钟	知识明确 技巧明确	亮点:多种图形的比较和转换,巩固了识图要点,复习了年龄组成图
析图	例2是如何判断的?	一学生演板但未解释清楚,一学优生补充解释清晰	提问:另一同学,如此处理,有什么优势(趋势、关键点明显)	8分钟	知识明确 技巧明确	亮点:方法的指导,学生互动,

(续表)

环节	互动的过程			互动时间	学习目的达成	互动有效性的即时评价（亮点/不足）
	教师的指导（提问/辅助）	学生的活动	教师的评价/引导/梳理			
析图	例3 你是怎么做的？	回答	提问：曲线图和柱形图的x、y轴的具体含义	3分钟	不明确	有效（但学生的声音太小，影响了效果）
用图	例4 审题后你联想到了什么？	联想画图、演板、生生互评、迁移、回答（分析过程、理论依据）应用	引导学生总结（联想、迁移、应用），强调起点、拐点、交点，提问、讲解、思考	8分钟	知识明确技巧明确	亮点：实现了基础知识和图表应用、学生的文字表达能力的检测。不足点：忽视了实验目的分析与生成性问题
构图	请同学板书例5的结果	画图	总结"从抽象到具体化"的策略	2分钟		有效
	提问："请问题干中'产量'的含义是什么？"	回答	请同学评价，教师总结评价，反复强调横、纵坐标，先描点，后连线	1分钟	技能明确	有效：回归教学目标，归纳曲线图的几种方式

3. 观察结果分析及教学建议

（1）互动的有效性。本节课的互动主要有师生间的问答、阅读、板书、评价等，互动时间为32分钟。这说明本节课学生参与度很高，充分发挥了学生的主动性，体现了教师的指导作用。根据观察结果和课堂的即时评价，我们发现这四个教学环节的互动是高效的。

例如，学习例1和例4时的互动比较高效。例1和例2难度较高，困难让学生对互动有了"主观上的需要"。通过师生互动有利于教师掌握学生的学情，调节教学节奏。学生通常会更关注同伴的解题思路，激发更多的思维火花；难点合理分解，指令简洁清晰，这是互动的过程顺畅进行的基础。如例1和例4指导学生阅读课本，清晰地要求比较两个年龄组成图形，其后指令联想，以图形的方式反应联想的结果，再指令学生应用图形分析，巩固识图的要点。这样的互动当然是高效的；教学环节结束时，师生的共同总结提炼是非常有效的互动，可能起到帮助学生形成知识体系，对核心问题起到画龙点睛的作用。

(2)观察感想

这次观察让我收获颇多,设计互动教学应注意以下问题,一是选择教学内容时,应选择有一定难度且能提高学生思维能力的内容;二是一次连续的互动不应占用太多的时间,应避免让学生感到疲惫;三是互动对象选择学习成绩中上的学生可能较好,让学优生和学困生有同等的学习机会;四是互动结束时教师应及时进行总结,帮助学生明确互动环节的学习目的等。

这节课让我认识到,年轻教师之所以难以驾驭课堂互动,其实关键问题在于互动的意识与技巧欠缺。所以,今后我们要多学习有关师生互动方面的知识。

7 政治：物价风云

方冬梅　郭　威[①]

【背景】

- 任教教师：方冬梅，教龄14年，中学高级教师，对自主创新学习有一定的研究，综合素养较好。
- 教学主题：《物价风云》[高三时政热点复习课]
- 观察教师：政治课堂观察合作体成员
- 活动背景：为了更好地继承、完善和推广"沙龙式"教学策略，政治组举行了此次课堂观察活动。来自全国的50多位校长、全校200多位教师参加了这次政治沙龙课。

【课前会议】2010年12月15日下午第3节课

（一）方冬梅老师说课

1. 教学主题

《经济生活》一轮复习结束已经有一个多月了，这一模块的知识难度较大，为了更好地巩固复习《经济生活》，我认为采用"沙龙式"教学策略比较合适。学生选的主题是《物价风云》，目的是通过物价这一热点问题来复习巩固《经济生活》的相关知识，课型是"沙龙课"。学生确定好"物价"这一主题后，由学生自主设计问题和学习活动形式，自行组织课堂学习活动。在组

[①] 此课例由方冬梅、郭威主笔，附件部分为上课教师和各观察教师所写。

织政治沙龙课堂的过程中以生为本、以学为主、以师为导,而教师的"导"主要体现在课前的准备过程及课中的及时引导。

2. 学情分析

高三(16)班的学生基础知识扎实,主体意识强,思维比较活跃,课堂氛围较好,对"沙龙式"学习有很大的热情和兴趣。学生从现实生活出发,充分挖掘隐藏在物价上涨较快这一现象背后的经济学知识,通过搜索资料、整合利用、设计问题和组织学习,说明学生有较强的分析能力。

3. 教学目标

(1)借助素材感悟、再现和运用《经济生活》的相关知识。

(2)通过解读素材,提高运用经济学知识分析和解决实际问题的能力。

(3)在沙龙课的准备与实施中,体验合作探究学习的意义。

4. 教学设计

(1)教学环节

导入课题:首先通过课前观看视频来调动课堂气氛,指明本节课的主题——物价风云。

第一个环节(庞士桐同学主持):风云突变——观察现象。列举生活中物价上涨的现象并展示2010年的CPI走势图,从中获取一些经济信息。通过这一环节,提高学生获取信息和解读信息的能力。

第二个环节(莫玲娇同学主持):遮天蔽日——分析影响。这一环节主要分析物价上涨带来的影响。通过辨析"物价上涨只会给消费者带来不利影响"这一问题,学生能够辩证分析物价上涨带来的双重影响,并总结辨析题的答题技巧与方法。

第三个环节(黄盛凯同学主持):翻云覆雨——寻找原因。这一环节主要是提取有效信息,调动《经济生活》知识,分析物价上涨背后的原因。通过展示四组典型材料,请同学们提炼信息,总结物价上涨的原因。

第四个环节(凌燕婷同学主持):开云见日—— 措施成效。

第一步:探讨作为消费者在生活中省钱的招数:自制豆奶、开辟阳台菜园、拼车等。

第二步:从国家角度来出谋划策,分组讨论"国十六条"中的措施。

第三步:学习中央经济工作会议的内容,指出今明两年货币政策的变化。

总结：经过国家、企业、消费者的共同努力,物价有了一定的下降,这说明国家采取的政策是行之有效的。我们要相信未来,因为事物发展的道路是曲折的,前途是光明的。

(2) 教学创新

"沙龙式"教学模式中,学生主要通过自主、合作、探究的方式开展学习,这对教师主导的课堂是一种较大的冲击,特别是对高三二轮复习的冲击力更大。因此,这次政治沙龙课对高三复习教学是一次挑战,是以学为主的自主式复习和以教为主的输入式复习的一次大碰撞,也是政治沙龙课的一次全新尝试。

(3) 教学困惑

"沙龙课"是完全基于学生自主、合作、探究的课型,课堂的生成性可能比较多,而学生的教学经验和课堂组织管理能力又几乎为零。因此,我非常担心学生对教学时间、教学节奏、教学难度的掌控,教学疑难问题得不到有效解决。高三二轮复习的特点是知识高度综合,强调能力的培养,这对学生主导的课堂来说,要达到这个目标,困难无疑是巨大的。

(二) 方老师、主持人与观察者的交流

张海燕：问题的设计与运用是沙龙课的关键,是灵魂。我和郑萍、冯晓娴老师一直在研究问题设计,这次我们依然从问题设计上展开观察。本节课设计了哪些问题？

方冬梅：本次沙龙课共分四个环节,分别由四位同学主持,在四个环节中都设计一至两个问题让同学探究。这些问题都是在教师的指导下由本组同学精心设计的,问题的呈现方式虽然各不相同,但主要问题都会清晰地呈现在课件上。

陈艳：我听了几位主持人(即学生,下同)的课前发言,结合我们选择的这个观察点,我想了解的是,课堂你们打算用什么样的语言、什么样的方式去引导同学们围绕主题展开积极思考？如果同学们的问题超出你的预料,你们怎么办？

主持人：我们的语言风格是既幽默风趣又理性辩证。我们会在事先多考虑一些可能性,尽量准备充分些。如果有超出预料之外的话,我们几个主持人一起想办法解决。

仰虹：高中政治新课程的一个显著特点是强调"生活逻辑"，要求将学科知识与生活现象有机结合。本节课设计的学生活动比较多，可能涉及的经济生活知识跨度也很大，对知识的综合运用能力比较强，我和俞小萍老师准备从学生对学科知识的复习情况入手展开观察。

方冬梅：知识复习是二轮复习的重要目标，也是我本节课担心的问题，你们的观察正好可以在这方面帮助我。

郭威：方老师说高三(16)班的学生主体意识较强，思维比较活跃，适合上"沙龙式"课。所以，我和唐立强老师还是想继续从"学生的参与度"切入这节课，看看"沙龙式"政治课在二轮复习教学中的价值。

方冬梅：好的，这也是本次课堂观察的目的之一。

（三）方老师与观察者讨论确定观察点

学生学习·互动·学生参与度（唐立强、郭威）
学生学习·达成·知识目标的达成（俞小萍、仰虹）
教师教学·对话·对话的文化（陈艳、田玉霞）
课程性质·资源·问题设计（郑萍、冯晓娴、张海燕）

【课中观察】2010年12月16日下午第3节课

（一）观察工具

观察表（见课后会议分析报告），摄像机一台。

（二）观察位置的选择

郑萍、冯晓娴、张海燕三位老师所选择的观察点是学生问题设计，一方面需要观察沙龙小组成员的问题设计及呈现，另一方面还要观察学生对这些问题的反应与应答情况，所以选择坐在后排观察并就近参与四人小组的课堂讨论，以便更好地进行观察与交流。

陈艳、田玉霞两位老师观察的是课堂文化中的"对话"，需要从正面观察学生之间的对话，所以选择坐在前排观察并就近参与四人小组的课堂讨论，以便更好地进行观察与聆听学生的对话。

俞小萍、仰虹两位老师观察的是基础知识的落实情况，选择第1排和第

8 排的学生作为观察对象,以便全面详细地了解学生所掌握的基础知识。

唐立强、郭威老师观察的是学生的参与度,需要从正面观察学生之间的倾听与互动,所以选择坐在前排观察,左右边各一个,以便更好地进行观察。

各位观察者观察位置如下。

		观摩教师		郑萍、冯晓娴、张海燕		
观摩教师	俞小萍		▲			★	仰虹	观摩教师
				★			
					▲		
		★		▲		★	
			▲	★			▲	
陈艳	田玉霞			讲　台			唐立强	郭威

注:现场观摩课堂观察的专家、领导、同行合计二百多人,他们或坐周边,或坐过道,与学生距离非常近。★为学优生,▲为学困生。

(三)观察过程

课前。观察教师询问附近学生对本次政治沙龙课的感受与期望,并翻阅了他们准备的有关学习资料,了解他们为参与本次沙龙课准备的情况。

课中。各位老师根据自己选择或开发的观察表进行观察与记录,放置一台摄像机对教学过程进行全程录像。

课后。各个观察教师询问附近学生的学习目标的达成情况,并进行简单的对话交流。

【课后会议】2010 年 12 月 16 日下午第 4 节课

(一)方老师课后反思

1. 学生很优秀。在《物价风云》这一节政治沙龙课上,学生的表现真的非常优秀,这超出了我的预想,四位主持人的主持风格各具特色,他们驾驭课堂的能力很强,在课堂上表现出的那种机智和风采,让我深感骄傲和自豪。

2. 素材贴近学生生活。通过这堂课我深切地感受到贴近学生生活实际的素材对课堂教学是这么重要。今天,我们的学生,包括主持人和参与的同学都很投入,对政治沙龙课表现出浓厚的兴趣,一组组镜头演绎得这么精彩和投入,这就是最好的证明。

3. 目标基本达成。从课上同学们表述知识点、分析材料、提出对策中可看出,他们已经基本达成应有的知识目标和能力目标。从课前的合作研讨到课堂四人小组的热烈讨论、精彩回答,我已深深地感受到他们对政治课的热爱,教学也实现了三维目标的有机统一。学生在课堂上用设问,甚至追问等形式来探究挖掘,充分体现出他们的智慧和风采。

4. 不足之处。(1) 在政治沙龙课上,教师指导很重要,不仅体现在课前,而且体现在课中。但在本堂课中,有个别地方学生的分析不够到位,需要老师及时地提示或补充。但因考虑到教学节奏、学生的自主学习进程等因素,我没有及时介入,从而影响了本节课的探究质量与效果。(2) 本节课生成的东西不太多,上课时间没有控制好。以上这两点需要我们共同探讨来解决,以更好地推进我们的政治沙龙课。

(二) 观察者简要报告观察结果

冯晓娴:我们小组观察的是"问题设计",记录到了如下情况:

学生共提出了12个问题,均围绕"物价风云"展开,表明问题设计与话题关联度极高。其中的11个问题均指向明确、表述清晰,有利于学生获取信息。12个问题层层推进,由浅入深,体现了较好的逻辑性,有利于三维目标的落实。

本节课的问题来源:学生预设了7个,课堂中又生成了5个。问题的呈现形式有简答、辨析、分析、归纳、竞猜、探究等多种形式,贴近学生经验,符合学生的心理。因此,本节课学生的学习兴趣与思维被有效激活,学习参与度较高。

陈艳:我们小组观察的是"对话"。这是一堂以对话为主的课,而且是通过大量的生生对话推动学习进程展开的,85%以上的学生参与了直接对话,足见参与度之高。本节课的生生对话形式,了解型12次、理解型8次、探究型3次。在二轮复习课中,这种比例的对话类型,将能很好地引发学生思考,帮助学生提高知识的运用能力,进一步形成有关经济知识的网络,让课堂充满民主、平等、开放、合作的氛围。

俞小萍：我们小组观察的是"学生知识落实情况"，本节课涉及的学科知识，属于《政治经济》第一、二、四单元内的 16 个知识点。其中，学生能准确运用的有 8 个，学生运用较熟练的有 5 个，学生不太熟练的有 3 个。总体上，关于价格、市场调节、企业经营、国家宏观调控的知识，无论从准确表述还是熟练运用上都已落实得相当好。但对涉及影响价格因素的有关知识，学生掌握得还不够深入，说明知识点间的联系没有完全建立起来。

郭威：我们观察的是学生的"参与度"，并主要从三方面观察。在"主动应答"方面，有 19 位同学能够主动站起来回答。在"参与讨论"方面，我们观察到所有学生在规定的时间内都参与了讨论。在"辅助倾听方式"方面，记录信息、查阅书本、动笔计算、补充与疑问学习行为出现的频率为 52%。根据以上观察结果，我们认为本节课学生的参与广度和深度是比较高的。

（三）本次观察形成的结论

1. 教学资源的选择与开发是本节课的亮点。本节课以社会热点——物价作为《经济生活》复习的契入点，以影响物价的各种因素作为教学资源的选择依据，使收集的教学资源既能涵盖经济生活的许多核心知识，又为展开《经济生活》的复习提供了重要的基础。从本节课的 4 大核心问题和 12 个小问题看，师生对收集的素材进行了很好的二度开发，设计成彼此关联的问题串，有力地推动了学生的信息获取和分析能力、学科表达能力。

2. 自主、探究、合作的学习方式是本节课的特色。从本节课的准备和实施看，学生自主确定课题、自主选择教学资源、通过小组合作探究影响物价的因素，很好地体现了"学生主体"的课堂。这是在本堂课中学生表现出参与度高、知识落实有效的原因。从本节的学习过程与结果看，政治沙龙课也是非常适合高三第二轮复习教学的课型，我组今后应加强应用并进一步研究。

3. 教师如何更有效地介入课前的准备与课堂的指导，是我校政治沙龙课今后研究的重点方向之一。只有更好地介入时机、介入深度、介入形式，才能产生更好的教学效果。

【附件】

(一) 教案:《物价风云》(1课时)

※ 学习目标

1. 借助素材感悟、再现和运用《经济生活》的相关知识。
2. 通过解读素材,提高运用经济学知识分析和解决实际问题的能力。
3. 在沙龙课的准备与实施中,体验合作探究学习的意义。

※ 学情分析

高三(16)班的学生主体意识较强,思维比较活跃,学生上课发言积极、主动,敢于提出问题,师生和生生互动比较好。经过第一轮复习,他们对学科知识掌握得较好,学习能力也较强。但本节课对学生的知识运用能力、信息的获取和分析能力、学科的表达能力提出很高要求。

※ 教学准备

师生共同确定了"物价"这一学习主题,然后组建了四个学习大组并选好组长。各组根据确定的主题搜集素材,并备课、制作好课件。

※ 教学过程

导入课题:首先通过课前观看视频调动课堂气氛,指明本节课的主题——《物价风云》。

第一个环节(庞士桐主持):风云突变——观察现象。面对疯狂上涨的物价,网上出现了一些新的词汇,如唐(糖)高宗、梅(煤)超风、将(姜)你军、由(油)他去、逗(豆)你玩、算(蒜)你狠、凭(苹)什么、拉(辣)翻天等。展示2010年的CPI走势图,从中获取一些经济信息,引入新课。

第二个环节(莫玲娇主持):遮天蔽日——分析影响。这一环节主要分析物价上涨带来的影响。通过辨析"物价上涨只会给消费者带来不利影响"这一问题,学生能够辩证分析物价上涨带来的双重影响,并总结辨析题的答题技巧与方法。

第三个环节(黄盛凯主持):翻云覆雨——寻找原因。这一环节主要是提取有效信息,调动《经济生活》知识,分析物价上涨背后的原因。

展示四组材料:

材料一:化肥价格上涨较快,交通运输费用高,自然灾害等。

材料二:很多消费者瞧见了物价疯涨的趋势,并感到恐慌。于是大量购买食用油、粮食等基础生活用品,以备日后需要。在物价持续上涨时,出现了囤积货物的现象,俗称海豚族。

材料三:在物价上涨的背后,是游资炒作和不法经营者在采取欺诈、串通、哄抬、囤积等不正当手段操纵相关商品价格,是农产品价格上涨的直接推手。

材料四:动手动脑算一算。假设2010年所需的货币量是1 000亿元,实际多发行了250亿元纸币,如果其他条件不变,求纸币贬值多少?物价上涨多少?

问题探究:请同学们提炼信息,分析原因。

第四个环节(凌燕婷主持):开云见日——措施成效。

1. 探讨作为消费者在生活中省钱的妙招:自制豆奶、开辟阳台菜园、拼车等。

2. 从国家角度出谋划策,分组讨论"国十六条"中的措施:

(1)成本上涨——降低农副产品流通成本,保障化肥生产;

(2)供求矛盾——大力发展农业生产,稳定农产品供应,保障化肥供应;

(3)市场秩序——做好煤电油气运协调工作,规范秩序,加强市场监管,健全法规;

(4)国家政策——发放价格临时补贴,建立联动机制,落实规范收费各项规定。

3. 学习中央经济工作会议的内容,指出今明两年货币政策的变化。

总结:经过国家、企业、消费者的共同努力,物价有了一定的下降,这说明国家采取的政策是行之有效的,我们要相信未来,因为事物发展的道路是曲折的,前途是光明的。

(二)课后分析报告

报告1:方老师的课后反思

高三学习时间很紧张,本次政治沙龙课,学生从确定主题、搜集资料到制作课件只有一个星期的时间。所以,我很担心这次政治沙龙课的效果,心理有很大的压力。实践证明我的担心是多余的,学生在课堂上的精彩表现给听课教师带来了极大的震撼,这确实超出了我的预想,原来我们的学生是那么出色!听课老师都认为沙龙式的教学对学生能力的培养有极大的帮助,但是沙龙教学也还有许多要改进的地方。

1. 教学目标的达成

从课堂上同学们对知识点的表述、分析材料、提出对策可以看出,本节课的三个教学目标达成情况较好。课堂上,同学们能主动地回答问题,采用设问、追问、对话等形式展开教学,体现了学生的智慧和能力。主持人落落大方,学生的主体意识很强,学生的参与度高、敢于表现,轻松活跃的课堂氛围,都有助于教学目标的落实。

2. 教学行为的有效性

本节课的教学行为我认为是有效的。如:莫玲娇同学主持的第二个环节,通过精心设计问题"物价上涨只会给消费者带来不利影响",然后组织指导学生讨论,学生一方面总结出物价上涨对消费者不利,另一方面,学生也指出物价上涨还会对生产者、经营者、国家、社会都带来各种影响,并对影响进行分析。可见,学生会用一分为二的观点分析经济现象。

3. 教学策略的有效性

"沙龙式"教学是诞生于余高的一种高中政治教学策略,其实质是把课堂还给学生,倡导学生开展自主、合作、探究的创新型学习。由于课堂由学生主导,因此教师在课前和课中对学习的介入与指导的时机与深度把握就非常重要。对许多老师来说,这都是一个难题。既不能影响教学进程的流畅性和学生的创造性,也不能放任自流,这对教师的专业判断力和教学机智是非常大的考验,同时也是我组今后研究的重要问题,以便使沙龙式教学能发挥更大的价值。

报告2:学生问题设计(郑萍、冯晓娴、张海燕)

1. 观察点说明

因课堂完全由学生主导,因此,师生在课前的话题选择和素材收集加工是开展"沙龙式"教学的基础,依据话题和收集起来的素材设计驱动教学的问题,是影响"沙龙式"教学效率的关键。设计什么样的问题,能反映老师的专业能力,对学生的学习效率也有决定性影响。因此,从观察设计的问题入手一定能抓住这节课的核心。

2. 量表设计与观察结果

设计的问题是否能有效地促进学生的学习,从问题的性质看,主要影响因素有问题的表述、问题的呈现、问题的指向、问题与话题的关联、问题的认知层次等方面。这些因素从学生的课堂应答可以作出一些判断。据此,我们设计的量表和观察结果如下:

教学环节	问题	问题呈现方式	问题来源	问题指向	问题与话题的关联	问题层次	问题应答（题意理解/应答方式）
风云突变——现象观察	寻找关键词?	竞猜	A	A	A	B、C	A	集体直答
	从图中能获得哪些经济信息?	图表信息提取	A	A	A	A	B	个别直答、方法引导、总结概括
	CPI 指什么?	简答	B	A	A	A	A	直接说出
遮天蔽日——影响分析	物价上涨只会给消费者带来不利影响。	辨析	A	A	A	B、C	B	分组讨论、课堂交流、引导补充、图表板书提炼
	这属于什么题型? 解题步骤怎样?	简答	B	A	C	C	A	引导考虑、直答
	那物价上涨究竟是抑制消费需求还是刺激消费需求?	听课同学提出疑义	B	A	A	B、C	A	小组讨论、课堂交流、教师引导
	从哲学角度分析物价上涨的利弊?	演绎分析	B	A	A	B	A	口头归纳
翻云覆雨——寻找原因	请提取信息并分析原因?	信息提取与分析	A	B	A	AB	A	思考后回答、总结归纳、板书概括
	动手动脑算一算	计算	A	A	A	B	B、C	计算回答、纠错
开云见日——措施成效	物价上涨,消费者怎么办? 生活中有什么省钱的妙招?	例举	A	A	A	C	A	学生个体直答
	面对物价上涨,国家该怎么办?	归纳分析	A	A	B	A	A	提示引导、概括归纳、课件显示
	与去年相比今年的财政政策有什么变化?	简答	B	A	A	B	A	直答

注：记录说明：(1) 问题来源,学生提出记为 A,课前预设记为 B,课堂生成记为 C;(2) 问题指向,很明确记为 A,较明确记为 B,不明确记为 C;(3) 问题与话题的关联度,很紧密记为 A,比较紧密记为 B,不紧密记为 C;(4) 问题层次,强化基础记为 A;提升能力记为 B;激发情感记为 C;(5) 题意理解,明白的记为 A,不太明白的记为 B,不明白的记为 C;(6) 应答方式,即答记为 A,思考后回答记为 B,讨论后回答记为 C。

3. 观察结果分析及教学建议

本节课四个环节,每一环节都有一个核心问题,然后按照是什么——为什么——怎么样的程序展开学习,使学习过程充满着理性的思维,较好地落实了知识体系的建构和思维能力的培养。

本节课共出现12个问题,其中预设7个,生成5个。7个预设的问题均为主干问题,5个生成性的问题则衍生于7个主干问题,这使学习过程既能按照一定的线索和方向展开,又为学生留下了足够的思维空间。如预设性的"物价上涨只会给消费者带来不利影响吗?"可使课堂讨论聚焦在物价上涨带来的不利影响,而不是天马行空地讨论物价波动对消费者的影响,这就提高了学习效率。因该问题而生成的"CPI指什么?这属于什么题型?解题步骤怎样?"则很好地表现了学生主持人的教学机智,不仅使原设计的问题得到了深化与拓展,还对知识的迁移、巩固与整合,激活思维起到了很好的作用,使课堂充满了生机与活力。

12个问题分别以简答、辨析、分析、归纳、竞猜、探究等形式出现,其中90%以上的问题与话题关联紧密,问题指向明确的占91.6%,50.8%的问题与提升能力直接相关,41.7%的问题有助于激发情感。问题提出后,采用了个人回答、集体回答、角色分析、小组讨论等方式解决,在这一过程中,学生思维活跃,并表现出了浓厚的兴趣,可见问题设计吻合学情。从学生的观点看,问题得到了有效解决,这说明三维目标落实得较好。

报告3:知识目标的达成(俞小萍、仰虹)

1. 观察点说明

知识目标是任何一堂课的核心目标,高三的二轮复习更要关注知识目标的达成。我们所关心的是沙龙教学策略对知识目标的落实作用,为更好发挥沙龙式教学的作用提供研究。

2. 量表设计与观察结果

根据高三第二轮复习课对知识复习的要求,我们判断知识目标的落实指标主要有学生能否准确地说出所涉及的学科知识,能否正确地运用所学知识。我们设计了观察量表,并得到了如下观察结果:

3. 观察结果分析与教学建议

(1)关于"价格"知识,有2个同学知道涉及的知识,但不能清晰地表达,对其中所涉及的货币量计算公式,有3人进行作答。从学生的回答看,

活动环节	知识的表述		知识的运用		
	正确	熟练	准确	较熟练	不熟练
环节一	新课导入,不涉及知识目标				
环节二 价格上涨的影响	消费结构,企业成功经营、市场经济秩序	消费观(2人清晰表述)	价格变动对生活生产影响	国民经济又好又快	
环节二 动手动脑算一算	流通中所需货币量公式(3人回答正确,运用不熟练,换算困难)				流通中所需货币、纸币贬值、物价上涨的关系
环节三		价值决定价格供求影响价格	影响价格因素、国家宏观调控(4人回答正确)	市场调节	
环节四	降低成本、扩大生产,增加供应	调整市场秩序		货币与财政政策(6人正确)	发放价格临时补贴

学生能准确表述该公式,但对知识的运用能力较弱,不能换算成纸币贬值率与物价上涨率。

(2)关于"分析价格上涨的原因"的知识。此环节主要涉及影响价格因素、市场调节、国家宏观调控相关知识,有4个同学参与回答,学生都能针对材料迅速提取有效信息,并成功实现与教材的对接,语言精练,术语准确。这说明学生对这部分知识无论从记忆上还是从理解运用上都非常正确与熟练。

(3)建议。学生对货币量的计算及换算存在问题,今后要加强对计算题的专题训练。因学生的生活经验少,在涉及现实的经济生活时,较难提出有针对性、具体化的建议,只能描述书本内容。我们认为可以从两方面解决这个问题,一是要继续开展沙龙式教学,学生自己选题,自己收集资料,广泛的涉猎和独立的思考,有利于拓展学生的知识面,提高分析能力;二是在平时教学中,教师可以将时政播报5分钟引进课堂,增强学生对国家大事、社会新闻的敏感度,真正做到学以致用。

报告4:学生参与度(郭威、唐立强)

1. 观察点说明

方老师认为沙龙式教学能让"学生积极、主动参与课堂学习",我们就想从学生的参与度上切入,看看此次教学活动是否能实现方老师的教学设想。

2. 量表设计与观察结果

我们认为,这是一堂有许多校内外的老师在现场观摩的公开课,课堂上学生不会出现不听讲的情况,因此,在观察指标设计时,我们考虑从倾听方式角度观察学生的参与学习情况。根据教学设计,本节课学生主要的学习行为有辅助倾听、参与问答和参与讨论,我们决定从这三方面入手,判断学生在课堂上的参与度。

活动环节 \ 学生参与	辅助倾听方式			参 与 问 答			参与讨论	
	补充	查阅	其他	人数	形式	典型事例	人数	表征
新课引入			观看课件,提取信息		齐答	如糖、煤、蒜、姜等		
从图中能够获得哪些经济信息			记录信息	1	个别	分析物价上涨情况	40	同桌交流
物价上涨只会给消费者带来不利影响			查阅书本	1	个别	会给消费者带来的双重影响,而且对其他主体也会	48	4人分组讨论合作学习
分析物价上涨对消费者的影响			查阅书本、记录讨论要点	2	个别	价格变动对生活、生产的影响、消费观		
分析物价上涨对经营者(企业)的影响			同学补充:分析物价上涨会导致失业的增加	3	个别	企业成功经营……		
分析物价上涨对生产者(农民)的影响				2	个别	增收、对生产成本……		
分析物价上涨对管理者(国家)的影响			生成问题:物价上涨究竟是抑制消费需求还是刺激消费需求?	2	个别	国民经济又好又快、市场经济秩序等……	42	小组讨论
动手动脑算一算			动笔计算				42	同桌交流
结合所学知识任意选择一个材料来谈谈你的看法			记录要点	4	个别	价值规律起作用的必然结果、市场调节的缺点		

(续表)

学生参与活动环节	辅助倾听方式			参 与 问 答			参与讨论	
	补充	查阅	其他	人数	形式	典型事例	人数	表征
探讨作为消费者在生活中省钱的妙招					齐答	买衣服、制豆奶、开辟阳台菜园、拼车	28	同桌交流
面对物价上涨,国家该怎么处理	查阅笔记			4	个别	成本上涨、供求矛盾、市场秩序、国家政策	40	分组讨论

3. 观察结果分析及教学建议

观察学生的参与可以从广度和深度两方面进行。根据我们的量表设计,我们主要从以下方面来进行分析。

(1)在"参与问答"和"参与讨论"方面,可以看出在这节课的每一环节中,学生的参与热情都很高。在回答问题的同学中,大部分都能主动回答,形式有齐答与个别回答两种。在参与讨论中,关于人数的计算,我们是通过反向来观察的,即记录没参与讨论的同学。可以看出,积极参与讨论的同学占绝大多数,而且形式有四人小组讨论、同桌交流等。尤其是在分析"物价上涨只会对消费者带来不利影响"中,分四大组进行讨论,每一组扮演一种角色,有10位学生主动起来分析原因,而且讲得都比较到位。

(2)在"辅助倾听方式"方面,形式有记录信息、查阅书本、动笔计算、补充与提问等,这说明学生在高度参与课堂学习。例如,在分析物价上涨对经营者(企业)的影响时,同学能够及时补充"物价上涨会导致失业的增加";在分析物价上涨对管理者(国家)的影响时,同学们生成了"既然房价上涨,买房需求增加,那表明物价上涨究竟是抑制消费需求还是刺激消费需求?"的问题,让课堂讨论进入一个新的高度;在第四环节,有4位同学主动回答,分别从供给、市场秩序、国家政策等方面来出招。以上现象说明,学生具有较高的参与深度。

(3)我们观察到,学生在"综合分析"学习环节的参与度最高。我们认为与如下因素有着十分紧密的关系:第一,学习方式的改变引起学习热情的改变。讲台向来是老师的领地,教师从来都是课堂的主宰。沙龙课上,讲台是属于学生的,课堂由学生主导,在这种情况下,学生的学习参与热情就完全不同了。第二,学习主题贴近学生经验和社会热点,物价是发生在学生身边的与生活息息相关的事情。因此,学生能迅速结合课本知识进行讨论和分析,学生就会有话要说,有话可说,从而增强学生的课堂参与度。

8 历史：百家争鸣

刘亚萍[①]

【背景】

- 任教教师：华婷，中学一级教师，教龄9年，多次在杭州市说课、优质课比赛中获奖，余杭区教坛新秀，教学充满活力，亲和力强，对情境教学有一定的研究。
- 教学主题：百家争鸣（第一课时）[高中历史必修模块3（人民版）]
- 观察教师：历史课堂观察合作体
- 活动背景：本次课堂观察是基于教研组的市级立项课题《利用课堂观察工具探索高中历史有效教学的策略》的研讨活动，余杭区部分高一历史老师和区教研员一同参与观察。

【课前会议】2012年3月6日下午第三节课

（一）华婷老师说课

1. 教材分析

中国两千多年以前出现的以儒、墨、道、法等四派为代表的诸子百家在相互辩难中形成的"百家争鸣"，不仅是中国古典思想文化形成与发展的重要基础，而且对后世中国人的思想观念、风俗习惯、行为方式也产生了深刻的影响，形成了汉民族独具的文化传统。但是，教材在这方面的结构安排上

---

① 此课例由刘亚萍主笔，附件部分为上课教师和各观察教师所写。

存在着一定的缺陷,几乎只是在介绍各派学说的观点,而没有能够很好地体现"争鸣"这一重要的内容,因此在教学的过程当中如何体现"争鸣"是本节课的一大难点。另外,关于百家争鸣的原因和意义,教材中并没有涉及,这就要求教师必须在教学的过程中深入地挖掘这方面的内容,进而体现整节课的深度。

2. 学情分析

本课的授课对象是高一学生。关于百家争鸣的有关内容,一方面学生在初中时候已经有了一定基础,另一方面语文课本中也有一些先秦诸子散文的相关内容,说明学生已初步具备本课有关知识。同时,高一学生的认知能力有了较大的提高,已经初步具备了运用历史唯物主义和辩证唯物主义分析问题的能力和自学、交流的能力。因此,采用什么样的方式拉近与学生的距离并让学生深入其中来感受先哲的智慧,从而提高学生对材料的阅读分析能力,成了一个必须要考虑的问题。

3. 教学目标

(1)知道儒家、墨家、道家、法家的代表人物及主要观点,了解孔子、孟子与荀子对儒家思想形成和发展的重要贡献。

(2)通过材料分析,提高运用历史唯物主义的基本观点和方法分析历史问题的能力。

(3)感受诸子百家为人类思想宝库所作出的卓越贡献,体会人类优秀思想传承对人类文明演进的价值。

其中,春秋战国时期儒家、墨家、道家、法家四家学派代表人物及主要观点是教学重点,了解孔子、孟子与荀子对儒家思想形成和发展的重要贡献是教学难点。

4. 过程设计

(1)教学环节

环节一:圣人生活的时代——"百家争鸣"的背景和含义。从学生的理想入手追寻圣人的理想,用图片材料强调圣人生活的时代背景——大发展、大动荡、大变革。在这样的时代背景下,圣人阐发自己的理想和见解,形成中国古代思想界的"百家争鸣"局面,并结合课本和图片解释百家争鸣的含义。

环节二:追寻圣人的理想——儒家、道家、墨家、法家等诸子百家的代表人物及主要观点。这一环节是本课的重点,其中也有难点,即"了解孔子、孟子与荀子对儒家思想形成和发展的重要贡献"。

环节三:圣人的理想与现实——了解法家思想的意义和认识春秋战国时期形成百家争鸣局面的重要意义。这也是本课的重点之一。在归纳各派圣人的理想后,利用典故"无国要孟子",明确理想和现实的差距——只有法家思想为当时现实所用,引导学生结合初中知识和必修一所学,得出法家思想的影响。其他各派思想在当时虽然未被采用,但其智慧精华惠泽千年,使用"连线题""材料阅读"引导学生感受百家思想对后世中国和世界的影响。

环节四:学生的理想与坚持。这是本节课情感态度与价值观达成的一个重要环节。前面的环节已经铺垫了圣人对理想的不懈追求精神,告诉学生"现实虽骨感,理想要丰满,身体要力行,坚持要到底!"最后学生齐读流沙河的小诗《理想》,体会"坚守理想"的意义。

(2) 教学创新

一是教学线索。以"学生的理想——圣人的理想追求——学生如何坚持理想"为线索,坚持以情感态度的发展层层递进,使知识、能力、情感的发展有机地结合起来。

二是教学重难点的突破。历史史料的选择和解读是历史教学的核心问题,本课我除了使用常规的史料以外,更多地利用了典故作为突破手段。另外本课有7位圣人的观点需要学生掌握,观点归纳法和表格整理法不失为一种高效的落实手段。所以,我认为以典故和古文材料的解读为载体,以表格整理法、图示演绎法、观点归纳法为手段将能有效突破重难点。

(3) 教学困惑

在40分钟的教学时间内,如何既完成教学任务又保证学生的自主学习时间,让学生通过自主分析和讨论达成教学目标,始终是困扰着我的难题。

(二) 华婷老师与观察者的交流

郑怡:现行的教材采用了模块式的编写体系,客观上割裂了同一历史时期社会各领域的相互联系,这对学生理解像"百家争鸣"这样重大历史文化现象的出现会带来很大的困难,不知你在教学设计中有无考虑到这点?

华婷:这个我已经有充分考虑的,在课前导入阶段就会运用一些材料创设相应的历史背景情境,从而让学生能更深刻地理解百家争鸣出现的历史原因,以及各派思想家的理论主张。

谢根祥:我看你的教案设计运用了很多的课外素材,我想知道你是如何运用这些课程资源来促进学生自主学习的?

华婷:我的设计理念主要是"以问题为引导、体验为中心"的情境设计来促进学生自主学习的,但效果如何还有待验证。

刘亚萍:这节课内容涉及春秋战国时期的百家争鸣中儒、墨、道、法四大学派,7个人物,多个领域的主要思想,信息量大且抽象,理论性非常强。因此,教材的处理显得尤为重要,那么,你在这节课中是如何解决这一难题的?

华婷:这节课的确教材处理难度很大。我主要从以下五方面入手:挖掘相关典故,化抽象为具象;使用表格法,进行知识整理;运用图示演绎,化难为易;进行观点归纳,总结各派主张。

蒋春华:《百家争鸣》这节课,内容抽象,理论性强,为了充分调动学生参与学习,你会让学生采取哪些主要的参与方式?

华婷:我主要采取的方式,一是通过创设情境,让学生体验和感悟各派主要主张;二是通过设问,让学生参与解决问题的过程;三是通过齐颂关于理想的诗歌,让学生升华情感。

俞艳萍:预设学习目标是否合理,直接关系到教学效果的好坏。我想观察你预设的教学目标的适切性。

刘美:教师提问的有效性仅仅通过教师提问的内容是很难判断的,因此还要结合学生的反应,能说说这方面的打算吗?

华婷:一方面问题设计尽量符合学生的认知水平;另一方面从学生的听、说、写中判断提问是否有效。

姚伟健:本节课选用很多教材外的学习素材,信息量大,且涉及古文知识,高一学生要在一节课内掌握那么多观点并理清脉络,难度较大。这些素材你如何处理?

华婷:对材料处理,采用典故串线,引到理想的放飞。思想家的最大梦想是让别人接受并实践他的思想,从这个高度设计课堂让主题更独特,更能追求人文精神。

毛宏良:文言文典故,学生能理解吗?

华婷:高一具备了一定文言文知识,而且这些典故已熟知,不会对学生的理解造成大的障碍。

毛宏良:理想如何用典故放飞?

华婷:层层深入,素材本身就是一则很好的教育故事,比说教更有意义。

(三)华婷老师与观察者讨论确定观察点

经过深入交流和商讨,确定的观察点如下:

学生学习·达成·学习目标的达成(俞艳萍)

课程性质·内容·教材的有效处理(刘亚萍、毛宏亮)

课程性质·资源·素材运用的有效性(郑怡、姚伟健)

课程性质·实施·促进学生自主学习的教学设计和组织(谢根祥、刘美、蒋春华)

【课中观察】2012年3月7日上午第三节课

(一)观察工具

观察表(见课后分析报告),摄像机一台。

(二)观察位置的选择

谢根祥、蒋春华、刘美三位老师所选择的观察点与学生学习活动有一定的相关性,并需要了解教师教学对学优生和学困生所产生的不同教学效果,故有意选择坐在学优生和学困生交叉区域进行观察。

郑怡、姚伟健、刘亚萍、毛宏良、俞艳萍五位老师的观察点主要是以教师教学为切入点展开的相关角度,因此,不需要和学生在课堂有正面的交流,故选择坐在教室后排观察。

各位观察者观察位置如下:

		讲	台			
	★	蒋春华	▲		★	刘美
			★			谢根祥
	★			★		
★			▲			★
			★	▲		▲
	▲			★		

俞艳萍　刘亚萍　　毛宏良　姚伟建　郑怡
余杭区其他学校的部分高一历史老师

注：★为学优生，▲为学困生。

（三）观察过程

课前：观察者进入教室，选择适合自己观察的最佳位置，需要针对性观察不同梯次学生目标达成情况的老师，提前与学优生、学困生进行一定的交流。

课中：各观察点老师通过观察课件呈现、教师陈述或学生活动，认真记录与观察量表项目相关的各种质性的和量化的数据，并及时作出评价。

课后：观察者整理观察量表中的各项数据，通过与同伴交流，深入分析，撰写观察报告。

【课后会议】2012年3月8日下午第一节课

（一）华婷老师课后反思

这次课堂观察对我的教学设计能力的提高、新课程理念的理解和落实都有很大帮助，对通过史料阅读、问题驱动和表格整理帮助学生达成学习目标的教学方法有了较深的认识。以史料阅读驱动学生学习，并通过创设问题链帮助学生学习知识，是本节课学习目标达成的重要原因。总的来说，我比较满意。

本节课的不足主要表现在两个方面：一是由于本课教学内容多，任务重，涉及的史料又比较多，课堂上我讲得比较多，对学生的自主学习能力的培养不够。这和我说课时预见的基本一致;二是上课时没有预料到面对简单的提问,学生也没有回答正确,对学生的错误资源没有加以很好地利用。以上情况说明我的课堂驾驭能力还有较大的提升空间。

(二) 观察者简要报告观察结果

谢根祥:促进学生自主学习的教学设计和组织

我从激发学生自主学习动机、促进自主学习策略、教师分类指导三个角度来观察。我记录到,本堂课共创设了 11 个情景,即 11 个历史典故,对学生进行了 4 次思维方法的指导,自主体验与感悟活动 9 次,小组讨论活动 1 次,对学生的个别指导 1 次。从观察数据的统计上可以看出,情境教学华老师做得非常好,通过一系列生动有趣的典故或学生喜闻乐见的材料紧紧吸引了学生眼球,使他们自始至终都保持了强烈的求知欲。但在这个过程中,教师的主导性显得比较强,学生的自主活动、主动探究还是相对较少了一些。在观察过程中我发现身边的部分学生对有些问题是持不同说法的,而华老师没有给予相应的关注,如果能充分利用好课堂教学生成来解决学生的思维难点就更好了。

郑怡:教学素材运用的有效性

素材来源,基本来自教材外,教材资源基本没用。素材的运用,基本上都是组合利用,比如有些是照片和文字的结合,有些是表格与照片的组合,有些是照片与照片的组合。素材的呈现时间和利用,根据我们的观察,学生的接受和时间大多比较充裕,如新课导入的"铁犁牛耕与战国地图"这组素材,既生动、全面地反应了春秋战国特定的历史背景情境,又有效节约了素材呈现的时间,利用方式有简单呈现、教师讲解、问题探究,使得教学过程比较丰富地生成,较好地发挥了素材的作用。但教材资源基本不用,这一方面对于教师备课会带来很大的压力,另一方面也并不利于对教材的深入理解和把握。

俞艳萍:学习目标达成

知识目标,"了解儒道法墨的主要代表人物及其观点,了解孔子、孟子、荀子对儒家思想的形成和发展的贡献",华婷通过拆字法(如"仁")、典故(共用 11 个典故),激发了学生的学习兴趣,通过师生交流,学生较好地解读和理解了诸子观点,从学生观点和表现看,知识目标达成情况较好。

过程和方法目标,通过文字材料和典故(主要是典故)以及表格梳理贯穿整个教学,学生不仅知道了诸子百家的主要主张和观点,并且使"运用历史唯物主义的基本观点和方法分析历史问题的能力"这一目标得到了落实。

情感价值观目标,从导入和标题中的放飞理想的风筝,到最后全体学生大声朗诵流沙河的诗歌《理想》,使逐渐积聚的情感到达顶峰,情感有较好的体验。

刘亚萍:教材的有效处理

华婷在教材的加工和运用上,没有对教材内容进行平铺直叙式的呈现,而是用11个历史典故、4个表格、3个图示、20多次提问、8次学生活动,对教材内容进行了不同角度的整合,有效突破了重难点,充分体现了华老师对教材内容再开发和再创造的过程。总之,这节课华老师既注重依托教材,又创造性地寻找与学生认知水平相适应的历史史料,以此创设历史情境,帮助学生化解了抽象的思想主张在认知上的困惑。

(三)本次观察形成的结论

1. 本节课的教学目标达成较好。华老师通过丰富而有效的材料进行突破,学生学习气氛活跃,对典故的解读认识比较到位,对诸子的主张整理归纳精炼而全面。美中不足的是,让学生"感受诸子百家为人类思想宝库所作出的卓越贡献,体会人类优秀思想传承对人类文明演进的价值"这一目标,华老师只用了"连线题""材料阅读感知"的方法,手段和方法相对简单,使学生的感悟体验不够深刻与自然。

2. 情境教学是本课的一大亮点。本课容量大、内容抽象、理论性强,同时学生初中已学过这些内容,如何提高课堂效率,激活学生学习兴趣与思维实非易事。华老师通过一系列生动有趣的典故或学生喜闻乐见的材料紧紧吸引了学生的眼球,让学生身临其境,由情境产生问题,以问题推动学习,激发学生的学习兴趣,培养学生的思维能力,整堂课充满了学生主动探究、自主体验感悟的学习氛围。

3. 在教学素材的选取上,可以考虑更深层次地挖掘教材现有的教学资源。从本堂课的情况来看,课外的教学素材资源占了相当大的比重,这必然对教师备课带来很大的压力,也可能不利于学生对教材的深入理解和把握。

同时在选择文字素材时,应尽量回避艰涩难懂内容,如果一定要用,可以加些注释,并给予学生一定的理解与思考的时间,而不能急于得到学生的回答。

4. 华老师对选择典型材料,创设简洁、有效教学情境确实有一定的研究与经验,从教学效果而言,更为学生学习目标达成提供了较大的帮助。基于华老师这样的特点,这理应成为她今后的一个重要研究方向。建议华老师在选取素材、情境教学方面进行更深入的探索,必将有助于她形成自己的教学风格。

【附件】

(一) 教案：百家争鸣

1. 教学目标(见课前会议说课)
2. 教学过程

环节一：圣人生活的时代——"百家争鸣"的背景。

环节二：追寻圣人的理想——儒家、道家、墨家、法家等诸子百家的代表人物及主要观点。

儒家——仁政礼治,为政以德

◆ 利用典故和材料分析孔子、孟子、荀子的思想及贡献。

◆ 难点突破——图示演绎法了解孔子、孟子与荀子对儒家思想形成和发展的重要贡献。

道家——道法自然,无为而治

◆ 利用典故和材料分析老子、庄子的思想主张。

◆ 归纳道家的思想核心。

法家——改革集权,依法治国

◆ 利用典故和材料分析韩非子的政治主张。

◆ 归纳法家的思想核心。

墨家——兼爱非攻,身体力行

◆ 利用典故和材料分析墨子的思想主张。

◆ 归纳墨家的思想核心。

环节三：圣人的理想与现实——了解法家思想的意义和认识春秋战国

时期百家争鸣局面形成的重要意义。

◆ 典故"无国要孟子"明确理想和现实的差距,只有法家思想为当时现实所用,引导学生结合初中知识和必修一所学得出法家思想的影响。

◆ 使用"连线题""材料阅读"引导学生感受百家思想对后世中国和世界的影响。

环节四:学生的理想与坚持。"现实虽骨感,理想要丰满,身体要力行,坚持要到底!"齐读流沙河的小诗《理想》:"理想是石,敲出星星之火;理想是火,点燃熄灭的灯;理想是灯,照亮夜行的路;理想是路,引你走到黎明。"

(二) 课后分析报告

报告1:华婷老师的课后反思报告

2012年3月,我们历史组进行了一次课堂观察活动。我承担了开课任务,同时也邀请了余杭区高一历史组同仁参加。课后,各位同仁给予了较高的评价。教研员用了"容量大、线索清、内容新、概括明、效率高"来总结评价这节课。

在课后会议上,组内的各位老师根据观察记录表记录的情况纷纷发表了意见。我认真聆听、积极探讨、悉心接受同事们提出的各种意见和建议。课后,我从以下三个方面对本节课进行回顾与反思:

1. 反思教学目标的达成

本节课的目标主要有三个:(1)了解儒家、道家、墨家、法家等诸子百家的代表人物及主要观点;(2)了解孔子、孟子与荀子对儒家思想形成和发展的重要贡献;(3)感受诸子百家为人类思想宝库所作出的卓越贡献,体会人类优秀思想传承对人类文明演进的价值。

目标一和目标二主要体现的是知识与技能,过程和方法。在这两个目标的落实上,我花了大量时间,使用了丰富而有效的材料进行突破,并利用表格、图示对基础知识进行归纳整理,达成效果良好。

对于第三个目标——感受诸子百家为人类思想宝库所作出的卓越贡献,体会人类优秀思想传承对人类文明演进的价值。这一目标体现的是情感态度与价值观,为了达到目标,我用了"连线题""材料阅读感知"的方法进行处理。课后,各位老师都认为这个教学目标实现方式过于简单,没有对

"百家争鸣"的意义进一步进行归纳整理,不利于学生的掌握,达成不是很理想。这一点我事前也有预见。因为一节课只有40分钟,本次课有些地方可能只是简单处理,待到下节课再做补充。

2. 反思教学行为的有效性

课前,我针对高一学生的基本情况,尤其是对他们的古文阅读能力进行了了解。除了基本的古文材料外,我选择了用11个"典故"来激发学生兴趣,突破重难点。教学内容多,史料阅读量也比较大,还有几十个老师在听课,对学生的考验也是巨大的。结果,教学任务在一节课40分钟内从容完成,学生学习气氛活跃,对典故的解读认识比较到位,对诸子的主张整理归纳精炼而全面。这些现象说明我在素材的选择与运用上还是比较合理的。

3. 反思课堂生成的处理

本节课的难点是对儒家思想的归纳和掌握。在对孔子主张与贡献的表格整理中,两位学生都没有答对。这一内容是书本上明明白白写着的,思维难度并不大,但是连续两位学生看书整理都回答不上来,这是我所没有预料到的,对学生出现的错误资源没有进行很好地利用。这也反映了我平时对学生的预习指导还不到位。

报告2:促进学生自主学习的教学设计和组织(谢根祥、刘美、蒋春华)

1. 观察点选点说明

培养学生自主学习能力是新课程的核心理念,当下,本组正在推进《基于学生自主学习的历史教学课型研究》。我们以为,学生自主学习意识与能力的形成,取决于教师对这一问题的关注度及教师相应的教学设计与课堂组织,因此,在本次课堂观察中我特意选择了这一观察点。

2. 观察量表及观察结果说明

课堂上促进学生自主学习的因素主要包括激发学生自主学习的动机、促成自主学习的策略和教师分类指导三个方面。激发动机是解决学生自主学习意愿的问题,可以从创设情景、引发兴趣着手。而促成自主学习策略,可以通过培养自学习惯、思维方法指导、促进自主体验感悟及小组合作等途径来培养。教师的分类指导则主要表现为分层教学与个别辅导两方面。据以上分析我设计了如下观察量表,并得到了相关结果。

主要教学环节	激发自主学习动机	促成自主学习策略		分类指导			
		培养习惯（梳理、提问等）	思维方法指导	体验感悟	小组讨论	分层教学	个别辅导
1. 导入新课	材料情景	提问	春秋战国思想活跃原因分析方法				
2. 孔子思想：仁、礼、德等	情景法			√			
3. 孔子教育思想及文化贡献		阅读、梳理	图表法				点拨
4. 孟子思想	情景法			√			
5. 荀子思想	情景法						
6. 儒家志二治国思想			图表法、比较法				
7. 老子的思想	孔子问道、《道德经》	提问	从具象到抽象	√	合作讨论		
8. 庄子思想	庄周梦蝶		图示法	√			
9. 道家思想的归纳概括		归纳习惯、方法					
10. 韩非子思想	守株待兔			√			
11. 法家思想的归纳		归纳习惯、方法					
12. 墨子思想	材料情景	梳理方法指导					
13. 理想与现实的思考	材料情景		演绎法	√			
14. 今古链接	材料情景	提问					
15. 情感升华	《理想》诗	齐读		√			

3. 观察结果分析及教学建议

第一，教学设计上，通过情境的创设与利用来激发学生的学习兴趣。本节课内容抽象，且学生在初中已学过，要激活学生兴趣实非易事。但观察发现，本节课学生兴趣浓厚，充满了主动探究、自主体验的精神，这得益于一系列生动有趣的典故。在情境的运用中，通过鼓励学生独立思考，大胆发表见解，营造了良好的自主学习的舆论氛围，使得这堂课在激发学生自主学习的动机方面相当成功。

第二，教学策略上，探究与讲解相结合较好地促进了学生的自主学习。本节课共安排了12处自主探究活动，通过对典故的自主式解读，较自然地解决了重点和难点，引导学生结合材料回归课本，理清层次，梳理要点，并以表格形式呈现结果，这对学生形成自主阅读的能力和习惯很有帮助。但我们也发现，本节课的指导形式不够丰富，讲解还是较多。

第三,较关注学生的分类指导。观察发现,老师提问的对象是多层次的,对于那些大胆、思维活跃的学生,华老师为他们创造了较多的展示、表现自我的机会,而对于部分学困生,有意为他们设置了简单易答的基础性问题,采用启发、激励式等方法,树立他们信心。难能可贵的是,对个别学生还有跟踪式的引导,这对学生树立自主学习的信心很有帮助。

报告3:教材的有效处理(刘亚萍、毛宏亮)

1. 观察点选点说明

教学资源的开发与设计是本节课的亮点,但在大量地引用课外资源的情况下,如何有效地使用教材是值得我们研究的课题。

2. 观察量表及观察结果说明

教材处理的策略有,增:新加内容,如补充材料,或主题活动、实验操作等;删:删除重复的、不符合标准的、不必要的内容;换:更换不同知识点或不同学科的内容;合:整合不同知识点或不同学科的内容;立:打破原来学科内容的次序,创立全新的框架结构。①

观察表及结果如下:

教材内容		教材处理 (增、删、合、立、换)	学生反应 (倾听、观点、作业、表情)
新课导入		增:铁犁牛耕和战国形势图、文化地图;立:打破原有的教材结构,重新以圣人治国理想作为教学主线。	倾听:比较投入、兴趣度高;表情:有些惊奇。
讲授新知	儒家学派之孔子	增:补充材料马厩失火、季氏违礼;换:将《人物评说》中孔子"德治"主张结合进来;合:表格法。	倾听:兴趣浓厚,很认真;表情:若有所思,对材料解读有些难度;观点:无。
	孟子、荀子	增:补充材料孟、荀言论;合:孔、孟、荀三者继承发展关系结构图。	观点:总结比较明确、完整。
	道家学派之老子	增:补充材料孔子问道、治大国如烹小鲜;合:表格法;换:教材资料卡片未使用。	观点:归纳不够准确,材料解读难度较大。
	庄子	增:补充材料庄周梦蝶;换:教材古文材料未使用;删:庄子思想产生的影响。	观点:学生理解难度较大,不能独立解读材料得出结论;表情:一开始觉得很有意思,深入后逐渐显得疑惑不解。

---

① 沈毅、崔允漷教授主编:《课堂观察:走向专业的听评课》,华东师范大学出版社2008年版,第106页。

（续表）

教材内容		教材处理 （增、删、合、立、换）	学生反应 （倾听、观点、作业、表情）
讲授新知	法家学派之韩非子	增：补充材料守株待兔、韩非言论；删：法家思想产生背景、李悝变法、商鞅变法及"法""术""势"学派、法家思想的影响；合：表格法。	观点：讲授未能和教材紧密结合，学生对法家思想产生的影响不能从书本上给予有效归纳。
	墨家学派之墨子	增：补充材料一毛不拔及墨家思想特点；删：墨家对认识论和逻辑学的贡献。	表情：学生哄笑，对此典故流于表面认识；倾听：能比较安静地听老师讲解。
	复习巩固	增：连线题；换：课后自我测评和阅读思考题。	作业：当堂完成。
	课堂拓展	增：诵读流沙河《理想》；补充材料，讨论诸子百家思想影响。	表情：学生激情被点燃，课堂氛围推向高潮。

3. 观察结果分析及教学建议

（1）增加的内容。本节课增加的内容共有十处。从素材补充来看，有铁犁牛耕图、战国形势图及2500年前的文化地图、诸位思想家画像等图片，有马厩失火、季氏违礼……孟、荀、韩非言论等文字材料；从问题探究来看，有百家争鸣的原因、各流派的历史命运；从活动形式来看，有诵读活动、讨论活动；从教学内容拓展来看，华老师将百家争鸣的时代背景、影响、《人物评说》中孔子"德治"主张等进行了整合。这样的处理对学生学习的影响是素材更为丰富，知识体系更为完整，思维活动更加充分，情感体验更能落到实处。但是，这样的处理结果是教师的主导作用比较突出，而学生的主动性发挥不够。课外材料增加过多，也导致教学节奏紧张，课堂气氛不够活跃。

（2）减少的内容。本节课减少的内容是庄子思想产生的影响，法家思想产生的背景、影响，李悝变法、商鞅变法及"法""术""势"学派，墨家对认识论和逻辑学的贡献等。这样的处理对学生学习的影响是有更多的时间用于解决重难点问题，但对庄子、韩非子思想影响的删减却不够恰当。本课比较薄弱的地方正在于突出了"是什么"而弱化了"为什么"和"怎么样"。所以，这样的处理效果是主干知识比较突出，注重基础，但教学深度不够。

（3）替换的内容。教材关于老子、庄子、韩非子都有相应的古文材料，华老师将其替换成表格或其他素材，这样的处理对学生的学习影响是过于注重课件,导致对教材的利用率低,有些学生甚至跟不上老师的节奏,找不到老师讲课的相应内容。

报告4:教学素材资源有效运用的策略观察报告(郑怡、姚伟建)

1. 观察点选点说明

历史素材资源是文字、图表、图片、动画和影像等各种形式历史教学资料的总称,在历史教学设计中,历史素材资源的应用占据着极其重要的地位。但是历史教学设计中历史素材资源的应用,并不是一个简单的资料叠加过程,而是一个对历史素材资源在分析、筛选、组合和改造基础上加以合理利用的资源整合过程,整合的优劣直接影响着教学效果的好坏,需要教师特别重视讲求运用策略。《百家争鸣》一课涉及的思想学派众多,内容繁杂,如何合理利用教学素材资源在很大程度上关系到教学目标的最终达成,因此,在本次课堂观察中,我特意选择了"教学素材资源有效运用的策略"这一观察点。

2. 观察量表及观察结果说明

教学素材是为实现教学目标服务的,生动、简约、科学的教学材料有利于促进教学目标的达成,有利于促进学生的学习。因此,我们决定从"目的性""生动性""科学性""简约性"四个方面观察教学素材的运用情况。据此,我们设计了如下观察量表并得到了如下观察结果:

素材名称	素材类型	素材来源	生动性			科学性			简约性			目的性	
			新颖度	趣味度	情境度	知识准确度	内容契合度	学情适合度	使用数量	整合方式	呈现时间	目标指向	利用方式
铁犁牛耕与战国图	图片	课内	B	B	B	A	A	A	A	A	A	A	简单呈现
火烧马厩	文字	课外	A	A	A	A	A	A	A	A	A	A	问题探究
季氏违礼	文字	课外	A	A	B	A	A	A	A	A	A	A	问题探究
苛政猛于虎	文字	课外	B	B	A	B	A	A	A	A	A	A	问题探究
君舟民水	文字	课外	A	A	A	A	A	A	A	A	A	A	简单呈现
道德经	文字	课内	A	A	A	A	A	A	A	A	A	A	简单呈现
孔子问道	文字	课外	A	A	A	A	A	A	A	A	A	B	教师讲解
治大国如烹小鲜	图文	课外	A	A	A	A	A	A	A	A	A	A	教师讲解
庄周梦蝶	图文	课外	B	A	A	A	A	A	A	A	A	A	教师讲解
守株待兔	图文	课外	B	A	A	A	A	A	A	A	A	A	教师讲解

（续表）

素材名称	素材类型	素材来源	生动性			科学性		简约性		目的性	
			新颖度	趣味度	情境度	知识准确度	内容契合度	学情适合度	使用数量	整合方式	呈现时间	目标指向	利用方式
韩非言论	文字	课外	A	A	A	A	A	A	A	A	A	A	教师讲解
一毛不拔	文字	课外	A	A	A	A	A	A	A	A	A	A	教师讲解
孟子境遇	文字	课外	A	A	A	B	A	A	A	A	A	A	问题探究

注：1. 新颖性分为 A. 新颖, B. 一般, C. 陈旧；2. 趣味度：A. 有趣, B. 适中, C. 枯燥；3. 情境度：A. 良好, B. 适中, C. 欠佳；4. 知识准确度：A. 引用材料知识正确, B. 引用材料存在知识错误；5. 内容契合度（与教学内容的相关性）：A. 紧密, B. 适中, C. 不强；6. 学情适合度：A. 适度, B. 过简, C. 过难；7. 使用数量：A. 适度, B. 偏少, C. 偏多；8. 整合方式：A. 适度, B. 过简, C. 过繁；9. 呈现时间：A. 适中, B. 过长, C. 太短；10. 目标指向：指素材针对的教材具体教学目标或过程，包括导入、重难点、能力培养、情感态度塑造等；11. 达成方式：包括简单呈现、教师讲解、问题探究、角色扮演等。

3. 观察结果分析及教学建议

本节课的信息量非常大，而且许多思想主张非常抽象，高一学生在理解上有不小的难度，这对于教学是一大挑战。因此，教学素材资源的合理利用就尤为必要。以下根据我的观察结果对本节课素材资源利用情况进行分析。

（1）素材的选择与利用。我们观察到所选材料与教学目标一致性非常高，如"火烧马厩""季氏违礼""苛政猛于虎"等几个材料非常生动、准确地说明了孔子的核心思想。素材的利用形式有教师讲解、问题探究、自主阅读等。

（2）素材类型和来源。素材有图、表、文字三种类型。图表素材比较直观，更利于学生接受信息，也更利于培养学生的分析能力。但文字素材由于都是古文，比较艰涩难懂，就应适当增加注释。本节课的课外资源较多，但这样一来，客观上可能会让学生产生课本不重要的印像，这对教学是不利的。如何平衡课本外资源和课本内资源，如何引导学生重视课本、挖掘课本资源是值得注意的地方。

（3）素材的生动性和科学性。许多材料非常新颖，也能够激发起学生学习探究的趣味，比较符合高一学生的实际学情；同时在科学性方面，又很好地处理了材料与教学目标及教学内容的契合性，同时没有出现明显的知识性错误。

(4) 素材的简约性和呈现时间。本节课的素材都比较简洁、明了,大多经过了精心整合,有利于学生阅读和分析。从我们的观察结果看,大部分素材呈现的时间比较合适,留给学生的思考时间比较充裕,但在呈现"孔子问道"的材料时,从学生的反应来看时间给得不够。

报告5:学习目标的达成(俞艳萍)

1. 观察点选点说明

这堂课的教学内容是古代思想家们的思想主张,比较难懂、枯燥。如何在教学中深入简出,并激发学生兴趣是教师要突破的难点。从华婷老师说课来看,她想通过典故作串联,让学生自己概括和了解诸子百家的主要观点,并提升学生通过材料获取信息以及概括信息的能力,由此来完成预设的教学目标。对此,我很感兴趣。

2. 观察量表及观察结果说明

根据华婷老师的说课和本节课的教学设计,我想观察本节课的教学目标,需要思考以下问题:一是学生是否知道教学目标,如何知道的;二是教学目标是通过哪些途径实现的,这就关系情境创设、学生活动设计、教学环节设计等要素;三是教学目标达成检测。根据以上分析,我设计了如下观察量表并得到了观察结果。

预设教学目标	知道和理解儒、道、法、墨代表人物及主要观点(难点)	了解孔、孟、荀对儒家思想形成和发展的贡献(重点)	认识百家争鸣形成的重要意义	感受诸子百家对人类思想宝库作出的卓越贡献
目标提出方式	通过概括、整理等方式,列出思想家们的主张,使学生明了学习目标		通过今古连线使学生感受	通过学习活动、情景体验让学生感受
情景创设	8则材料、1个拆字法(仁)、9个典故		今古对接	流沙河,《理想》
学习活动	学生思考回答、合作探究、阅读归纳		今古对接	古今连线,体朗诵《理想》
教学环节	从新课导入到课尾集体诗朗诵,紧凑且环环相扣			
教师语言和活动	提供材料、表格梳理、概括总结,设计并理答问题			
教学目标达成检测	无		无	无

3. 观察结果分析及教学建议

（1）教学环节与教学目标的达成分析。本节课的教学环节：① 通过拆字法、典故、文字材料，使学生参与其中，发挥自主学习能力，激发学习兴趣，并解读诸子观点。② 通过列表对诸子观点进行梳理，成知识体系。③ 对儒墨道法四家思想进行概括，用寥寥数语列出各家核心主张。④ 让学生阅读教材进行归纳（如孔子教育思想）。⑤ 通过文字材料的解读和信息提取概括诸子观点，学生解读材料提取信息的能力得到培养。⑥ 通过老师点拨，了解孟子和荀子对儒家思想的发展。从课堂上的环节演绎看，三维教学目标落实得较好。

（2）教学目标的呈现方式与达成途径分析。本节课的教学目标均清楚明晰地告诉了学生，使学生带着目标学习，知道自己要到哪里去，这是非常好的。通过情境创设，大量的师生对话，使学生以探究的方式获得知识、发展能力、体验诸子百家的思想情感。所以，从这些现象看，这节课的三维目标达成度较高。但这节课缺少对目标达成的检测，所以，最终真实的达成情况不十分明朗，需要适当减少教学内容，增加巩固内容和检测方式。

9 地理：地球的公转运动

尹新建[①]

【背景】

- 上课教师：尹新建，教龄11年，中学一级，有较好的教学素养，并有一定的创新能力。
- 教学主题：地球的公转运动[普通高中地理课程·必修Ⅰ（湘教版）]
- 观察教师：地理课堂观察合作体成员
- 活动背景：近几年来，我组把课堂观察作为提高课堂教学效率的重要抓手，累积了一些经验，正在向纵深迈进。本次活动即处在这样的背景中，并有外省的多位同行全程参加了这次活动。

【课前会议】2011年9月7日下午第3节课

（一）尹新建教师说课

1. 教材分析

本节内容（湘教版地理Ⅰ第一章《宇宙中的地球》第三节）是本单元的重点内容，也是学习自然地理的基础。有关"地球的运动"，学生在初中已有初步了解，但初中侧重说明地球的自转和公转的平均状况，学习掌握的内容比较浅显，本章内容与初中所学知识相比有了一定的深化和提高。在地球公转知识介绍时，充分利用活动、阅读、图表等形式具体阐述公转的方向、

---

① 此课例由尹新建执笔，附件部分为上课教师和各观察教师所写。

周期、速度,并侧重让学生探究理解地球公转的地理意义、成因及其应用等。

2. 学情分析

作为能进入余杭高级中学这所重点中学的学生,学习的基本素养还是不错。但是学生刚进入高中不久,还没完全适应高中的学习和生活,自主学习能力和探究精神还需要慢慢培养。虽然大部分学生学习的进取心比较强,但学生总体上空间想象能力和推理能力比较弱,学习这部分内容难度会比较大。

3. 教学目标

根据以上分析,我确立了以下教学目标:

(1)通过地球仪和媒体动画两种不同形式演示地球公转过程,研究地球围绕太阳公转示意图,列表说明地球公转运动的基本特征。

(2)通过观察地球围绕太阳公转运动导致太阳直射点的移动现象动画模拟,绘制太阳直射点回归运动示意图。

(3)通过观察太阳直射点回归运动及晨昏线的移动动画模拟,小组合作绘制"二分二至"日太阳光照示意图(侧视图)。

(4)通过观察太阳光照示意图,在教师的引导下小组合作列表完成晨昏线、正午太阳高度和昼夜长短变化,并能描述其基本规律。

地球公转的基本特征(方向、周期和速度)、黄赤交角和太阳直射点回归运动、全球昼夜长短和正午太阳高度的变化规律,及绘制、阅读光照图的能力都是本节课的教学重点和难点。

4. 教学流程

(1)本节课的教学环节

环节一:激发探究·引入新课。用"两小儿辩日"的故事导入,并抛出问题"地球在运动的过程中是否存在距离远近的问题呢?其远近又与冷热有没有关系呢?"引入学习主题。

环节二:读图探究·列表整理。教师引导学生阅读"地球围绕太阳公转示意图",小组合作列表整理地球公转的基本特征。教师再抛出问题"从今天到明天,地球的公转速度如何变化?到春节呢?"落实巩固知识重点。最后通过"误区警示"帮助学生加深对知识的理解。

环节三:观察推理·绘图整理。动画演示"地球围绕太阳公转运动导致太阳直射点的回归运动",形成黄赤交角示意图,绘制太阳直射点在南北回归线之间的运动轨迹示意图,整理太阳直射点的移动规律。通过"思考探究"问题的解决,加强知识的落实巩固。

环节四:观察绘图·探究整理。观察太阳直射点回归运动及晨昏线的移动动画,在教师的指导下试着画出春秋分日、夏至日和冬至日太阳光照侧视图。通过观察太阳光照侧视图,小组合作初步探究整理关于晨昏线、正午太阳高度和昼夜长短变化的基本规律。

5. 创新与困惑

对地球运动的理解需要较强的空间思维能力,对学生而言难度较大,因此通过创设情境设计探究任务,借助多媒体课件演示,让学生形成一种直观的感受,引导学生在动手合作中逐步完成学习任务。

本节课充分体现了学生的学习主体地位,设计了很多活动让学生参与,具体涉及两大能力:一是学生读图析图能力,二是引导学生运用所学知识推理归纳能力。这两大能力是地理学科必须掌握的能力。但是时间相对有限,在知识获取与能力培养之间取得平衡是较难把握的地方。

(二)尹老师与观察者的交流

陈彤:本节教材资源(包括"正文""阅读""活动")是否有不合适,需要删除的?

尹新建:"近日点和远日点"阅读材料是重点知识,应在理解上掌握;"晨昏线"阅读材料前面已经学习,在这里主要是要掌握其基本特征,应做重点处理;教材第22页"活动"中的太阳光照图是载体,其中的问题需要加工;教材第23页"活动"则可以不要。

陈彤:媒体的使用的确会使学生增加兴趣,但有时也会分散学生们的注意力,有些学生只对媒体形式有兴趣,却对学习内容没兴趣,你是如何处理这个问题的?

尹新建:首先,得选好媒体素材,所选的素材符合学生的认知特点,紧扣教学目标。第二,在于老师的引导,有时学生的注意力会被媒体的其他特性所吸引,如图片的精美、奇特等,但只要教师引导得好的话,学生还是会回到应该关注的点上的。

赵圣玉:该如何处理教材第22页的"活动"?

尹新建：设置成探究题。依据"活动"中提供的光照图,让学生观察、对比,推理归纳正午太阳高度变化及昼夜长短变化规律。

赵圣玉：你准备如何让学生回答你的问题？

尹新建：以自由回答和齐答为主。我提问的同学以单独回答为主,对一些问题的回答我会适当追问。

许国鹏：对学生的回答结果你作如何评价？

尹新建：总结,点评或追问。

孙香花：在讲地球公转的基本特征时,是否与地球自转的基本特征对比？

尹新建：是的。要先回顾地球自转的基本特征,然后提供地球公转示意图,让学生自主归纳,老师再点拨下。

孙香花：课堂上你主要的呈示方式有哪些？是否存在呈现方式上的困惑？

尹新建：本节课的主要呈示方式演示(展示)——探究——整理(回答、列表归纳、绘图),有点担心学生活动的参与度和探究能力。

孙香花：在哪些环节创设了特定教学情境？

尹老师：对于教学情境的创设,主要设置一些问题情境,在每一个问题里,像地球公转的意义的导入,都配有图片、动画等辅助,以此帮助学生思考。

於萍：那你这节课的内容表达方式主要是多媒体课件的呈现吗？

尹新建：嗯,课件只是方便展示地图、基本的知识框架和问题,更多的还是靠学生探究。教师的板书也是需要的。

於萍：好的,那我就用你教学表达的方式这个角度来观察学习目标的达成。

沈宇清：对于不积极回答问题的同学你如何处理？

尹新建：启发、引导,作好铺垫。

陆益清：本节教材在重新整合时,整体上需要作怎样的结构性调整？

尹新建：由于本节教材更多地停留在看图说话的层次上,是一种科普性质的文体,知识点间没有明显的结构线索。所以有必要通过补充、整合,挖掘知识间的因果关系,帮助学生形成知识结构,具体想通过补充和加强"地球自转的意义以及各个意义之间的内在联系"来达到这个目的。

（三）尹老师与观察者讨论确定观察点

经过再次商讨,七位观察者确定的观察点如下：

教师教学·呈示·课堂教学中媒体的应用（陈彤等）

学生学习·互动·学生课堂活动的有效性（许国鹏等）

课堂文化·思考·学生的思维状态（孙香花、沈宇清等）

【课中观察】2011 年 9 月 16 日上午第 4 节课

（一）观察工具

观察表（见课后会议分析报告），摄像机一台。

（二）观察位置的选择

课前，各位观察者根据所选观察点，各自选择了观察的位置。许国鹏、沈宇清老师的观察重点在学生，故选择了一个学优生、学困生人数比例较恰当的位置进行抽样观察。

				讲　台			赵圣玉、於　萍		
				▲		★			
▲			过道				过道		▲
	★			★	许国鹏 沈宇清	▲		★	
					★				
				陈　彤、陆益清、孙香花、外省的地理教师					

注：★为学优生，▲为学困生；外省同行或坐后边，或坐过道，与学生距离比较近。

（三）观察过程

各位观察者利用量表进行观察记录，陈彤老师对一些重要的过程进行了拍照。

【课后会议】2011年9月17日下午第3节课

（一）尹新建老师课后反思

1. 目标达成

从学生合作梳理出地球公转基本特征的结果来看，知识目标1达成情况良好。通过学生在练习本上绘制的示意图和对思考探究题的回答情况来看，知识目标2（通过观察地球围绕太阳公转运动导致太阳直射点的移动现象，绘制太阳直射点回归运动示意图）和知识目标3（观察太阳直射点回归运动及晨昏线的移动动画，小组合作绘制"二分二至"日太阳光照示意图）的完成情况也比较理想。知识目标4（通过观察太阳光照示意图，在教师的引导下小组合作列表完成晨昏线、正午太阳高度和昼夜长短变化的基本规律）因受教学时间限制，本节只能初步探究，留待下一课时继续探究和整理。

2. 教学策略

本节课主要采用了学生探究和老师点拨相结合、小组合作探究和个人探究相结合的方法。通过创设情境，引导学生渐进式地分析问题，最终达成知识目标。在突破教学重点和难点时，通过启发引导学生展开联想，把问题引向深入，取得了较好的教学效果。此外，在讲解和媒体的配合上、在多种媒体的综合运用上都取得了较好的效果。

3. 课堂生成

在地球公转运动的特征和太阳直射点移动的理解上，学生掌握的程度比我预想的好，导致动画演示意义不大，这说明学生的生成比我预想的好，但我依然进行了动画演示，这说明我对课堂生成的关注上有待提高，教学机智也有待提高。

（二）观察者简要报告观察结果

许国鹏：学生课堂活动的有效性

比较而言，"画二分二至日侧视光照图，提取地球公转的意义"参与度是最高的，我们可以观察到样本中的12位学生在老师的引导下，都在纸上画二分二至日光照图，这表明在此环节学生的兴趣浓厚。通过分析，我们认为这是尹老师此环节采用了情境教学的方法,充分调动了学生的脑、手、口、耳等多种器官参与学习。

在"提取太阳直射点回归运动的规律"的学习环节,2名学生代表分别提到了回归运动是"周期性运动""黄赤交角与回归线度数相等"等要点,说明他们观察 Flash 和图片中,提取信息的能力还是很强的。但从参与度来看,学生参与的兴趣不是很高,有少数学生在下面自己讨论。建议对学生参与度不高的原因做一个分析。可能是教师指令不清?任务过于简单?任务过难?目前,我们还没有分析清楚。

孙香花:学生的思维发展

问题类型以启发式居多。如在讲公转意义时,先让学生画图,再看图形思考晨昏线、昼夜长短的变化规律,进而让学生进行回答,环环紧扣,很好地启发了学生思维,学生思维活跃,回答也有创新,课后调查,达成情况良好。这说明时机恰当的启发式的提问可以很好地激发学生思维。

在公转基本特征的填表环节中,由于有基础,此环节开展得很顺利,课后调查达成情况很好;在太阳直射点移动规律的总结上,使用了动画演示,使学生建立起了一定的空间想象能力,再进行总结,虽然这个知识的学习原来没有基础,但达成情况也较好;在要求学生找出地球公转的规律时,因与已有知识相关性小,缺少昼夜长短、正午太阳高度角等知识的铺垫,学生无所适从,达成情况不理想。所以知识的学习过程要注意体系性和逻辑性,新知识的学习需要更多的铺垫、过渡,需要借助图片、动画等来进行情境创设,否则无从对学生进行思维训练。

陈彤:课堂教学中媒体的应用

有关《地球运动》的知识,一直是高中地理教学中的难点,因为它对学生的空间想象能力提出了很高的要求,显然,借助于多媒体技术是解决这个问题的有效方法。这节课,尹老师在主要教学内容上,全部使用了三维图像演示或动画演示媒体呈现方式,再结合他的讲解,让学生"身临其境"地进行学习。这样的学习过程充分调动了学生眼、耳、口等多种器官,取得了较好的教学效果。

（三）本次观察形成的结论

1. 多媒体的辅助教学是本节课的一大亮点。本节内容非常抽象，借助照片、二维和三维图像、动画等媒体资源，为学生理解抽象和复杂事物提供了良好的平台，也为开展探究式学习提供了良好的载体。但在讲解与媒体的结合上，需要更深入地研究。

2. 本节课的活动设计比较成功。本节课以学生活动作为推进教学进程的动力，特别是系列探究活动的开展，对帮助学生理解地球公转的知识，发展空间想像能力，体会美妙的天体运动都有较大意义。但我们也应看到，这节课在活动设计的知识基础与教师的介入时机上存在一些问题，例如，在学习地球公转运动的规律时，由于缺少必要的知识铺垫，导致学生一开始有点无所适从，这些都是值得继续深入研究的问题。

3. 关注知识体系的形成和地理学科思维的发展值得尹老师继续深入研究。本节课反应了尹老师良好的学科素养和较好的师生关系，如何根据学生的认知特点和学业基础安排恰当的教学环节，促进学生地理思维的发展，是尹老师和全组教师今后应特别关注的问题。

【附件】

（一）教案（简案）：地球的公转运动

※ 教学目标

（1）通过地球仪和媒体动画两种不同形式演示地球公转过程，列表说明地球公转运动的基本特征。

（2）通过观察地球围绕太阳公转运动导致太阳直射点的移动现象动画模拟，绘制太阳直射点回归运动示意图。

（3）通过观察太阳直射点回归运动及晨昏线的移动动画模拟，小组合作绘制"二分二至"日太阳光照示意图（侧视图）。

（4）通过观察太阳光照示意图，在教师的引导下小组合作列表完成晨昏线、正午太阳高度和昼夜长短变化，并能描述其基本规律。

地球公转的基本特征（方向、周期和速度）、黄赤交角和太阳直射点的移动、全球昼夜长短和正午太阳高度的变化规律，及绘制、阅读光照图的能力都是本节课的教学重点和难点。

※ 教学过程

（一）创设情景导入新课

讲述"两小儿辩日"的故事。引导学生讨论：地球在运动的过程中是否存在距离远近的问题呢？其远近又与冷热有没有关系呢？

（二）地球公转的基本特征

1. 研究地球围绕太阳公转示意图，你可得出什么结论？

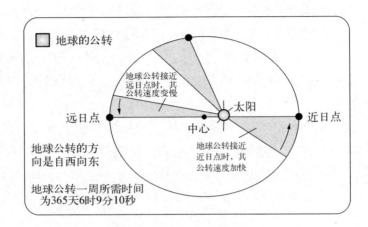

2. 整理地球公转的基本特征

轨道	
方向	
周期	
速度	

3. 思考探究：从今天到明天，地球的公转速度如何变化？到春节呢？

4. 误区警示：(1) 地球在冬至日公转速度最快，夏至日最慢；(2) 北极地区的极昼时间与极夜时间一样长；(3) 地球位于近日点时北半球气温最高。

（三）太阳直射点的回归运动

1. 动画/动手演示：地球围绕太阳公转运动导致太阳直射点的移动。

2. 黄赤交角（析图）。

3. 太阳直射点的回归运动（绘示意图）。

4. 思考探究：今日太阳直射哪个半球？太阳直射点向哪个方向移动？

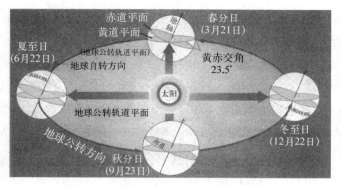

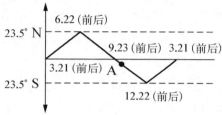

太阳直射点在地表变化示意图

(四) 地球公转的地理意义

1. 观察太阳直射点回归运动及晨昏线的移动动画。

2. 试着画出春秋分日、夏至日和冬至日太阳光照侧视图。

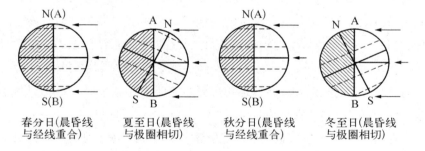

春分日(晨昏线　　夏至日(晨昏线　　秋分日(晨昏线　　冬至日(晨昏线
与经线重合)　　　与极圈相切)　　　与经线重合)　　　与极圈相切)

3. 观察太阳光照侧视图,你能得出哪些结论?

观 察 项 目	我的感悟
关于晨昏线	
关于正午太阳高度	
关于昼夜长短	

(五) 小结(略)

（二）课后分析报告

报告1：尹老师的课后报告

"地球的公转运动"这部分内容，学生在初中有了初步的了解，学习掌握的内容很浅显。虽然进入余杭高级中学的学生学习的基本素养还是很不错的，但是学生的自主学习能力和探究精神还需要进一步培养，学生的空间想象能力和推理能力还比较弱，因此，学习这部分内容难度会比较大。

本节课主要采用了学生探究和老师点拨相结合、小组合作探究和个人探究相结合的方法。通过"激发探究·引入新课""读图探究·列表整理""观察推理·绘图整理"和"观察绘图·探究整理"四个环节，创设情境，引导学生渐进式地分析问题，力争达成教学目标。从学生合作梳理出地球公转基本特征的结果来看，知识目标1达成情况良好。通过学生在练习本上绘制的示意图和对思考探究题的回答情况来看，知识目标2和知识目标3的完成情况也比较理想。知识目标4因受教学时间限制，本节只能初步探究，留待下一课时继续探究和整理。

因为"地球的公转运动"是非常抽象难懂的，为了化繁为简，使学生易于接受，我多次通过多媒体动画呈现，让问题变得相对直观明了。在处理本节重难点时，通过让学生动手画图，观察讨论，然后由学生回答的方式进行，尽量体现新课程下学生为主体的教学模式，将学生的主观能动性充分调动起来。"追问"和"对学生回答鼓励、称赞"这两种方式贯穿于每个核心问题，有利于提高学生课堂的积极性，适时的追问，可以加深问题的深度。对于学生来说，这个过程非常重要，只有经历了这个过程，学生对知识的理解才能更清楚，更透彻，由此可以衍生出更多与地球运动有关的知识，对学生学习能力的提高是非常有帮助的。

在与学生交流的过程中，我尽量做到亲切温和，就像和朋友一起探讨一个问题，彼此间的气氛非常融洽，也正是因为有这样和谐的氛围，才使学生在学习过程中，能很好地跟着老师的引导，来一步步掌握知识，并形成知识脉络系统。

课堂检测不只是一种检测手段，更希望通过对某些试题的解答，来巩固知识，加深对知识的理解和掌握。课堂检测不拘泥于形式，可以在探讨完某个问题时使用，也可以与思考探究相结合，还可以作为解决某个问题前的热身训练。课堂检测试题的设置也不是简单地复制，而要结合所学习的内容有针对性地设计和加工,求"质"不保"量",力求综合性和重点突破,让训练更有效果。

正如老师们的课堂观察报告所反映的,本节课在解决某些重点内容时,带有高三特色的授课方式,缺少了必要的知识铺垫,不是更有耐心和细致,导致一些学生一开始有点无所适从,目标达成情况不理想。有时候也出现老师的指令不清,任务过难或过于简单的情况,导致学生参与的兴趣不是很高。这些都是在以后的教学中需要注意的问题。

报告2:学生课堂活动的有效性(许国鹏)

1. 观察点选点说明

这节课,尹老师设计了多种自主学习活动,这些学习活动耗时长,活动质量对学习目标的达成将产生重要影响。因此,我选择"学生活动的有效性"作为研究这节课的切入点,将能抓住这节课的主要方面。

2. 观察表及观察结果说明

我认为,影响学生活动的要素,主要有活动目的、活动主题、活动类型、活动时长、学生参与广度、参与深度等。根据这节课的教学设计,我设计了如下观察量表,并得到了如下观察结果:

主　题	类型	预设目的	时长	参与广度	参与兴趣	过　程　描　述
地球公转基本特征的思考	思考判断	巩固地球公转的基本特征	3 mins	绝大部分	兴趣浓厚	3人参与回答,经过提示后能答出
提取太阳直射点回归运动的规律	观察思考	理解太阳直射点回归运动的规律	5 mins	部分	兴趣一般	合作探究,都在思考,2人参与回答
画二分二至日光照图,提取地球公转的意义	合作画图观察思考	分析地球公转的地理意义	8 mins	基本全部	兴趣浓厚	自主探究,大部分学生在纸上书写,2人在黑板上画

3. 观察结果分析及教学建议

(1)学生活动的方式和时长。本节课总共设计了3个活动,类型主要有观察、思考、画图等,2个独立自主探究,1个小组合作探究,其中,教学难点采用合作学习的方式,说明不同的教学要求对应不同的活动设计。三个活动总时间为16分钟,占整个教学时间的40%,突出了学生的主体地位。3个活动的时间依次为3、5、8分钟,其中,画图探究地球公转的意义用时8分钟,观察发现学生的探究时间很充分,学生基本能画出"二分二至日光照图",说明这个活动设计是有效的。

(2)学生的参与广度与参与兴趣:由于观察人员数限制,不能够定量观察学生参与广度,三个活动学生参与的广度分别为"绝大部分""部分""基本全部"。第 2 个活动过程中,存在少数学生中途游离于课堂活动之外的现象,说明这个活动的设计有待提高。第 3 个活动参与度最高,学生在老师的引导下都在纸上画二分二至日光照图,这表明学生的兴趣浓厚,积极性很高,该活动是在实验情境下展开的,说明这个情境设计很好。但活动结果不是太好,说明活动的预设目的"学生提取地球公转的意义"难度过大,教学要求可以降低一些。

报告 3:学生的思维状态(孙香花、沈宇清)

1. 观察点选点说明

通过课前会议交流,我们对尹老师教学呈示方式的效度上有些质疑,担心呈示方式的单一化会降低思维训练的有效性。本课有一些问题情境的设置,也值得观察其对促进学生思考上是否有效。所以,我们通过观察学生的思维发展,来探讨合适的课堂思维发展模式。

2. 观察表及观察结果说明

教学环节 \ 观察内容	公转的基本特征		太阳直射点移动		公转的意义		总结练习
	填表	练习	归纳规律	练习	画图	找出规律	
教师讲解度	讲为主	讲为主,学生也有思考	讲一半	讲一半	学生画为主	讲一半	讲少练多
问题类型(记忆性、启发性、诊断性等)	诊断性	启发性	诊断,启发	启发性	启发性	启发性	诊断性
情境设置与认知的相关性和挑战性	有图片辅助,前面学过基础	有相关性,也有一定挑战	有动画做铺垫,可以思考	知识跳跃,问题指向不明,有挑战	有基础,难易适中	与已有知识相关性小,情境少,挑战大	已有知识,难度适当
学习行为(倾听、问答、讨论、练习)	倾听	听讲、齐答	思考讨论	听和少数讲	画图	讨论和回答	齐答和练习
学习时间	5 分钟左右	3 分钟(快)	约 7 分钟	5 分钟左右	6 分钟左右	10 分钟左右	约 3 分钟

(续表)

教学环节 \ 观察内容	公转的基本特征		太阳直射点移动		公转的意义		总结练习
	填表	练习	归纳规律	练习	画图	找出规律	
参与情况	集体	集体,三分之一齐答	全体参与讨论和齐答	齐答时声音不多	全体参与	小组一半人讨论,一半自管自	全体齐答
学生表情	轻松	严肃,个别木然	认真积极	木然	积极兴奋	每组1—2人积极	认真跟答
学生回答	基本对	一半正确	大多正确	少数人回答,答案都正确	答案正确率高	正确率低,一个个补充	齐答正确率高
达成情况(课后调查)	好	1/4模糊	较好	一半模糊	好	大部分模糊	重做1/4仍旧会错

3. 观察结果分析及教学建议

第一,从教师讲解度来看有无启发学生积极的思维状态。尹老师采用了多种方式来教学,启发学生思维。但总体来说,讲多练少,学生进行思维训练的时间少、空间小,学生缺乏积极的学习状态。如公转的基本特征应给学生多点时间进行思维训练,给学生的时间少导致有不少同学未掌握。

第二,从提问类型来看有无启发学生思维状态。本节课的问题类型以启发式居多。如在讲公转意义时,先让学生画图,再看图形思考晨昏线、昼夜长短的变化规律,进行回答,环环紧扣,很好地启发了学生思维,学生思维活跃,回答也有创新,课后调查达成情况良好。说明合适的启发式的提问可以很好地锻炼学生思维。

第三,从设置的情境与已有认知的关系来看能否促进学生思考。在公转基本特征的填表环节中,由于有基础,此环节开展得很顺利,课后调查达成情况很好;在太阳直射点移动规律总结上,使用了动画演示,使学生建立起了一定的空间想象能力,再进行总结,虽然没有已有知识的基础,达成情况也较好;而在地球公转的意义那里要学生直接找出规律,与已有知识相关性小,中间又缺少过渡,缺少昼夜长短、正午太阳高度角等知识的铺垫,学生无所适从,达成情况不理想。所以对于新情境,已有认知当然越多学得越好,但如果没有认知基础,则需要在课上给予一定的知识铺垫、过渡,同时借助图片、动画等的情境创设,否则无从对学生进行思维训练。

第四,从学生回答问题方式来看能否启发学生积极的思维。观察表记录显示:大多数问题训练是集体齐答方式,并可以看到齐答的正确率是相当高的。但课后的反馈可以看出学生掌握情况其实不那么理想。例如,表中最后的总结练习部分,集体认真齐答,答案正确率非常高,但观察老师在最后的调查中发现还是有 1/4 的学生不会。所以,齐答后应设计后续的课堂检测,如追问或例题检测,以便掌握学生的真实情况。

第五,从学生活动方式来看能否促进学生思维。观察中看到,公转内容的画图环节,是在原有知识上的提升,每位同学都动手,课后调查证明确实锻炼了每位同学解决此类问题的能力。但观察中也发现,在小组活动时有些小组流于形式,有些合作小组总是一两位在讨论,其余各管各的,参与度不高,从课后的调查反馈可以看出此讨论的成效不大。这说明并不是活动开展了、课堂热闹了,这个活动就成功了,而要看是否真正调动了学生的思维。教师应关注并适当指导难点的解决,要激发每位同学的参与热情,让每位学生有积极的思维状态。

⑩ 体育：8字形花样跳长绳

章小萍①

【背景】

• 任教教师：章小萍，教龄26年，中学高级教师，区体育学科带头人，专业素养较好，有一定的创新探究能力，在高中女生体育教学上有丰富的教学和教研经验。

• 教学主题：8字形花样跳长绳（第1课时）[普通高中体育课程·必修全一册（人教版）]

• 观察教师：体艺组课堂观察合作体成员

• 活动背景：体艺组的课堂观察经历了试行和发展阶段。随着课堂观察活动的不断深入开展，合作体成员对课堂观察在教师专业发展的促进作用的认识越来越深刻，并逐渐向深化阶段迈进，以期对课堂教学效率发挥更大作用，此次活动就是在这样的背景下举行。同时，余杭区的体育教研员和一些资深体育教师也同步观摩了此次课堂观察活动。

【课前会议】2011年9月20日上午第1节课

（一）章小萍老师说课

1. 教学内容分析

本节课是人教版必修全一册第七章选项学习——民族民间体育项

---

① 此课例由章小萍老师主笔，附件部分为上课教师和各观察教师所写。

目：跳绳。跳绳也是我校高一女生的传统体育项目,是一项非常有效的有氧运动。它除了拥有运动的一般益处外,更有很多独特的优点。跳绳每半小时消耗热量四百卡,是一项简单易学的健美运动,对心肺系统等各种脏器起到很好的锻炼效果,对身体的协调性、身体姿态、减肥等都有相当大的帮助。从运动量来说,持续跳绳10分钟,与慢跑30分钟或跳健身舞20分钟相差无几,可谓耗时少、耗能大的有氧运动,能有效训练个人的反应、耐力和弹跳力。而8字形花样跳长绳又以其跑动中的变化和团队的合作让其更具锻炼的魅力和价值。根据教材特点,8字形花样跳长绳一般情况下安排3—4个课时,熟练之后作为10分钟课课练内容。学习过程可分为三个阶段:学习、巩固熟练、比赛(提高耐力素质和弹跳素质阶段)。

2. 学情分析

处在高中阶段的学生正是心血管系统的发育敏感期,这个阶段接受长时间长距离有氧运动对心血管系统发育有极大提升作用。但女生对耐久跑的800米项目兴致不大,所以,高一上学期我安排以8字形花样跳长绳来锻炼耐久力、下肢力量和身体协调性。实践证明,女生还是比较喜欢的,若坚持整个冬季锻炼,健身效果显著。学习8字形花样跳长绳之前,学生早已经学会了跳短绳的动作,况且部分学生在小学或初中时,就已经学会了跳长绳,为本节课学习8字形花样跳长绳打下了基础。

本节课的授课对象是我校的高一女生,她们已具备了较好的思维能力,能较好地分析和理解各种动作要领。通过练习8字形花样跳长绳,可以培养她们勇敢、果断、超越自我的意志品质,体验合作与分享的意义。

3. 教学目标

(1)通过观摩与练习,90%以上的学生能掌握兔子舞动作要领,85%的学生能初步掌握8字形花样跳长绳的动作要领,认识跳长绳的运动价值。

(2)通过练习8字形花样跳长绳,能积极参与跳绳运动,体会合作的方法与意义。

4. 教学过程设计

(1)教学环节。

环节一:活动展示,约7—8分钟。24式太极拳是我校传统体育项目,应区体育教研员的要求展示新高一学生学习24式太极拳的成果。

环节二:学习兔子舞,约10—12分钟。首先,我示范讲解舞蹈分解动作,学生跟练;然后,我示范讲解完整动作,学生集体练习;最后,全体学生跟音乐整体练习。该环节的活动主要是想进一步活动关节、提高学生的音乐节奏感,兔子舞音乐节奏鲜明、强劲有力,而8字形花样跳长绳更需要鲜明的节奏感,让学生感受节奏感的重要性,为8字形花样跳长绳的学习打下基础,提高了教学的趣味性和实效性。

环节三:学习8字形花样跳长绳,约17—20分钟。教学流程为正确动作图解——分组练习——纠正错误动作——动作展示——分层次练习——监测教学效果。教学过程中,充分利用图形展示、多面动作示范、分层教学、针对性辅导、课堂总结相结合的方式,让学生清晰、全面、深刻掌握动作要领,最终完成教学目标。

环节四:课堂总结与整理,约3—5分钟。先让学生在放松身心的音乐中平静下来,然后对本堂课进行总结,最后布置课后练习任务。

(2)本次课的创新之处。

优化教学结构,24式太极拳的复习和兔子舞的学习既是教学内容,又为学习8字形花样跳长绳热身,改变了慢跑加徒手操热身的老套路。

本次课多次充分有效地利用了清晰鲜明的跑道线,让我的教学有线可据,还利用了小黑板,使复杂的8字形跑动路线一目了然。

(二)章老师与观察者的交流

王坚强:从你的教案和说课看,我认为教学设计比较新颖,比较适合女生的学习特点,女生应该是喜欢和接受的。传统的体育教学,非常注重体育技能的达成。我认为新课程背景下的体育课,对体育技能的掌握也是非常重要的,这是体育与健康课的特性所决定的。所以,我想观察学生运动技能的掌握情况。

章小萍:好的,这是这节课的教学重点和难点。

唐如玉:对年轻教师来说,讲解时间和练习时间的关系处理不好。有时担心学生不懂,就会花较多时间来讲解,可这样一来,练习时间就少了,最后效果也不好。有时想多留点时间让学生练习,少讲一些,可学生又不得要领。有时感觉精讲了,学生好像也没领会。所以,如何讲解才能让学生很好地领悟和掌握动作,并使得讲和练的时间比较恰当,是我最关心的。章老师,我想知道这节课你采用哪些手段让你的讲解更有效?

章小萍:当然可以了,我一直认为我们体育课要尽量做到精讲多练,这个精讲说说容易,做起来却有一定的难度。我平时上课也没有特意去关注这个问题,你帮我观察一下我这节课的讲解是否做到了精讲,是否有效。环节一主要是语言提示加领做,环节二主要是讲解提问加图示,环节三主要是语言提示加带操,让学生多练多体会。

於露亮:本节课采用了太极拳导入,然后又是激扬的兔子舞,还看你拿黑板再用图解法讲解,你认为这些教学方法能够完全激发学生的学习兴趣吗?我也曾经上过一段时间的女生课,最难的就是女生体育课积极性的调动。

章小萍:我想是应该可以的。24式太极拳刚教完,因教研员提议让听课老师看看我们新高一打太极拳的风采。太极拳柔和缓慢,不够有激情,所以才加个兔子舞热热身的。8字形花样跳长绳的跑动路线用图解法一目了然,学生容易接受,再加上跳绳是女生喜爱的运动项目,简单易学,我稍加改动,要求每一摇必须进一人,不能空摇,第一轮跳一次,第二轮跳两次,依次增加次数,这样增加了趣味性和难度,学生会有学习兴趣的。

於露亮:好的,那我就从学生的运动参与情况,来了解你采用的教学方法是否真的有效,是否能够引导学生积极参与到学和练中来,这也是我自己平时上课非常关注的问题。

赵未名:教案中,这节课的练习密度是38%—40%,平均心率是110—120次/分,我和刘佳静就根据实际教学情况,测算一下运动负荷吧,看看是否和预计的差不多。

章小萍:可以的,这堂课安排教材时我有过考虑的,可能原先有基础的学生会达到这个预计的运动量,原先没有基础的同学的运动量可能会有所偏差,你们到时候选择学生时考虑下这个因素。

邓幼龄:章老师这堂课你利用了哪些课堂教学资源?教案中体现了音响、音乐播放器、长跳绳、小黑板,就这些吗?

章小萍:嗯,还有哨子。

邓幼龄:那我们针对这节课场地器材的利用是否合理、是否有利于课堂教学作为观察点。

(三) 章老师与观察者讨论确定观察点

合作体的其他成员根据上述 5 位老师的观察点选择,进行了小组分工。经过再次商讨,13 位观察者确定的观察点如下:

学生学习·达成·运动技能目标的达成(王坚强、汪莺、徐凡)

教师教学·呈示·教师讲解行为的效度(唐如玉、罗思佳、连婴)

课程性质·资源·课堂教学资源的利用(邓幼玲、周建东)

课程性质·评价·运动负荷(赵未名、刘佳静、闫永吉)

课堂文化·民主·学生对运动的参与态度(於露亮、陈倩倩)

课前会议结束后,13 位观察教师进入了观察表的开发设计阶段,并进行了一次试观察,根据课的特点对观察表又进行了修改。

【课中观察】2011 年 9 月 20 日下午第 3 节

(一) 观察工具

观察表(见课后会议分析报告),摄像机一台,相机一台,跑表一只。

(二) 观察位置的选择

由于体育课不同于其他文化课,是在室外进行的,各个观察组的老师们选择的观察点不同,各位观察者根据自己观察的需要,可以走动观察,也可以固定位置观察,只要不影响学生的学习、有利于观察就行。

各位观察者最初进入课堂的观察位置图:

	教研员	邓幼玲	周建东
闫永吉		○○○○○○○	
刘佳静		○○○○○○○	
赵未名		○○○○○○○	
於露亮		○○○○○○○	
陈倩倩		●	
王坚强 汪莺 徐凡	唐如玉	罗思佳 连婴	考核小组老师

注:1. ○为学生,●为章老师。

2. 现场观摩听课的还有区体育教研员和区学科带头人评委6人,他们坐在侧面和前方,教研员随着观察需要随时在走动。

（三）观察过程

课前，各观察小组于上课前 10 分钟进入田径场进行观察位置的选择并观察课前准备情况，测心率的老师找好学生测量了安静状态的脉搏。

课中，各位观察者根据自己选择或开发的观察表进行观察记录，如师生对话、现象描述、教学细节、即时反思，既有文字的叙述，有图表的表达，也有用秒表、手法等的测量等，还有整堂课从场地前面到侧面进行的全过程摄录和多角度照片拍摄。

课后，场地器材整理回收，课后 5 分钟，测量了部分学生的脉搏。

【课后会议】2011 年 9 月 21 日上午第 1—3 节课

（一）章小萍老师课后反思

1. 教学行为

本课开始集合整队时我有意识地把队伍排在跑道线上，提醒同学们站在线上，因为接下来的太极拳、兔子舞、跳长绳练习我都是要运用到跑道线作为基准参照线的。准备部分教学中，我采用了音乐伴奏太极拳导入，让学生自然地进入教学练习中，起到集中注意力、复习巩固展示的效果，但结果感觉课堂气氛有点沉闷，这与太极拳的特点有关。兔子舞的教学目的是为 8 字形花样跳长绳的学习热身活动关节，同时也是为了提高学生的音乐节奏感。随着动感音乐的响起，学生立即表现出浓厚的学习兴趣。在 8 字形花样跳长绳的教学中，我准备了小黑板用图解法边讲解边画图，用提问的方式引导学生了解今天要练习的教学内容——跳绳和跳绳进入的时机，用跳绳打在地面的"啪啪"声指导学生进入的节奏，说明了分组方法和确定了各组小组长之后，在小组长的带领下各组采用合作练习，我在各组之间巡视指导，针对基础弱的学生再单独讲解动作要领，并让她们观察动作熟练的同学，鼓励她们进行自主练习。我发现这种处理方法比我扯着嗓子喊效果要更好，这节课图解的运用和分小组自主合作学习的活动非常有效。结束部分采用轻松舒缓的音乐节奏，伴以"吸气——呼气"口令，让学生跟着老师做简单的瑜伽动作，让学生得到尽情放松，在此基础上完成了课堂总结。

2. 目标达成情况

从学生动作完成情况看,第一个教学目标基本实现了。本节课太极拳是复习内容,兔子舞和8字形花样跳长绳都是新授内容,所以我制定教学目标时相对要求就低些。兔子舞练习只要能够跟上队伍,大致节奏脚步没有大失误就认为掌握动作完成任务了,起到热身效果了;8字形花样跳长绳练习只要能够克服恐惧心理进入长绳而且没有失误,就可以认为掌握动作完成任务了。但是每一组都有初次接触跳绳的同学,等待时机的时间稍长,目标达成度不是很理想,结束部分的放松音乐节奏舒缓、动作缓慢,所有学生都能跟上老师的练习节奏,起到放松的效果。

3. 课堂生成

长跳绳练习,课前预设分成四组练习,在四组练习的过程中对原先没有基础的学生再组合成两组重点讲解和示范,对她们降低要求,分层教学。可是在我巡视过程中发现行不通,这些女生都不愿离开原来的组另外组成一组,这样导致有个别组有三四个这样的学生,势必影响了这组练习的轮次,等待时机的时间长了,运动负荷就小了。所以对这次课的分组我不是很满意。怎么样处理才能照顾我们女生要面子、害羞的心理,是我们作为女生体育课教师值得探讨的问题。女生体育课不仅要考虑运动负荷的大小,更要考虑高中女生的心理特点,这样才能上好女生体育课。

本堂课的难点是8字形花样跳长绳进入时机的把握,我着重强调绳子打在地面的"啪啪"声是把握进入时机的节奏,从学生练习的情况看,大部分学生都应该掌握了进入的时机,原先没有基础的学生通过单独的辅导讲解、同组组长和组员的帮助,大部分都能够克服恐惧心理,通过一次次的练习,也能完成动作了。整堂课的教学井井有序,教师把控到位,学生学练认真,而且快乐地跳着,说明教材的选择符合女生的生理心理特征,教学方法、手段的选择合理到位,有利于体育教学。

(二) 观察者简要报告观察结果

王坚强:我们观察的是运动技能目标的达成。我们采取就近随机原则,观察了两个小组,共计28名同学。我们观察的结果如下:太极拳教学时,学生练习时间为4分20秒,100%的学生掌握了太极拳教学内容;兔子舞练习时间是3分50秒,96%的学生掌握了动作;跳长绳练习时间是8分钟,96%的学生掌握了动作技术;放松练习时间2分钟,100%的学生都能跟着老师完成动作。因此,本课达到了章老师原先预设的运动技能目标达成度。

唐如玉:我和罗思佳观察的是教师讲解的有效性。我们重点观察了兔子舞和8字形花样跳长绳的讲解。在兔子舞教学中,章老师运用了口诀教学法(左左、右右、前后、前前前),并辅以示范动作(拍手、手势、分解动作)和音乐,使学生在一个循序渐进的过程中展开学习。我们观察到,学生在随后的练习中都能很好地掌握动作要领,说明这个阶段的讲解非常有效。在8字形花样跳长绳教学中,章老师的讲解语言直白,非常贴近学生的生活经验,语速和音调掌控非常好,同时,还利用小黑板采用图示讲解的方法,一边画图一边讲解,其间不断地配以提问的方法,以此引导和了解学生的学习。例如,章老师问"8字形花样跳长绳进入的最佳时机是绳在最高点进入还是最低点的时候呢?"学生充分讨论后,章老师为了让学生充分理解,以渔网与鱼的关系进行讲解,让学生认识到不及时进入和离开就会触绳,这样学生就明白了最低点进入是最佳时机。分组练习时,针对不敢进入的学生,章老师采用一边跟着跳绳的节奏喊拍子,一边顺势把学生推入的方法。放松练习时随着音乐响起,章老师一边练习一边讲解要点,语速缓慢,学生跟着练习。从学生的动作看,效果很好。

刘佳静:我们观察的是本次课的运动负荷。我们主要从各练习阶段学生心率与各阶段学生的练习次数来观察运动负荷。在准备环节,章老师安排了太极拳练习,在音乐的伴奏下学生练习1次,时间是4分20秒。随后进行的是兔子舞热身,随后我们对样本学生心率进行检测,由80次/分钟上升到了90次/分钟,达到了热身的目的,具备了进行新授课的运动量要求。在环节二和环节三中,刚开始测出的结果是平均90次/分钟,当学生能够连续跳四个轮次后,我们测得平均心率为110次/分钟。在最后的教学环节中,学生做完放松操后,心率降到平均90次/分钟,下课后5分钟再测,已经恢复到80次/分钟。经过计算本次课练习密度为43%,心率曲线是双峰型,最高心率110次/分钟。综合上述数据,学生的生理负荷稍偏低,练习密度较高。

邓幼玲:这节课用到的场地为田径场跑道直道50米起点位置。用哨声集合队伍,四排队伍分别站在第5、6、7、8根跑道线上,章老师自己站在第

2根跑道内。讲解本次课内容和要求时,章老师往前走站在了第3根跑道上。在太极拳练习时,学生分别站在第1、3、5、7根跑道线上,章老师站在跑道线内足球场草地上,不时提醒学生出脚的落地位置,走"之"字形,两脚的落位不在一条线上。兔子舞教学时,章老师指导排头同学沿线跳到规定位置后慢慢调头跳回来,利用MP3、音箱来播放音乐。在集合讲解8字形花样跳长绳时,章老师利用哨子哨声把队伍调动集合靠拢,运用了小黑板通过边画图边讲解的方法,然后分组练习,所用器材是长跳绳6根,使用4根。章老师在巡视过程中,指导提醒摇绳的同学在摇绳时沿着跑道线站立,尽量让绳子落点在跑道线上。最后环节时,章老师是用MP3、音箱播放音乐练习。通过以上分析可以看出,章老师在这节课的教学中针对教学内容和目标用到的教学器材主要是哨子、MP3、音箱、小黑板、粉笔和长跳绳,场地是田径场跑道中一段直道,很好地辅助了教学并对目标的达成起到了很好的促进作用。

(三)本次观察形成的结论

1. 教学内容的选择符合高中女生的生理和心理特点。以女生感兴趣的8字形花样跳长绳作为教学内容,对提高和保持学生兴趣有很大的帮助,也使得本节课的教学目标得以顺利落实。可见教学内容的选择与组合,是高中体育教学中应该多加研究的问题。

2. 教学资源的开发与利用是本节课的一大特色。本节课,章老师利用了多种教学资源展开教学,比如小黑板、跑道线、音乐、长绳等,这些资源的综合运用,使本堂课的教学效果比较好。建议章老师把教学资源的开发与利用作为今后的一个研究方向。

3. 教学方法的组合运用也是本节课的一大特点。章老师充分利用体育课的特点,采用了讲解、示范、对话、图解、指导等多种方法,并根据教学内容的不同,采用多种方法的灵活组合,产生了较好的教学效果。例如,用图解法轻松地把跑动的线路清晰地勾画出来了,大大增强了教学的直观性,减少了许多语言传达过程中的信息损耗和误解。

4. 建议在8字形花样跳长绳时再适当增加练习小组,针对素质相对较弱的女学,可单独辅导讲解示范,增加教学效率和学生学习的成就感,从而激发学生对体育的热爱。

【附件】

（一）教案：8字形花样跳长绳（第1课时）

教材	(1) 兔子舞 (2) 8字形花样跳长绳		教学重点	动作的节奏
			教学难点	进入的时机把握

教学目标	(1) 通过观摩与练习，90%以上的学生能掌握兔子舞动作要领，85%的学生能初步掌握8字形花样跳长绳的动作要领，认识跳绳的运动价值 (2) 通过练习8字形花样跳长绳，能积极参与跳绳运动，体会合作的方法与意义

教学过程	教学内容	教师活动	学生活动	组织形式（队列）	运动量	
					次数	时间
准备部分 7—8分	1. 课堂常规 2. 太极拳	1. 宣布课的内容和要求 2. 指导学生跟音乐练习24式太极拳 3. 练习过程提示动作要求	1. 队列听讲 2. 认真练习 3. 改进动作	图示1和2:	1次	4分30秒
基本部分 27—30分	3. 兔子舞 4. 8字形花样跳长绳	1. 示范与讲解 2. 巡视、指导学生练习 3. 提出动作要求 4. 鼓励学生积极练习	1. 仔细听讲 2. 听口令练习 3. 两人一组自练 4. 跟音乐练习	图示3: 图示4:	3—5次	6分
		1. 利用小黑板讲解8字形花样跳长绳的动作方法和跑动路线 2. 提问并示范讲解跳绳进入的时机如何把握 3. 鼓励学生分组练习 4. 巡回指导 5. 指导掌握好的小组展示 6. 针对个别学生加强辅导	1. 倾听 2. 观察示范动作 3. 依据基础分组进行练习。有基础的学生自主尝试练习8字；新学的学生依据老师的示范讲解尝试练习，把握进入的时机	图示5: 图示6:	2次 8—10次	4—6分 8分
结束部分 3—5分	5. 放松 6. 总结	1. 指导学生自我放松，培养运动后放松的良好习惯 2. 总结本课学习的重点，点评优缺点	1. 教师提示进行自我放松 2. 队列，总结动作技术要点	图示7:	1次	1分

场地器材：1. 田径场；2. 长跳绳6根、MP3、音响、小黑板。
相关指标：1. 运动负荷：中；2. 练习密度：38—40%；3. 平均心率：110—120次/分。

（二）课后分析报告

报告1：章老师的课后反思

1. 从教学内容来看，太极拳、兔子舞、8字形花样跳长绳三个教学内容在一节课中呈现有点牵强，太极拳是我校传统体育项目，这节课是应区教研员的提议做的一个展示活动，我本意是展示，目的是起到集中注意力、复习巩固的效果，课上采用音乐伴奏太极拳导入，让学生自然地进入本节课的教学练习中来。但是我感觉目的没有达到，课堂气氛有点沉闷。兔子舞学习目的是锻炼学生的节奏感，为8字形花样跳长绳的学习打下节奏的基础，8字形花样跳长绳对节奏的要求更高，所以不安排太极拳的练习更有利于本节课的教学。

2. 教学目标的达成情况，兔子舞因教学内容简单、技术含量低，学生无需练习就掌握得较好。而8字形花样跳长绳掌握不够好，练习时，每组都有不敢进入运动中的长绳的学生，导致学生练习次数大大减少。特别是部分女生的心理因素不太好，再加上有听课老师在，女生好面子更不敢尝试练习，所以8字形花样长绳技能学习目标的达成度在80%以下。

3. 教学方法、手段的运用：

本次课我最满意的地方就是这节课的教学方法、手段的运用，在太极拳教学和结束部分的瑜伽放松中采用背面示范——关键点提示——学生跟练的方法，让学生在音乐的伴奏下和教师同步练习，听教师的提示及时修正动作，在练中学，学中练，效果明显。兔子舞教学时运用口诀讲解示范，让学生一听就懂，一目了然。教师在排头带领，边跳边念口诀，让学生马上就掌握兔子舞的要领，跟上节奏跳了。8字形花样跳长绳利用小黑板、提问、设疑、探究的学习方法，每一小组在体育骨干的带领下去学习，教师做巡回指导，学生的参与度比较高。在整堂课中场地器材的利用也很到位，现有的固定场地器材都能为我所用，效果显著。

4. 一点感受

回想这次公开课的准备到完成，我很有感触。好几年没有上区级公开课了，而校级公开课开过几次，但自恃老教师也没怎么准备，且组内老师碍于我是老教师评课时也都是唱赞歌的，没压力也没什么感慨。但这次考核课我看到了不一样的自己，加上课堂观察技术的引入，每个老师都从某个关键点切入一堂课进行研究，通过定性与定量相结合的研究方法，到课堂中干方百计去寻找诊断与建议的"证据",让我看到了我的不足之处。我深深地意识到,在专业成长的道路上是学无止境的,非常感谢体艺组全体老师对我的支持和帮助。

报告2:教师讲解的有效性(唐如玉、罗思佳)

1. 观察点选点说明

讲解是体育教学中一种非常重要的教学方法,简明扼要、直接易懂、配以动作示范是体育课讲解的主要特征,而这些恰恰是年轻教师的短板。上课的章教师是一位教学经验丰富,并有一定理论素养的优秀资深体育教师,对体育课中的讲解有较深层次的理解,这对我们来说是一次良好的观摩学习机会。

2. 观察表及观察结果说明

根据体育课的特点,讲解需要特别关注讲解的语言及辅助性讲解行为。讲解的语言,应主要关注教师的语言是否通俗易懂、是否精炼、是否直白以及音量的控制问题等;根据章老师的课前说课,本节课的辅助性讲解主要有示范、音乐、手势等。为方便记录,我们对相关的观察指标进行了定义的界定,并附在表格的说明中。

根据以上分析,我们设计的观察量表和观察结果如下:

教学环节	讲解语言					辅助性讲解					
	直白	精炼	口诀	比喻	音量	示范	哨音	音乐	图示	手势	拍手
练习太极拳					√	√		√			
学练兔子舞	√		√			√					√
学练8字形花样跳长绳	√	√	√	√		√	√		√	√	√
身体放松			√		√	√		√			

注:(1)讲解语言。"直白",是指教学中是否使用了一些容易让学生理解的非专业术语来解释问题。"精炼"是指教师在讲解语言精炼性。"口诀"是指将繁琐的动作技术要领编成朗朗上口的口诀便于记忆。"比喻"是指教师在讲解时采用比喻的方式将易犯的错误动作或需注意的问题形象地表达给学生。"音量"是指教师通过声音的大小来引导学生了解该学习内容为重点或是难点。

(2)辅助性讲解。"示范"指的是教师利用身体语言进行不同方向的引导。"哨音""拍手"指的是教师通过变化的哨音或掌音来指引学生动作的节奏或次数。"音乐"指的是教师用声音、音响设备来指导学生动作。"图示"指的是通过挂图为讲解提供服务的直观辅助方式。"手势"指的是在教学中教师是否有习惯性的并能真正促进教学的特定手势。

(3)课中涉及以上内容的用"√"来呈现,未涉及的内容不用任何标记填充。

3. 观察结果分析及教学建议

（1）结果分析

讲解是体育教师传授基本知识、技术、技能最基本也是最重要的教学方法。

口诀是对一段冗长复杂讲解的精炼总结，它的特点是简明易记。在兔子舞的学练环节上，章老师总结的口诀是"左左、右右、前后、前前前"，使学生很快领悟了兔子舞的动作要领；在8字形花样跳长绳教学中，章老师提出的口诀是"啪、啪、进"，解决了学生在跳长绳时的进入时机问题，从学生实际跳绳看，效果很不错。

在学练8字形花样跳长绳中，章老师通过直白的语言讲授了8字形花样跳长绳动作的技术要领。章老师是这样讲解的：摇绳一次必须进一人，第一轮每人跳一个，第二轮每人跳两个，以此类推。在学练兔子舞中亦是如此（成一路纵队双手搭在前一位同学肩上，脚步动作是左脚向左踢腿两次，右脚向右踢腿两次；并双脚前进后退各一次，双脚前进三次）。在该课中，我观察到学生对章老师这样直白的讲解比较容易接受，没有因为动作技术的繁琐与有难度而有抵触情绪。

在观察章老师教学生学习8字形花样跳长绳时，我观察到章老师的讲解语言不仅直白而且重点突出，层次清楚，语言精炼，保证了学生有足够的时间练习。比如：在进绳出绳的时机问题上，章老师是这样讲解的："进绳要跳进绳子的中间，出绳的最佳位置是在绳子的后2/3处。"在教学生摇绳技术动作这一环节中，章老师对学生是这样讲解的："通过身体动作延长手臂来提高摇绳的幅度与效率。"（并赋予动作示范）章老师这样干练、不拖泥带水的讲解很值得我们年轻教师学习。

在花样跳绳教学环节中，章老师运用比喻的讲解方式值得我们学习借鉴。为了让学生在跳绳后果断、及时、准确地出来，章老师采用渔网的比喻，让学生认识到不及时准确地离开就会被渔网给抓走。采用这种方法讲解，学生感到新鲜活泼、富有情趣，有助于激发学生思维、丰富学生想象，使学生更容易领会动作要领。

在讲解过程中，章老师声音洪亮、音调抑扬顿挫，不仅能引起学生的注意力，还起到渲染气氛的作用。在四个教学环节中，章老师都比较注重讲解语言音量的调控。如：在练习太极拳环节中的关键技术要领及容易忽视的动作时,章老师通过提高音量来引起学生的注意:"开吸—合呼","慢","弓—步"。在学练兔子舞的动作路线上章老师通过提高音量强调了"左左—右右—进—退—进进进"的路线与方向。在8字形花样跳长绳的学练环节中章老师通过加重音量给学生数数来引起学生的重视、兴趣和追求。在身体放松阶段,章老师通过放轻自己的讲解音量,放慢语速来让学生进入放松身体的状态,效果很不错。

本节课的辅助性讲解比较丰富,示范、图示、哨音、拍手、手势和音乐等与口头讲解配合得较好,这有效地化解了学生对抽象的技术动作的认知困难。如8字形花样跳长绳的动作讲解,章老师利用小黑板,采用图示辅助的讲解方法,把原本复杂的动作和跑动路线直观地呈现在学生面前,这省却了许多讲解的语言,还解决了言语信息在传达的过程中失真的问题,使学生快速领悟了动作要点。因此,讲解形式多样化,根据教学内容的特点采取不同的讲解组合形式,能起到优化教学效率,促进学习过程的作用。

(2)教学建议

① 讲解时不但要讲解正确的要领,也要讲解易犯的错误动作,同时分析造成错误动作的原因,这样可以加深学生理解正确技术的概念。在花样跳长绳的教学中,应该把需要注意的问题或者是易错的问题提前点一下。如:教学花样跳长绳时,起跳的合适位置我认为可以提前让学生预知一下,位置不到位会有哪些不利(会绊到或者需要跳得更高),这样可以提前预防不正确的动作出现,提高教学效率。

② 辅助性讲解。体态语言是一种辅助性讲解,形象直观的体态语言可以帮助学生深刻地理解和记忆所学内容。眼神、表情等无声语言对学生有强烈的暗示、激励、警告等心理暗示作用,这节课在方面还有值得探讨的空间。

报告3:课堂教学资源的利用(邓幼玲、周建东)

1. 观察点选点说明

教学资源的有效利用,是我作为一名有10年教龄的老师非常关注的。因为平时的教学中,由于场地器材有限,上课班级多,如何合理地利用运动器材、提高教学效率,对我们年轻教师是一个挑战。所以,我想了解章老师在这堂课中的场地器材的有效利用情况。

2. 观察表及观察结果说明

体育课的教学资源有很多,但最常见的还是场地和器材。对场地和器材的有效利用,是影响体育课堂教学效率的重要因素。因此,我们的观察就从场地和器材的准备与使用(常规使用与创新使用)入手,研究本节课的教学资源利用情况。

	场地		器材		与目标的切合度
	常规使用	创新利用	常规使用	创新利用	
太极拳	田径场	跑道线	MP3 音箱	无	无
兔子舞	田径场	跑道线	MP3 音箱	听音乐伴奏	激趣,找节奏,为后续学习奠基
跳长绳	田径场跑道上	跑道线	长跳绳	用小黑板讲解	自主、合作练习,提高思考能力
恢复身心		无	MP3 音箱	以抒情音乐结束	通过音乐节拍还原体操队形。听音乐与提示,模仿动作且身心放松
整理	无	无	整理器材	无	培养学生的主人翁精神

3. 观察结果分析及教学建议

这节课用到的场地为田径场跑道,在直道 50 米起点的一块位置。本节课,章老师对跑道线的利用很有特色。如,在组织队形时利用了跑道线,在太极拳教学时,利用跑道线使其"有线可据",以跑道线为中心,走"之"字形,达到了很好的教学效果。兔子舞的教学也是利用了跑道线,章老师指导队伍沿线跳到规定位置调头后慢慢跳回来,在花样跳长绳的时候也是提醒摇绳的同学在摇绳时尽量沿着跑道线,便于进入的同学看清自己跑动的位置,跑道线在这节课是派大用场了。在场地器材有限的情况下,拓展器材利用的视野,拓宽器材利用的思路,对提高课堂教学质量非常有益。

本节课,MP3、音箱等器材,起到了很好的辅助教学功能,用不同的音乐为不同的教学内容服务,效果也非常好。另外,小黑板的运用也是本课一大亮点,通过边画图示边讲解的方法,使学生对 8 字形花样跳长绳的跑动路线与方法有了直观理解,对教学目标的达成起到了很好的促进作用。

通过这堂课的观察我们深切地体会到,一堂好的体育课需要好的教学资源,更需要巧妙地利用现有教学资源,才能更好落实教学目标。

报告4：学生对运动的参与度（於露亮　陈倩倩）

1. 观察点选点说明

"运动参与度"体现了学生体育课的态度和兴趣,反应了体育课堂教学有效性。女生体育课的难上是大家公认的,现在的女生"怕"字当头,怕苦、怕累、怕难看、怕出汗、怕晒太阳,学习的被动情绪常常导致教学任务难以完成。如何让女生动起来,能真正地参与到体育中来,是我最关注的,因此,我们选择学生对运动的参与度,来研究这节课的教学效率。

2. 观察表及观察结果说明

在体育中,学生对学习的参与,主要可从参与的时间与人数两个角度作出判断。我们得到的观察结果如下：

教学内容	活动方式	活动时间	学生参与度	统　　计
24式太极拳	师领做,师生互动	5分钟	A.54人；B.4人	A.93.1%；B.6.9%
兔子舞	跟口令跟做一遍,学生跟音乐练习	2分钟 4分钟	A.56人；B.2人 A.57人；B.1人	A.96.5%；B.3.5% A.98.3%；B.1.7%
花样跳长绳	学生自主练习	8分钟	A.57人；B.1人	A.98.3%；B.1.7%
放松操	领做提示	3分钟	A.56人；B.2人	A.96.5%；B.3.5%

注：学生参与度的判断标准：A. 兴趣浓厚,积极主动乐观参加活动(精神状态饱满、注意力集中、动作认真合拍、有跃跃欲试感)；B. 兴趣一般,不是很积极参与活动(精神状态尚可、注意力较集中、动作合拍)；C. 不感兴趣,不参加活动或被动参加(精神状态差、脸色不好不开心、注意力不集中、有不耐烦感、动作迟缓不合拍、有敷衍感)。

3. 观察结果分析及教学建议

(1) 太极拳练习,耗时约5分钟。观察的58位学生中,有54位学生兴趣浓厚,积极参加活动,约占总人数的93%。这说明这个环节学生的参与度非常高,教学效果非常好。

(2) 兔子舞教学和8字形花样跳长绳的教学中,耗时合计大约32分钟。观察的58位学生中,有57位学生兴趣浓厚,认真倾听,积极主动乐观参加活动,约占总人数的98%。而那位参与度不够高的学生,经了解是因为身体不适而产生。可见这部分的教学设计非常吸引学生,教学设计的实施也很有效。这部分是本节课的教学重点和难点,可见本节课教学重点和难点得到了有效突破,学生的运动知识、运动技能和运动情感都得到了充分发展。

(3) 课堂最后的放松操与总结,耗时大约3分钟。有96%的学生参与度非常高,也收到了良好的教学效果。事实上,在一般的体育课中,下课前的几分钟学生的注意力不够集中,学生的运动疲劳、运动后要求休息的心理等都会对最后的学习环节产生负面影响。从本节课学生的参与度看,章老师对这个环节的教学设计也是非常有创意的,美妙的瑜珈音乐、舒缓的放松操的确起到了很好的放松效果。

(4) 一点感受。从观察结果可以看出,章教师选用的教材内容符合学生的生理心理特点,采用的教学方法能够激发学生学习的兴趣,可以明显看到我们的学生脸上的快乐,而不是被动地跟着老师练。这点我是真心地佩服的,我也曾经上过女生课,女生体育课最难的就是这点,不愿动,叫"不拨不动,拨拨动动"。所以,女生体育课要注重教学内容的选择和教学方法、手段的灵活运用,这样才能提高课堂的参与度,达到良好的教学效果。

11 信息技术：VB 应用设计应用程序界面

章 玲[①]

【背景】

- 任教教师：章玲，教龄 5 年，中学二级，具备一定的学科专业能力和教学能力，亲和力强。
- 教学主题：VB 应用——设计应用程序界面[算法与程序设计模块（浙教版）]
- 观察教师：技术课堂观察合作体成员
- 活动背景：信息技术教研组开展课堂观察活动 3 年来，观察技术和内容不断改进，并逐渐进入了主题化观察阶段。本学年，我们组的研究主题是教学目标的达成，本次观察活动是有关教学目标研究的系列活动之一。

【课前会议】2011 年 12 月 7 日上午第一节课

（一）章玲老师说课

1. 内容主题

本节课的授课内容，是 VB 应用——设计应用程序界面。该内容属于算法与程序设计模块的第三章，本次授课内容是第二课时。该内容是面向对象程序设计的基础部分，是学习 VB 编写程序的基础。

---

① 此课例由章玲主笔，附件部分为上课教师和各观察教师所写。

2. 目标定位

浙江省的《信息技术教学指导意见》对本节课的教学目标规定如下："通过在 VB 环境中实际完成一个简单的应用程序的设计,来介绍对象、属性、事件以及事件驱动等面向对象程序设计的基本知识。"根据我省教学指导意见和我校学生的实际情况,我将相关教学目标分解如下:

(1) 能熟练说出窗体、文本框、标签和命令按钮这四种对象的名称,能简单修改其相关属性。

(2) 能说出应用程序界面设计的一般步骤。

(3) 能根据应用程序界面设计的一般步骤自行设计出布局合理的界面。

3. 学情分析

通过该内容第一课时的学习,学生对 VB 应用程序、四种基本对象及其相关属性等已经有了一定程度的了解,但理解不深刻且运用能力弱。根据本节课的教学目标,学生在深化理解 VB 应用程序、四种基本对象及相关属性等方面有较好的基础,没有学习的困难。而熟练运用 VB 应用程序设计应用程序界面,则显然是本节课的教学重点和难点。

授课班级学生的学习习惯较好,学习能力一般,课堂氛围比较沉闷,女生更甚。

4. 教学设计

根据教学目标和学情分析,本节课的教学环节设计如下:

(1) 本节课的教学环节

环节一:新课导入,耗时 10 分钟。复习旧知,提出问题,引起思考,导入新课。

环节二:应用程序界面设计,耗时 20 分钟。学生根据任务单,先在任务单上画出界面草图,然后通过 VB 环境进行设计。

环节三:学生作品交流,耗时 5 分钟。教师收集学生作品,然后组织学生交流,让学生在交流中取长补短,提高应用程序界面设计的能力,提高学生对作品的鉴赏水平。

环节四:课堂总结,耗时 5 分钟。通过实例进行课堂总结,强化对四类基本控件的认识,明确添加对象、修改属性及保存的方法,形成知识体系。

(2) 本节课的创新之处

本节课,我通过创设学习情境给学生以体验性的学习平台,通过组织学生作品的交流，给学生以合作学习的平台，从而使学习在一种探究、开放、合作的环境下进行。我认为这些是我的一点新思考。

（3）本节课的困惑之处

在本节课的作品评价环节，需要我在课堂上能及时全面收集到学生的作品，并迅速确定有代表性的样品。在展示评价的时候，如何有效地让学生展开交流，真正去体验去感悟，这对我的课堂驾驭能力提出了较高要求，这对我是很大的挑战。

5. 学习监控

（1）对于复习回顾内容的监控，我主要通过提问，学生回答、上台演示操作的情况来检查学生对四种对象及其相关属性的熟悉程度以及是否知道设计应用程序的三个基本步骤。

（2）对于本节课的重点——应用程序界面设计这一内容，我主要通过情境创设，来提高学生的兴趣，激发学生的思维。同时结合实际动手实践，通过上机独立操作，观察学生任务的完成情况来监控学生对添加对象、修改属性、界面美化操作的掌握情况。

（二）章玲老师与观察者的交流

管国新：你刚才说的不足之处，关于语速、应变能力，主要是教师的基本功问题。那么大家根据章玲老师所讲的困惑和不足之处，以及每个人对教案的分析之后，大家交流一下，选择自己的观察点。

姚国忠：章玲老师刚刚讲到的关于很难去掌握学生完成任务的情况，其实可以归为教师目标的达成度。怎么样去关注学生做得好还是不好，我可以通过观察各个教学目标的达成情况，观察学生的各个操作，以及最后作品生成情况等，来掌握学生的达成情况，那么我的观察点就是教学目标的达成。

劳立颖：我今天的观察点是教学内容安排合理性。因为我觉得一个教师上课的好坏与教案设计、整个课堂内容安排很有关系。这中间包括每个环节内容量的安排、时间安排、环节次序、整个课堂组织等等。

张明华：这节课的师生双边活动比较多，我想从观察师生双边活动来看看学习效率，具体则从教师的关注区域与学生的注意力切入。因此，我的观察点是教师的关注度与学生的注意力保持。

苏斌：我是非计算机专业老师，太专业的东西我听不懂，但师生活动我还是能观察到一些的。课堂上,教师的关注区域与学生的注意力的关系,我也非常感兴趣。但我觉得一个人很难观察到全班的师生活动情况,不知道张明华老师是否有与我合作观察的兴趣?

张明华:好的,我正为这事发愁呢。

苏斌:那这样吧,你负责观察教室的后三排,我负责观察教室的前三排。

张明华:好的,具体怎么观察我们会后再商量。

管国新:我想观察教师的教学语言,包括语速是否合理、声音是否清楚、语言是否准确、专业术语是否使用正确等方面来观察。

高志远:教师的课堂语言是信息传递的主要途径,会对学习产生很大的影响。我对管老师的观察点也很感兴趣。同时作为一个非计算机专业教师,我觉得对这个观察点自己比较好把握,而与专业教师合作,能解决其中的一些涉及专业知识的语言表达问题。不知道管老师是否愿意与我合作观察?

管国新:很愿意啊。我是计算机专业教师,你是非计算机专业教师,我教计算机技术,你教通用技术,我们的合作观察一定非常有意思。这样的观察应该能有效地拓展我们的观察面,从不同的角度和立场出发来观察,能相互启迪,得到更为真实有效的数据。

高志远:好的,合作愉快。

(三)章玲老师与观察者讨论并确定观察点

经过商讨,我们确立如下几个观察点:

课程性质·内容·教学内容安排的合理性(劳立颖)

课堂文化·关爱·教师的关注度与学生的注意力保持(张明华、苏斌)

教师教学·呈示·教师的课堂语言(管国新、高志远)

课程性质·目标·教学目标的达成度(姚国忠)

【课中观察】2011年11月7日上午第3节课

(一)观察工具

观察量(表见课后会议分析报告),录音笔一支,摄像机一台。

（二）观察位置的选择

姚国忠老师进行抽样观察,选择了坐在过道中间。张明华、苏斌老师要观察教师的关注度与学生的注意力保持情况,因此坐在整个学生座位的两边。劳立颖老师观察的是教学内容安排的合理性,所以需要观察学生的接受情况如何,所以选择坐在过道中间。其他两位观察者观察的是教师的行为,为了不干扰学生的学习,所以坐在最后面。

学生座位和教师的观察位置见下图:

			黑 板							
			区域A							
			讲 台							
		列1	列2	列3	列4		列5	列6	列7	列8	
	行1	1	2	11	12★	姚国忠 劳立颖	21	22	31★	32	苏斌
张明华	行2	3	4	13	14		23▲	24	33	34	
	行3	5	6	15▲	16		25	26★	35	36	
	行4	7	8	17	18★		27★	28	37▲	38	
	行5	9	10	19	20		29	30	39	40	
	行6	41	42	43	44		45★	46	47	48	
	行7	49	50	51	52						
			管国新					高志远			

注:★为学优生,▲为学困生。

（三）观察过程

课前:观察者先进入机房,准备相关事宜,选定座位。

课中:各位老师根据自己开发的观察量表进行记录,学生上机实践过程中,观察的老师走入学生中间,仔细观察学生的上机操作情况,并作相应的记录。

【课后会议】2011年11月7日上午第四节课

（一）章玲老师课后反思

1. 目标达成

本节课的教学目标主要有三个,一是学生能熟练说出窗体、文本框、标签和命令按钮这四种对象的名称,能简单修改其相关属性。我观察到学生们能清晰准确地说出四种基本对象以及它们的主要属性,这说明学生较好地掌握了这四种基本对象及其属性,该教学目标完全达成。二是掌握界面设计的一般步骤。我讲解后,从师生的交流结果看,学生基本上掌握,说明该教学目标也达成了。三是能根据程序界面设计的一般步骤自行设计出布局合理的优美界面。从课堂的学生作业结果看,大部分学生都在规定时间内完成了三角形应用程序界面设计,但是界面不够美观,布局也不是很合理,这说明该目标落实不够。我认为主要原因是我在布置任务时的指令不清,给的时间又不充足。

2. 教学行为

本节课,我主要采用了提问和讲解两种教学行为来推进教学进程。其中,提问的技巧还有待提高。例如,我在提问界面设计的一般步骤时,学生根本不知道该怎么回答,通过教师的不断启发后,学生才勉强说出问题的答案。所以我想我在提问的指向性和理答过程中的启发性都有待提高。这些情况都对教学效率产生了负面影响。

在本节课中,情景的创设没有得到完美的体现,学生虽然对软件设计师这个名词比较感兴趣,但是并没有有效地将知识、能力、情感融入一体,也没有很好地激活学生的创新思维,这个从最终学生作品大都雷同可以得到体现。

3. 课堂生成

我认为这堂课的生成不够。例如,在作业交流互评环节中,我没有看到一个有代表性的高质量的学生作品,这超出了我的预计。现在想起来,我认为是课堂上在学习这个环节时,我觉得时间不太够,就不断地提示学生,而这种提示又带有比较强的限制性,使得学生在完成作品时形成了固定的思维模式,创新性就很少了。

事实上,在教学进行到最后环节时,课堂时间已经不足了。但是我依然按照原有的计划在上课,没及时调整。这说明我驾驭课堂的能力有待提高。我现在想,最后一个环节可以和环节四结合起来,因为学生作品展示和交流过程,必然会涉及程序设计的四种基本对象以及它们的属性,这样的课堂结构更为紧凑了,学生的探究在时间上也得到了保证。

（二）观察者简要报告观察结果

姚国忠：教学目标的达成度

我将章玲老师教案中的 4 个主要的教学目标分解成 10 个小的教学目标。对照课标和学科教学指导意见上的教学目标，章玲老师的目标定位还是比较符合学生实际的。

从教学策略来看，总体可以分为口头强调、提问和 PPT 呈示、学生上台操作展示、在任务单上设计、上机实践操作等方法。但是不足的是提问耗时过多，导致最后总结有些仓促。

从观察结果看，章玲老师各项教学目标的达成度是非常高的，特别是第 1、2、3、4、5、6、10 项教学目标的达成度非常高，基本上所有的学生都能掌握和完成相应的任务，教学重点和难点得到突破，但对非教学重点和难点的落实稍微少一点。例如，合理布局界面，有 10 位左右的学生对象的位置没有调整到位。第 7、8、9 项教学目标的达成度明显要比其他几项低很多。我认为可能章玲老师对非重点和难点知识不够重视有关。

管国新：教师的课堂语言

我的观察位置是教室后面的空地。一节课下来，章老师的语音响亮，声音清晰可闻。前半节课的语速适当，后半节课则偏快，尤其是课堂小结环节，不仅快而且有些条理不清，这与后半段教学时间偏紧，章教师的情绪有些紧张有关，导致课堂总结形同虚设。

语言表达没有严重的学科术语错误，只是在一些小的细节上可能还需要注意表达的合理性。如在表述 VB 操作的步骤时，一些动词的使用，如"启动 VB"说成"打开 VB"、"添加对象"说成"放上对象"，建议应与《浙江省高中信息技术学科指导意见》一致。

高志远：教师的课堂语言

我和管国新老师合作观察，下面我在管老师的基础上作一些补充。

章老师的语音清晰、语速较合适，但语调比较平淡，激情不够。例如，在利用情景创设导入时，声音最好能抑扬顿挫，以此来吸引学生的注意力。语言表述基本规范，但也有两处指向不明，一是"应用程序设计界面有哪几个步骤"，二是"我们该如何去分析一个任务"。由于问题指向不明，导致学生不太明确教师的意图，难以作答。

观察发现，章老师有个习惯，在师生互动时，所提的问题总要重复问一遍,学生回答后,也要把学生的回答内容再重复一遍。例如:章玲老师在提问:"如右图,图中有哪几类控件?"学生在回答正确问题后,章玲老师马上重复了一遍,接着又对着大屏幕讲解了一遍。其实这个问题上节课已经讲过,那么这种重复就会浪费时间,影响教学进度。

劳立颖:教学内容安排的合理性

复习导入,用时15分钟,达到了复习回顾的目的。

界面分析时,用时5分钟,该内容的教学流程是,教师先讲解任务内容,分析任务中设计的输入、计算、输出环节,后让学生回答该任务如果在VB环境中设计界面,需要用到哪些控件。我观察到,经过讲解,有80%左右的学生能在任务单上顺利地设计出界面图,因此,这个教学内容落实得比较好,时间上也恰到好处。

学生操作实践时,在VB环境中界面设计,用时10分钟。由于有了前面的分析讲解,几乎所有同学都准确完成了任务内容,能正确地在窗体上添加文本框和按钮对象。

设计保存时,用时5分钟,该内容的教学流程是教师通过控制广播,对学生讲解在保存时的注意事项和需要保存的项目,最后演示正确保存后的结果。通过讲解,大部分学生能正确保存,还有一小部分学生保存出错。

通过以上观察结果,可以看出,本节课的教学内容的容量合理,大部分学生对本节课的内容都掌握得较好;从学生实践动手情况来看,学生操作熟练,任务完成度非常高。通过这种内容安排,学生不仅高效地完成了课内的任务,还掌握了程序设计的一般方法,即分析问题——设计界面——录入程序——模拟调试,这对他们今后的发展是很有好处的。

张明华:教师的关注度与学生的注意力保持

我观察的是教师的关注与学生注意力的关系,根据分工,我观察的学生区域是教师右手边后三排12位学生。下面我根据自己的观察记录,作一些简要的分析:

1. 教师对学生关注度的分析,主要分成两个区域:

(1) 区域一主要包括前区(第一行和第二行)、后区(第五行和第六行)、中区(第三行和第四行)、黑板和屏幕,我们观察到,章老师在开始讲解的时候,目光主要停留在教师靠近的学生区域,即前区;讲解5分钟后,主要关注在中间3—4排的位置上。章老师在学生中间走动讲解时,目光主要停留在大屏幕上。从这个表的记录来看,章老师对前区的关注比较多。对后排学生了解较少。而在学生操作实践时,章老师一般走下讲台会直接略过前面2排学生,主要在中间停留。

(2) 区域二主要包括教师右手边(中间过道右边第一列和第二列)、教师正面(中间过道两边第三列、第四列、第五列和第六列)、教师左手边(中间过道左边第七列和第八列)、背对学生(转身向黑板)。区域二数据记录情况反映了:章老师在上课时,关注较多的是教师左手边的区域,目光停留时间也较长。但奇怪的是,我观察到的是,章老师要求学生回答的几次都叫了章老师右手边的同学。

2. 学生对教师注意力的保持

学生的主要关注时间都在电脑屏幕,包括章老师讲解和学生电脑操作时,抬头看章老师或者看书的时间都较少。这个也比较好理解,因为章老师讲解主要通过多媒体演示,学生操作也在电脑上完成。但从学生健康角度考虑,章老师应适当运用下黑板,使得学生脖子能适量活动。同时对思维可能也有帮助。

苏斌:教师的关注度与学生的注意力保持

我主要观察右前3排学生被教师关注的情况。我观察到,章老师在课堂上关注的区域主要在前排右侧,仅一次出现在后排,对后排及左侧的关注度明显偏弱,左侧后排有一学生自顾自地敲键盘,并带动了旁边的一学生效仿。章老师若能关注到这一区域的话,就可以避免这种情况。我认为上课关注学生尤其是请学生回答问题时,分布应均匀些,更应侧重于后排两边的学生。被教师关注,对学生而言,既是动力也是管束和压力。

(三)本次观察形成的结论

1. 教学目标定位准确达成度较高,是本堂课的一大亮点。一节课的成功与否,关键在于教学目标的制定、实施和检测。上课的形式可以多种多样,最重要的还是要将教学目标落实到位。如何合理地确定教学目标,选择恰当的行为条件,及时检测学生的达成情况,都是我们今后研究的重点,也是提升教学质量的良好途径。本节课教学目标基本达成,章老师应在大部分学生完成后进行作品评价,使得未做完或做得不够好的学生能继续修改自己的作品,同时也能让未完成学生更顺利地完成任务。

2. 情境教学是本堂课的一大特色。本节课通过情境创设引领学生学习,使学生在体验中学习,在学习中体验,是一种比较有效的教学策略。但情境依然有值得改进的地方。判断一个情境的质量,应以它是否能促进学生的学习为标准,应以其内涵的丰富性为依据。一堂课最好能以一个情境为核心,充分开发和利用其价值,将知识与能力进行有机的整合,否则就可能造成情境堆砌,其价值也会大打折扣。

3. 给章老师专业发展的建议

(1)章老师非常重视学生的落实和良好学习习惯的培养。如让学生回答VB制作应用程序的步骤,控件的类型,对象的基本属性等基本知识时,通过强调、动手操作演示等方式让学生掌握重要知识。在动手操作过程中,给学生一个任务单,不仅能让任务一目了然,学生能更顺利有效地完成任务。通过回答问题、动手演示、动手实践操作,多方式、多角度来检测学生知识的达成情况。这一做法值得坚持。

(2)章老师本堂课设置的问题指向不够清晰,使学生在回答问题时总要经过教师的解释才能回答清楚,这对学生的学习产生了一定的负面影响,也造成了时间浪费。希望章老师今后应加强提问和问题设置的研究,提高问题的针对性和科学性,提升提问的技巧。

(3)章老师本堂课出现了一些口头禅,讲解平淡缺少激情,对教学产生了一定的负面影响。希望章老师今后应提高教师技能的修养,培养良好的教学语言表达能力。

(4)章老师本堂课对学生的关注主要集中在某些固定区域,这不利于对全体学生的学情的掌控,不利于调动全班学生的学习积极性,也难以体现面向全体学生的课程理念。建议章老师今后应多关注课堂组织管理理论,加强对课堂的管控。

【附件】

(一)教案:《VB应用——设计应用程序界面》(简案)

※ 教学目标

(见章玲课前会议说课)

※ 教学流程

教学过程	重难点突破策略
一、复习与回顾 　1. 新课引入。通过具体例子,判断一个奇偶数的界面。 　2. 教学示范。 　（1）学生演示如何操作 　（2）教师针对性进行讲解 　　· VB 环境各组成部分名称,提示各组成部分的显示与隐藏 　　· 四种基本对象添加、作用和相关属性修改 　　· 保存,工程文件(扩展名.vbp)和窗体文件(.frm) 　3. VB 制作应用程序四个步骤。 　　启动 VB——设计界面——录入代码——运行保存	学生动手演示,教师说明介绍;实践和讲解结合,双管齐下。
二、应用程序界面设计 　1. 程序设计。任务情境:一个求三角形面积的 VB 应用程序。学生先在草稿本上分析任务,画出该应用程序的界面,然后启动 VB,在 VB 环境中对界面进行设计和优化,最后试运行检测应用程序的正确性。无误,则进行保存; 　2. 程序上传。压缩后上传 FTP。	教师提出问题,学生自主探究,解决问题;提高兴趣,增强动手能力。
三、作品交流 　1. 组织学生交流,展示优秀作品。 　2. 针对学生在设计过程中出现的问题进行讲解。	
四、课堂总结 　1. 四类基本属性对象名称,重要属性名。 　2. 如何添加对象与设置对象属性。 　3. 保存。	

（二）课后分析报告

报告1：章老师的课后反思

　　本节课出现了教学语言不规范、学生关注面不够宽、教学时间分配不科学等问题,这些都是我今后要改进的地方。而情境的创设和任务单的设计,让我的课堂变得更生动,较好地促进了学生的学习,这是我要坚持的。下面我对教学环节逐个展开反思。

　　环节一,我觉得用时有点长,而且学生问题回答得不是很好,大部分需要老师提醒后才得到正确的答案,这可能是问题指向性不够明确,用词不够规范而造成的。

　　环节二,我认为情境教学比较成功。我让学生把自己想象成一个软件设计师,同时告诉由于时间关系,必须在 10 分钟之内完成这个任务,然后用户择优录取。这种设计既能增加学生学习的兴趣,也能提高完成任务的效率。这一点可以从学生获得任务时的激动和完成任务时那种认真的表情中得到验证。

环节三,我选取了最好的学生作品进行点评,不仅较好地巩固了程序设计的基础知识,深化了对程序的四个关键对象的理解,还让学生明白了美观的软件界面的重要性。我点评后,学生对自己的作品进行了修改。从修改后的作品看,这个环节的教学效果是比较好的。

环节四,总结部分有些仓促。一是因为部分学生上机任务没有完成,导致后面跟不上;二是因为机房没有铃声,生怕错过下课的时间,所以草草地总结了一下。

这节课让我懂得了情境教学的一些优势。以情境为核心,会让教学主线更加清晰,思路更加连贯,课堂气氛更加活跃,学生学习的参与度也更高,从而使学习目标落实比较到位。情境教学在落实知识点和提高学生综合能力上具有独特的作用,对学生的终身发展大有裨益。我真切地认识到教学策略的选择与运用的重要意义,这是我最大的收获。

报告2:教学目标的达成度(姚国忠)

1. 观察点选点说明

教学目标的定位依据,主要来自两个方面,一是课程标准,二是学生的学习基础和学习要求。任何教学都是以教学目标的确立与达成展开的,教学目标的达成度都是衡量教学质量的关键指标。因此,我选择从教学目标的达成度入手,全面了解这堂课的教学效果。

2. 观察表及观察结果说明

影响教学目标达成的因素有多种,最主要的是教学策略与手段。课堂中判断教学目标达成与否的依据是学生的学习表现。为便于观察,我将本堂课的4个主要的教学目标分解成10个小的教学目标,这种细化更利于对学习质量作出客观准确的判断。据此,我设计了以下的观察量表,并得到了如下的观察结果:

教学目标	教学行为 (讲解/提问/理答/ PPT呈现/示范)	教学评价方法	目标达成度
1. 会启动VB	示范演示	在学生操作时巡视查看	全部达成
2. 熟练描述各组成部分	讲解;师生问答;PPT呈现	学生的回答	全部达成

(续表)

教学目标	教学行为 （讲解/提问/理答/ PPT呈示/示范）	教学评价方法	目标达成度
3. 说出4种基本对象的名称	讲解；师生问答；PPT呈示	学生的回答	教师补充后全部达成；Form对象大多数学生回答不出，教师补充后能认识
4. 修改4种对象的基本属性	指令一位学生上台操作演示属性的设置；指令学生上机操作	观察上台学生的操作；巡视学生上机操作情况	全部达成
5. 掌握界面设计的一般步骤	讲解；师生问答；PPT呈示；学生上机操作	观察听取学生的回答；巡视学生上机操作情况	全部
6. 独立设计界面	提问；指令学生在任务单上画出界面；指令学生上机设计程序界面	观察听取学生回答；巡视查看学生的任务单，查看举手情况	问题所要求的基本界面都能完成；回答问题时第一位学生不能回答
7. 布局界面	巡视查看	展示并点评个别好的学生作品	有10位左右学生的对象位置没有调整到位
8. 美化界面	口头提示；巡视查看	展示并点评个别学生作品	1/2学生没有对界面进一步美化；怎样进一步美化没有做更多的说明
9. 完善提高	没有明显的教学提示		1/3学生尝试设置其他属性
10. 文件保存	讲解	检查学生作品	极个别学生保存不太规范

3. 观察结果分析及教学建议

我将本节课的教学目标大致分为三类：观察表中的第1、2、3、10项为基础型目标，是完成本节课后续任务的基础；第4、5、6项为能力型目标，是本节课的重点；第7、8、9项为拓展性目标。

第一类目标的教学，章老师采用了最常规的讲解、提问和操作演示的方法来达成教学目标，通过学生回答和巡视学生的操作等方式来检测教学目标达成。由于这几项目标是本节课的基础，若不能达成，后续目标则无法实现,因此教师在讲解和操作演示中比较细致,巡视学生操作过程中也特别关注有困难的学生,因此达成度非常高。这为后续目标的达成奠定了很好的基础。

第二类目标是本节课的重点和难点,采用了让学生上台操作演示、完成纸质学习任务单、上机操作实践,以及讲解和提问等教学方式,有效地将重点和难点进行分解和逐个落实。在学生操作的过程中教师逐个巡视,查看学生上机操作情况,并通过查看学生举手情况了解学生的实际掌握情况。从学生的上机任务完成情况看,教学目标的达成度也是相当高。

第三类目标,主要通过口头提示的方法落实,达成检测缺失,相对前面两类目标,达成度明显偏低。比如,大约有10位左右的同学程序界面中对象的位置没有调整到位,大约有一半同学没有对界面做进一步美化,而有个别同学美化后的效果反而更差,只有约有三分之一的学生在尝试设置其他的属性。可见,第7、8、9项教学目标的落实情况不理想。

针对第三类教学目标达成度相对较低的情况,建议教学设计时,不但要充分考虑重难点知识点的教学策略及检测手段,同时也要尽可能兼顾非重难点知识的落实手段及评价。

报告3:教师的课堂语言(管国新、高志远)

1. 观察点的选点说明

教学语言是教师的基本素养之一,也是顺利施教的重要条件之一。与其他的课程相比,计算机课上教学语言的科学性和艺术性显得更为重要,因为学生在计算机课堂上,常常会被"计算机"吸引,一上课就会在计算机上"做做弄弄",要让学生听讲,显得格外困难。章玲老师是一位年轻教师,入职不久,正处在教学语言学习和发展的关键时期,这一基本素养将对她今后的职业发展有较大关系。因此,我想从教师的课堂语言角度展开观察,为她的专业发展提供一些参考。

2. 观察表及观察结果说明

课堂中的教学语言大致可分为口头语言和肢体语言两类。口头语言在课堂中具体表现为教师讲解和师生对话,肢体语言表现为教师的手势、表情、眼光、姿势等。其中,讲解效果,可以用讲解的清晰度、语言结构、与主题的契合度、简洁性、语速快慢、音量大小、讲话节奏等判断。根据章老师的说课、计算机课程的特点和我本人的观察能力,我主要从语速、语音及规范性三个方面进行观察。据设计的观察量表和观察结果如下：

环节	语速	语音/语调	规范性	其他问题
课前准备	正常	较弱,后面听不清楚	规范	无
复习回顾	有些快	响亮,非常清楚,但语调平	表述操作步骤时,用词不够规范。如"启动VB"说成"打开VB"、"添加对象"说成"放上对象"等	提问时,问题重复多次;口头禅:什么啊?
应用程序界面的设计	有些快	响亮,非常清楚,但语调平	规范	实践任务的指令还可以更清晰些,个别学生没能真正领会任务意图
作业评价	偏快	能听清楚,但语调平	规范	在表扬和鼓励学生的作业时感情不够丰富
课堂小结	很快	能听清楚	规范	总结的条理性不够

3. 观察结果分析及教学建议

（1）语速和语音。由于我对语速和音量缺少相关的研究,我只能以一个学生的角度,来感受章老师讲解与师生对话时,她的话我是否能听得清。我的观察位置在教室后面,从我的感觉看,章老师在课时的前半段语速和语音都是适宜的,有利于学生接受学习信息。课时的后半段语速较快,音量也降下来了,听起来不舒服,对学习有一定的负面影响。此外,整节课,章老师的语调基本相同,缺少抑扬顿挫和节奏感,不仅不能较好地调动学生的学习热情和课堂氛围,还难以感觉到在教学重点和非重点处理上的差异,这对学生的学习是无益的。

（2）语言的规范性。作为一个高中的计算机教师,语言的规范性是非常重要的。由于多种因素,本节课我只能从专业术语和口头禅两方面来观察语言的规范性。根据观察结果可以看出,章老师的教学语言总体上是比较规范,课堂上章老师也尝试把深奥难懂的程序设计专业术语通俗化、生活化。但关于操作步骤的表述,我认为要讲究规范和严谨,因为考试中要求能正确书写出相关操作步骤的描述,如"启动VB"说成"打开VB"、"添加对象"说成"放上对象"就有些欠妥。此外,章老师课堂中的口头禅较多,如"什么啊？""怎么样？"。最关键的是这些话经常在一个连续的讲解过程中出现,这就较大地影响了讲解的连贯性。

（3）一点建议。希望章玲老师多听语言表达能力好的老师的课,从实践中学;多看有关教学语言的书籍,从理论中学。总之使自己能更好地驾驭语言,构建高效的课堂。

报告4：教师对学生的关注度与学生的注意力保持(张明华、苏斌)

1. 观察点选点说明

教师对学生的关注与学生的课堂注意力是影响课堂教学效率的重要因素,又是彼此间关联度非常高的两个因素。教师的关注方法和关注程度与学生的注意力之间有着怎样的因果关系?它们是如何影响学习进程和学习结果的?这些是我们感兴趣的问题,也是我研究本堂课的切入点。

2. 观察表及观察结果说明

课堂上教师的关注有很多类型,鉴于我们的能力,我们只能以教师的活动区域作为主要观察指标。学生的注意力也只能以学生的行为与教师的行为的匹配性作为判断标准,如,教师讲解时,学生是否在倾听,若是,则判断为注意力集中;若不是,则判断为注意力不集中。根据以上分析,我们以座位表为基础(见"课中观察"部分),得到了如下的观察结果：

（1）记录上课教师的情况

① 老师上课讲解时目光主要停留区域为第一行和第二行学生;学生练习实践时,教师主要走动辅导区域是第三行和第四行附近;较少关注第五行到第七行学生;在讲解和广播演示期间教师主要在区域A位置。

② 中间过道和北侧过道之间是提问的主要区域,好几次点名提问都在这片区域。但此区域教师目光停留时间明显又较少;教师明显较多关注中间过道和南侧过道之间的区域;背对学生的情况比较少,偶尔在教师面对屏幕讲解的时候有这个情况。

（2）记录听课学生的注意力情况

我们选取了靠近南侧过道的12个学生(列6、列7、列8的前4行学生)作为观察样本。

① 关注屏幕：眼睛始终保持在屏幕上的有9—10人,讲解内容都在屏幕上的广播显示。

② 关注老师：开始教师讲解的时候有5人保持抬头听讲解,后来都集中在显示屏上。

③ 在布置看书任务时,学生看书情况较少。

④ 38号上课比较随意,很多时间都是在敲键盘。后来旁边的37号也开始玩键盘。

3. 观察结果分析及教学建议

(1) 章老师在开始讲解的时候,目光主要停留在靠近教师的学生区域,讲解5分钟后,主要关注在中间3—4排的位置上。老师在学生中间走动讲解时,目光主要停留在大屏幕上。根据课堂记录来看,章老师对前区的关注比较多。对后排学生了解较少。而在学生操作实践时,章老师一般走下讲台会直接略过前面两排学生,主要在中间停留。说明章玲教师在课堂上对学生的关注面不够全,这会产生对学情了解片面,部分学生注意力不集中的情况;如37、38号学生的学习情况。

(2) 章老师在上课时,关注较多的是中间过道和南侧过道之间的区域,目光停留时间也较长。但在我观察时发现,章老师要求学生回答的几次都叫了中间过道和北侧过道之间区域的学生。原因是教师和学生还不熟,老师通过学生名单叫,恰好都分布在这个区域里。

(3) 根据本节课的观察,学生主要关注时间都在电脑屏幕,包括老师讲解和学生电脑操作时间。抬头看老师或者看书的时间都较少。这个和学科的特点有一定关系,因为老师讲解主要通过多媒体演示和广播,学生操作也都是在电脑上完成。但从学生健康角度考虑,建议老师应适当运用下黑板,使得学生脖子能适量活动,同时对思维可能也有帮助。

报告5:教学内容安排的合理性(劳立颖)

1. 观察点选点说明

课堂教学效果与教学内容的安排有很大关系。本节课的教学内容安排比较新颖,除了课本规定的教学内容外,还让学生模拟程序设计员的身份设计一个应用程序。那么这增加的内容是否有助于学生对基础知识的落实?是否有助于培养学生的能力?对整节课的教学会产生什么影响?都是我十分关心的问题。

2. 观察表及观察结果说明

教学内容安排的合理性,主要体现在教学容量是否适合学生,各部分的教学顺序是否合理,教学内容难度是否科学等。这些都可以从学生的课堂反应、学习时间、教学环节构成等方面展开观察。根据以上分析,我设计了如下观察量表,并得到了如下观察结果:

内容	时间	教师活动	学生活动	备注
一、准备：复习书本	9:20—9:21	提示学生看书	开机，安静下来	部分学生打开VB
二、回顾 1. 窗口组成 2. 看图识控件 3. 属性 4. 放置控件方法 5. 修改属性 6. VB制作4步骤	9:21—	提问 展示答案 演示 演示	个别回答 群体回答 个答 很惊叹 演示	课件做得不错 控件可指明 学生很有兴趣 但老师描述"修改…的值有误"
三、界面设计 1. 分析 2. 设计（纸上） 3. 设计界面 4. 保存，上传FTP	9:35— 9:36— 9:38— 9:48—	任务描述 分析界面 提醒学生注意	画界面设计图 设计界面 保存提交	文本框特征未说，个别学生只加了1—2个文本框；未提醒文本框是对应输入对象的
四、交流展示	9:55—		了解设计如何才好	双击form1启动VB不合适
五、总结	9:58—10:00	讲解	记录笔记	

3. 观察结果分析及教学建议

本堂课的课程内容由三部分构成，分别是VB应用程序回顾、实例界面分析、实例程序设计并调试保存。其中，实例界面分析和程序设计是本课的重点，我观察到章玲老师通过实例分析，让学生通过纸上设计，电脑完成的方法，让学生直观地了解设计软件界面的流程。这部分教学内容的设计前后步骤清晰，安排合理，时间的投入也比较合适。学生在学习这部分内容时，他们清楚了程序设计员设计程序的流程，对VB这款软件的使用也更得心应手。在教学的最后阶段，是学生作品的交流展示，让学生通过分析自己和他人作品的不同点，理解程序界面设计的侧重点，让他们可以在今后的程序界面设计中，更加注意各个对象的布局和界面的美观。

观察发现，VB应用程序回顾这块教学内容的安排不是很合理。因回顾的内容有些重复，没有很好地控制节奏，以致用时15分钟。可这部分内容学生在上节课已有大致的了解，所以15分钟的时间就显得效率不高，建议选择性地挑一些重点内容进行回顾，把时间控制在10分钟内比较合适。

另外如果能在学生交流展示后，再给学生5分钟时间，用于改进自己的程序，并进行二次展示交流，可能会获得更好的教学效果。